U0153475

楊維哲教授的數學講堂

人人是資優生，
人人可以是資優生
數學要讀向前，
不是溫故知新

簡單整數論

第二版

$b=a\times q+r$

$hcf(8,12,36)=4$

$lcm(8,12,36)=72$

五南圖書出版公司 印行

PREFACE

序言

這本書分成上中下三部分，終於問世的主要理由是在「上部」（當然也就是主部），「最最簡單的整數論—給初中資優生的」。

對於資優教育，我一向主張採取一個簡單可行的方案；養成獨立學習的習慣、態度！我相信這是一切教育的要點（資不資優，都不重要！）。不論是何種研習營，不拘長短（兩足天、或五天、或十三天、或兩月），如果讓我掌理教務，我一定堅持這個做法：指定（或者編好）一個教材，讓他們閱讀、思考、習作；我以及一些別的老師和助教，會穿插巡迴，個別地加以指導，或者，叫大家暫停，聽我的演講（如果我們發現這個題目或概念是他們共同的困難所在）。這本書的大半，就是這樣子的教材。

最初等的整數論是非常好的題材，這是絕無可疑的了：題材本身有趣，非常容易理解，與許多代數有關聯！

這本書的主部（1—11 章）曾經有三次的版本與試用。

最先是在 1983 年，和平國中的數學班，他們的數學老師是陳文隆，教正課；我的課外講演，每週兩節，除了陳君之外，尤其有姚多老師的幫助，她的完美的記錄，給我非常大的方便！我的演講，絕對是第一流的（即使是，或者說尤其是，面對初一生），永遠是 impromptu！但正因為如此，我毫無可能在講完之後加以整理，我非常感謝她！

其次是在一次初三生的三天研習營，記得是在劍潭的中國青年反共救國團的活動中心；這時候強調自習；受我之託擔任助教的三人之中，記得有柏中！我已經忘掉：當時的反共救國團是算做「國的」（因為，照規定，高一入學時，學生就已經自動入團，教育部長必定是反共救國團副主任），或者是黨的，（因為蔣主任的意思也許是要扶植孝武而非馬錦濤為主任？）（現在想來有點撫今傷昔：如果把「反共」改為「媚共」，數學上只是「乘以負一」；那些學生很會類推（analogy）（因為類推是學習的重點！），他們馬上說：如果把「救國」改為「賣國」，數學上只是「乘以負一」！但是 signum 函數，可以有三個值，+1, −1, 0？正確的類推是：「如果把『反共』拿掉，數學上只是『乘以零』！」）

最後一次，就是在濱江國中的這個寒假研習營；一樣是只有三天；我曾經思考過用初等幾何做題材，但覺得勝算稍遜，還是選擇這個「最最簡單的整數論」做主題；我請濱江的老師們（李青憲、郭盈瑜、陳建豪）整本先讀過一遍，然後幫我擬定教學戰略：哪些習題該做？在何處插入適宜的思考題？何處插入遊戲？

我們的結論是：

1. 學生們只是初一，純粹的自習也有點困難！所以還是以演講為主。
2. 我不能也不需要講太多，留一些他們能夠而且應該自行閱讀思考的題材！
3. 多講一些故事，多要他們做一些遊戲！
4. 整個宗旨是：希望能夠鼓舞一些數學熱誠！那麼在寒假中，他們可以想很多的數學！

濱江的蘇萍校長、李世宏教務主任與李玉華輔導主任，全力的支持，籌備工作做得很好！而在三天的研習中，李君、郭君又認真擔任助教！所以研習營非常成功！我應該順便謝謝她們！

現在這本薄書的主部（但是刪掉一些例解），就是濱江此次發給研習營學生的講義。除了（主）上部之外，中下兩部分當然是補充。假定的學生程度高一點！意思是這兩部分，可以做為完整的中學生的整數論。我回想起小時候，在台中一中，閱讀（漢譯）Weber 的數學（小）全書第一冊（算術）的情形！從初一到高三，幾乎年年借！（至今想來，鄭太朴的譯文不算太好！）我希望這本書對於我國的小孩可以發揮更好的效能！

接下來 12—15 四章是「中部」，主要是知識的補充，包括：Euler-Fermat 的一些算術函數，法餘的對數（對於一個原始根），平方餘數（與互逆律），然後有整數與整式的類比，這是由算術導向代數。

然後我試著做更「代數的」解說，這就是下部 16—18 三章，包括集合與映射，代數體系，第十八章$\mathbb{Z}$, $\mathbb{Z}_m$，以題為「中學生的整數論」來說，這是可有可無的部分！但是對於許多優秀的學生來說，一定會覺得這部分是簡易、有趣，而且有刺激的。

楊維哲

CONTENTS

目錄

序言

CONTENTS
目錄

A+

CONTENTS 目錄

CHAPTER 1

預備

1.1 幾個公式

【平方公式】

$$(X+Y)^2=X^2+2*X*Y+Y^2$$

習題 1 求下各數的平方！

15, 25, 35, 45, 55, 65, 75, 85, 95, 105, 245, 995

解 這一題的意思很清楚！

後面三個，要強調心算：$10*11=110$；$24*25=660$；$99*100=9900$

因此

$$105^2=11025；245^2=60025；995^2=990025$$

習題 2 求以下的近似值！（小數點之下第 5 位）

$$1.00002^2；2.00002^2；10.00003^2$$

強調：

$1.00002^2\approx1.00004$；$2.00002^2\approx4.00008$；$10.00003^2\approx100.0006$；（零的個數！）

【二項式公式】

這是推廣上述公式！

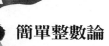

$(X+Y)^3=X^3+3*X^2*Y+3*X*Y^2+Y^3$

$(X+Y)^4=X^4+4*X^3*Y+6*X^2*Y^2+4*X*Y^3+Y^4$

$(X+Y)^5=X^5+5*X^4*Y+10*X^3*Y^2+4*X^2*Y^3+5*X*Y^4+Y^5$

⋮　⋮

$(X+Y)^n=X^n+\cdots+C_m^n*X^{n-m}*Y^m+\cdots+Y^n$

這些係數叫做二項係數或Pascal係數；C_3^5是第 5 列第 3 行元素！（只是你都要從零算起！）

1
1 1
1 2 1
1 3 3 1
1 4 6 4 1
1 5 10 10 5 1
1 6 15 20 15 6 1
1 7 21 35 35 21 7 1
1 8 28 56 70 56 28 8 1
1 9 36 84 126 126 84 36 9 1
1 10 45 120 210 252 210 120 45 10 1

【Pascal 定理】

每一列的一個係數都是上一列的兩個之和！

$$C_m^n=\frac{n*(n-1)*(n-2)*\text{共 } m \text{ 個}}{m*(m-1)*(m-2)*\cdots 1}$$

因此，如果$n=p$是質數，除了$C_0^p=1=C_p^p$以外，$C_1^p, C_2^p, \cdots, C_{p-1}^p$，都是$p$的倍數！

習題3 求算：$11^2, 11^3, 11^4$

強調：這就是二項公式頭四個! 121, 1331, 14641

討厭的是 1, 5, 10, 10, 5, 1，因而

$$11^5=161051$$

習題4 求以下的近似值！（小數點之下第 5 位）

$$1.01^3;\ 1.02^3;\ 1.002^3;\ 1.0003^3$$

強調：末二題，只要展到二次與一次項！

$1.01^3 = 1.030301;\ 1.02^3 = 1.061208;\ 1.002^3 \approx 1.006012;\ 1.0003^3 \approx 1.00090$

【平方差公式】

$$X^2 - Y^2 = (X - Y) * (X + Y)$$

習題5 求算：$98 * 102;\ 51 * 49;\ 104 * 106;\ 34 * 36$

$98 * 102 = 10000 - 4;\ 51 * 49 = 2500 - 1$

$104 * 106 = 11025 - 1;\ 34 * 36 = 1225 - 1$

習題6 求算：$803 * 807$

$803 * 807 = 648024$

【割圓恆等式】

這是推廣上述公式！

$X^3 - Y^3 = (X - Y) * (X^2 + X * Y + Y^2)$

$X^4 - Y^4 = (X - Y) * (X^3 + X^2 * Y + X * Y^2 + Y^3)$

$X^5 - Y^5 = (X - Y) * (X^4 + X^3 * Y + X^2 Y^2 + X * Y^3 + Y^4)$

$\vdots$

習題7 求算：

$$(X + Y + Z)^2;\ (X + Y + Z + U)^2;\ (X + Y + Z + U + V)^2$$
$$(X + Y + Z - U - V + W)^2;\ (x^2 + 3x + 1)^2$$

強調：和的平方，是平方的和，加上所有交叉項的兩倍！

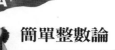

$$(x^2+3x+1)^2=x^4+6x^3+(3^2+2)x^2+6x+1$$

 分解因式：$x^3 \mp y^3$; (x^6-y^6)。

解 $x^3-y^3=(x-y)*(x^2+x*y+y^2)$

用 $-y$ 代 y，因此：

$$x^3+y^3=(x+y)*(x^2-x*y+y^2)$$

於是

$$x^6-y^6=(x^3+y^3)*(x^3-y^3)$$
$$=(x+y)*(x^2-x*y+y^2)*(x-y)*(x^2+x*y+y^2)$$

註 （強調！）若 n 為奇數，則 x^n+y^n 有因式 $x+y$。

1.2 記號

1.2.1 集合記號

【記號很重要】

數學是一種「語文」（language），「語文」要使用「文字」，「數學文」中使用的「文字」，除了用一些「拉丁（與希獵）字母」去湊出文字記號，用（印度）「阿拉伯數碼」去湊出「數目」之外，還使用一些記號。

你當然知道四則運算記號：$+, -, *, \div$；我們的乘法記號寧可用這個 $*$，因為現在用電腦時，通常用這個！除法也經常用／。

【地板函數】

我們用 floor (x)表示「不大於 x 的最小整數」！例如：

floor $(\pi)=3$（因為圓周率 $\pi=3.415926\cdots$）

floor $(\sqrt{5})=2$（因為 $\sqrt{5}=2.236\cdots$）

floor $(-\pi)=-4$

floor$(1+3-2^2)=0$

$\text{floor}\left(\frac{1}{2}+\frac{1}{3}+\frac{1}{6}\right)=1$

但是 $\text{floor}\left(\frac{1}{2}\right)+\text{floor}\left(\frac{1}{3}\right)+\text{floor}\left(\frac{1}{6}\right)=0$

註 Gauss 符號：有許多書用的記號是$[\pi]=3$，$[\sqrt{5}]=2$；我覺得：這種記號太方便了！不應該使用！

註 Maple 的句式：當然就用 floor。

習題1 對於 $m=1, 2, \cdots, 12$，計算 $g=\text{floor}(2.6*m-2.2)$。

$m=$	1	2	3	4	5	6	7	8	9	10	11	12
$g=$	0	3	5	8	10	13	16	18	21	23	26	29

【語句的記號】

我們寫：

$x\in\mathbb{Z}$，表示「x是一個整數（interger）」。

$x\in\mathbb{N}$，表示「x是一個正（positive）整數」。

這兩句話可以如此否定：（我們寫：）

$x\notin\mathbb{Z}$，表示「x不是一個整數」。

$x\notin\mathbb{N}$，表示「x不是一個正整數」。

註 **同樣地，後面我們用$x\in\mathcal{P}$，表示「x是一個（正）質數（prime）」；用$x\notin\mathcal{P}$，表示「x不是一個（正）質數」。**

【自然數】

我用「自然數」，意思是「正整數」！非常明顯地「把零排除在外」！換句話說：我認為「零不是自然數」。

「零」是「很高級的觀念」！事實上到了第十世紀，歐洲人才學到零！

如何把零包含進來？我們寫：

$x\in\mathbb{N}_0$，表示「x是一個非負（non-negative）整數」。

在本書中，我們所用到的三、四個最重要的「集合」，就是整數系$\mathbb{Z}$、自然數$\mathbb{N}$、非負整數系$\mathbb{Z}_+$、（正）質數系$\mathcal{P}$：

$$\mathbb{Z}=\{0,-1,2,-2,3,-3,\cdots\}$$

$\mathbb{N}=\{1,2,3,\cdots\}$，不包括 0

$\mathbb{Z}_+=\{0,1,2,3,\cdots\}$，包括 0

$\mathcal{P}=\{2,3,5,7,\cdots,$（一切質數）$\}$

例如：「$a\in\mathbb{N}$」讀做「a 是個自然數」。

【紐括號】

在以上已經出現紐括號，這表示「集合」，因此，我們寫：

$\{x,y,5\}\subset\mathbb{Z}$，表示：「$x,y,5$，都是整數」。

$\{x^2+1,y^4+3,5^2-6^2\}\not\subset\mathbb{N}$，因為：「其中有個 $5^2-6^2=-11$，不是正整數」。

習題2 下列句子正確否？

$$(1)(2.5-7.5)\in\mathbb{Z};\ (2)\ 3+4\in\mathbb{N};\ (3)\frac{1}{2}\in\mathbb{N}_0$$

CHAPTER 2

多角形數

2.1 梯形原理

【梯形面積的公式】

（上下底的平均）乘以高

我們只要做這個梯形的拷貝（copy），轉了 180°，（上下顛倒！）然後黏接起來，就變成面積加倍的平行四邊形；其邊長則為原梯形的上下底，高還是一樣！

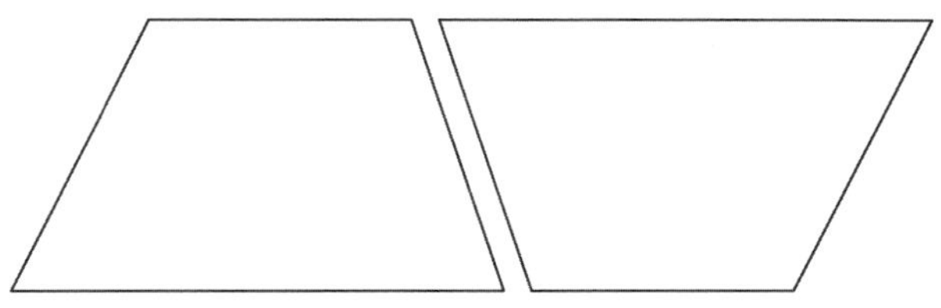

圖 2-1　梯形原理

【等差級數和的公式】

如果有一個等差數列：

$$a, a+d, a+2*d, a+3*d, \cdots, a+(n-2)*d, a+(n-1)*d=l$$

這樣子一共有 n 項，領首是 a，末尾是 l；於是總和＝

$$S=\frac{n*(a+l)}{2}；或者=\frac{n}{2}[2*a+(n-1)*d]$$

解　如果我們寫兩遍，第一次是從 a 寫到 l，再一遍卻是顛倒由 l 寫到 a；

(→)	a,	$a+d$,	⋯,	$l-d$,	l
(←)	l,	$l-d$,	⋯,	$a+d$,	a
(上下和)	$a+l$,	$a+l$,	⋯,	$a+l$,	$a+l$

因此 $2S=n*(a+l)$。

2.2 多角形數

【三角形數】

誰都知道：$1+2+3+\cdots+10=55$，這是所謂的「三角形數」第 10 階；Gauss 很小的時候已經知道：

$$1+2+3+\cdots+100=5050$$

這是所謂的「三角形數」第 100 階。

命名的來由是：畫一個（小）正三角形，邊長當做 1，有三個頂點。

現在固定了一個頂點，然後一步一步放大這個三角形，使邊長由 1 變成 2, 3, 4,⋯, 9；每次，在邊上，與端點距離為 1, 2, 3,⋯（整數）的點，我們都做上標記！在邊長為 9 的時候，一邊上共有 10 點，就說現在是第 10 階；那麼，「到此為止的有標記的點」總數 $55=P_3(10)$，就是第 10 階的三角形數。

注意到：從第 $n-1$ 階到第 n 階，只是增加了一邊上的 n 個有標記的點！

因此

$$P_3(n)=1+2+3+\cdots+n=\frac{n(n+1)}{2}$$

這裡當然用上等差級數和的公式。

習題 1 撞球檯上的整球框可以裝幾階的三角形數？

☞【工藝或勞作】用彈珠（或象棋子？）排三角形數！

【四角形數＝正方數】

當然這就是：

$$1, 4, 9, \cdots, P_4(n) = n^2, \cdots\cdots \qquad (2.1)$$

命名的來由是太顯然了：方格紙的左下角，最小格是一個（小）正四角形＝正方形，邊長當做 1，有四個頂點。現在固定了左下角上的頂點，叫做原點；方格紙的最左邊一線，叫做 y 軸，方格紙的最下邊一線，叫做 x 軸，在這兩邊（兩個座標軸）上，與端點距離為 1，2，3，．．．（整數）的點，我們都做上標記！這就是 x 座標與 y 座標。

現在我們把原始的最小格正方形，一步一步往右上放大，使邊長由 1 變成 2, 3, 4,⋯；在邊長為 $n-1$ 的時候，一邊上共有 n 點，就說現在是第 n 階；那麼，「到此為止的有標記的（格子）點」總數有如（2.1）式。

☞【工藝或勞作】用彈珠（或象棋子？）排正方形數！

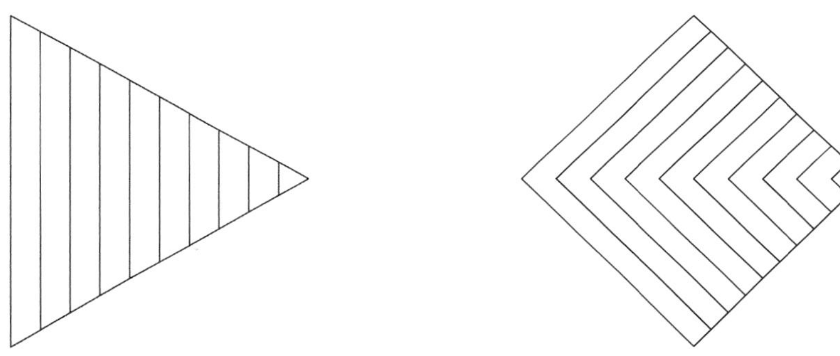

圖 2-2　三角形數與四角形數

【多角形數】

古人已經很著迷於「三角形數」、「四角形數」，與它們的推廣，也就是所謂「五角形數」、「六角形數」，等等「k 角形數」。

畫一個（小）正 k 角形，邊長當做 1；有 k 個頂點。

現在固定了一個頂點，然後一步一步放大這個 k 角形，使邊長由 1 變成 2, 3, 4,⋯, $n-1$；（現在是第 n 階：一邊上共有 n 點；）每次，在邊上，與端點距離為整數的點，我們都做上標記！那麼，「到此為止的有標記的點」總數 $P_k(n)$，就是第 n 階的 k 角形數。

注意到：從第 $n-1$ 階到第 n 階，只是增加了 $k-2$ 個邊上的有標記的點，因此：公差是 $d=k-2$，首項是 1，末項是

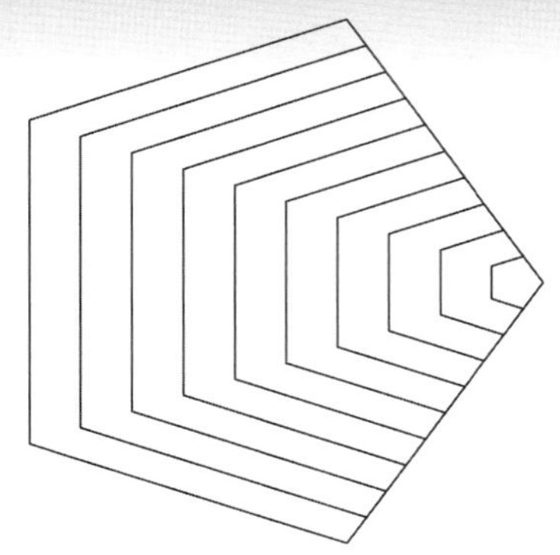

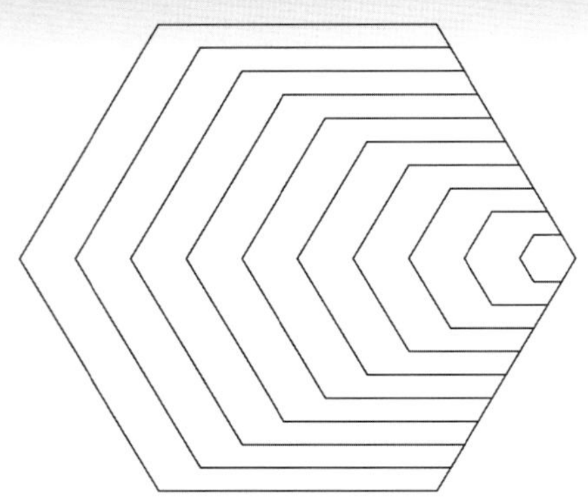

圖 2-3　五角形數與六角形數

$$l=1+(n-1)*(k-2)$$

$$P_k(n)=\frac{n}{2}(2+(n-1)*(k-2))=n+(k-2)*\frac{n(n-1)}{2}$$

階	1	2	3	4	5	6	7	8	9	10
3 角數	1	3	6	10	15	21	28	36	45	55
4 角數	1	4	9	16	25	36	49	64	81	100
5 角數	1	5	12	22	35	51	70	92	117	145
6 角數	1	6	15	28	45	66	91	120	153	190
7 角數	1	7	18	34	55	81	112	148	189	235
8 角數	1	8	21	40	65	96	133	176	225	280

習題 2　每個六角形數等於其階數加上低一階的三角形數的四倍。

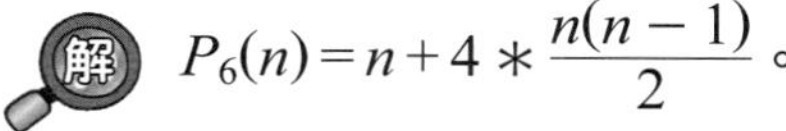

解　$P_6(n)=n+4*\frac{n(n-1)}{2}$。

習題 3　每個八角形數等於其階數加上低一階的三角形數的六倍。

解　$P_8(n)=n+6*\frac{n(n-1)}{2}$。

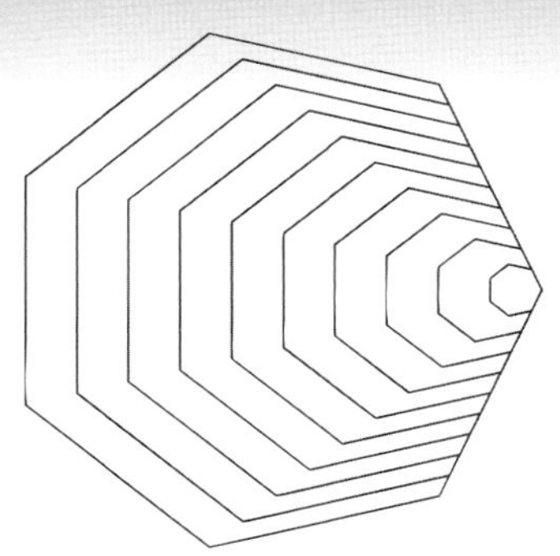
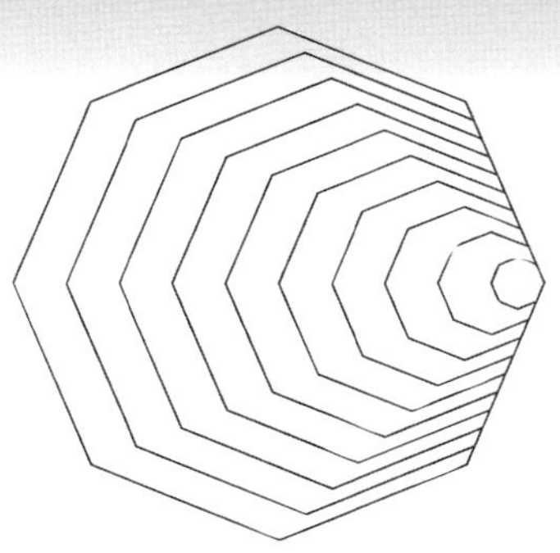

圖 2-4　七角形數與八角形數

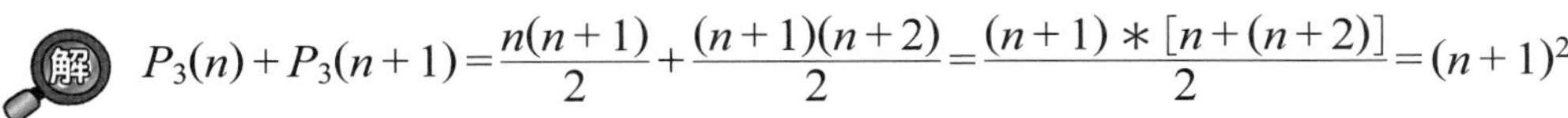

習題4　相鄰兩個三角數之和為四角數！

解　$P_3(n)+P_3(n+1)=\frac{n(n+1)}{2}+\frac{(n+1)(n+2)}{2}=\frac{(n+1)*[n+(n+2)]}{2}=(n+1)^2$

習題5　$1+3+5+\cdots+(2n-1)=n^2$

解　（請具體操作一下！）

2.3 堆垛數

【四面體（tetrahedral）數】

把三角數「堆垛」起來就得到四面體數：

$$\frac{n(n^2-1)}{6}=\frac{0*1}{2}+\frac{1*2}{2}+\frac{2*3}{2}+\cdots+\frac{(n-1)*n}{2}$$

☞【操作？】用彈珠「堆垛」起四面體數！

【定理】

四面體數為正方數，只有 4 解！

$$0, 1, 4, 19600=140^2$$

【金字塔（pyramid）數】

把四角數「堆垛」起來就得到金字塔數：

$$\frac{n(n+1)(2n+1)}{6}=0^2+1^2+2^2+\cdots+n^2$$

【Lucas 定理】

金字塔數為正方數，只有一解！

$$1^2+2^2+3^2+\cdots+n^2=m^2\ (n=24,\ m=70)$$

☞【操作？】用彈珠「堆垛」起金字塔數！

例題 1

(1) $1^3+3^3+5^3+\cdots+(2n-1)^3=n^2(2n^2-1)$

(2) $1^3+2^3+3^3+\cdots+n^3=\left(\frac{n(n+1)}{2}\right)^2$

例題 2 （Gerasa）把奇數這樣排：

1,				
3,	5,			
7,	9,	11,		
13,	15,	17,	19,	
21,	23,	25,	27,	29,
…	…	…	…	…

第 100 列的和，一定是 100^3。

第 n 列的開頭是 n^2-n+1；末項是 n^2+n-1；一共有 n 項，和是 $n*n^2=n^3$。

2.4 歸納法

註 這並非通常的初一學生所熟知的。如果你懂數學歸納法，那麼請做一做如下兩題的證明：

$$1^3+2^3+3^3+\cdots+n^3=\frac{n^2(n+1)^2}{2^2}$$

$$1^3+3^3+5^3+\cdots+(2n-1)^3=n^2(2n^2-1)$$

註 從（非常多的？！）幾個特例，去推測「一般的公式」，這是人們常用的「歸納法」，但不是數學歸納法！數學歸納法，是演繹法，不是歸納法！

習題6 若$f(x)=x^2-x+41$，計算：

$$f(1), f(2), \cdots, f(40)$$

驗證它們都是質數，但$f(41), f(42)$則不是！

註 事實上，不可能有一個多項式$f(x)$，使得：用任何自然數n代入，都得質數$f(n)$。

【猜測當然是智慧的一種！】

（1875年）Lucas（法國砲兵軍官）猜測：（1918年，G.N.Watson證出！）

$$1^2+2^2+3^2+\cdots+n^2=m^2$$

只有一個解答：

$$n=24，m=70（n=1=m，無聊！）$$

數論裡面充滿了猜測！

CHAPTER 3

因數與倍數

因數與倍數的概念是數論的出發點！

3.1 自然數系中的因數與倍數

【定義 1】

如果$\{a, b, c\}\subset\mathbb{N}$，而且$a=b*c$，我們就說$a$是$b$之倍數（multiple），$b$是$a$之因數（factor），許多書上常記成$b|a$。但是本書寧可用$b\prec a$來表示；你可以讀做「$a$是$b$之倍數」，或讀做「$b$整除$a$」。如果要「否定」它，我們用「$b\not\prec a$」來表示。（讀做「$b$不能整除$a$」。）

例題 1 $13\prec 52$；$37\prec 444$；$14\not\prec 91$；$1\prec 5$；$14\prec 14$；$12\not\prec 18$

註 如何用電腦軟體來做？有一個辦法是直接「求整餘」。

【可逆元】

1 則是任何數的因數！這是「可逆（invertible）元」：$\frac{1}{1}=1$；在自然數系$\mathbb{N}$中，可逆元只有 1 而已！因為，對於別的自然數$a>1$，$a^{-1}=\frac{1}{a}\notin\mathbb{N}$。

以下有幾個定理，太顯然了，而且只當做工具。（我們稱之為「補題」＝補助命題。）

【遞推補題】

若$a\prec b$，且$b\prec c$，則$a\prec c$。

例題2 $52 \prec 156$，$13 \prec 52$，故 $13 \prec 156$。

【補題】

自然數系中，若 $a<b$，則 $b \not\prec a$。

【定義 2】

對 $n \in \mathbb{N}$，記 n 的因數集為：

$$\text{Divisor}\ (n) = \{m \in \mathbb{N} : \frac{n}{m} \in \mathbb{N}\}$$

換句話說：我們把 $m \in \text{Divisor}\ (n)$讀做：$m$ 是 n 的因數。

習題1 是否 $9 \prec 37334$？$11 \prec 33374$？（答：No, Yes。）

習題2 求 Divisor(24)；Divisor(42)。

解 Divisor(24) = {1, 2, 3, 4, 6, 8, 12, 24}；Divisor(42) = {1, 2, 3, 6, 7, 14, 21, 42}

註 Maple 的句式：divisors(42)。

3.2 整數系中的因數與倍數

上一小節所談的因數與倍數關係，都只限定於自然數系ℕ中，但是我們有時要推廣到整數系ℤ中來談論。因為整數系ℤ有三個部分：

（正整數系＝）自然數系ℕ，負整數系－ℕ，與（單獨一元的！）零

所以某些地方，要做一點點修正。

【定義 1】

如果$\{a, b, c\} \subset \mathbb{Z}$，而且 $a = b * c$，我們就說 a 是 b 之倍數（multiple），b 是 a 之因數（factor），本書用 $b \prec a$ 來表示。

如果要「否定」它，我們用「$b \not\prec a$」來表示。

註 這個定義不用修正！讀法也一樣！

【遞推補題（不用修正！）】

若 $a \prec b$，且 $b \prec c$，則 $a \prec c$。

【正負不變補題】

若 $b \prec a$，然則，$|b| \prec a$，$(-b) \prec a$，$b \prec (-a)$。

【可逆元】

於是 ±1 是任何整數的因數！這是在 $\mathbb{Z}$ 中，僅有的兩個可逆元！

$$\frac{1}{1}=1 \text{，} (-1)^{-1}=\frac{1}{-1}=-1$$

【零】

由定義，0 是任何整數的倍數！（也只有 0，才會如此！）

【補題】

若 $|a| < |b|$，且 $|b| \prec |a|$，則 $a=0$。

註 因為因數可正可負，$n \in \mathbb{N}$ 的正負因數集則為：

$$\text{bDivisor}\,(n)=n \text{ 的正負因數的全體}$$

例如

$$\text{bDivisor}(14)=\{\pm 1, \pm 2, \pm 7, \pm 14\} \quad \text{（一共 8 個！）}$$

但是我們另外保留 $n \in \mathbb{Z}$ 的正因數集為：

$$\text{Divisor}\,(n)=\text{Divisor}\,(|n|)$$

例如

$$\text{Divisor}\,(-14)=\text{Divisor}(14)=\{1, 2, 7, 14\} \quad \text{（一共 4 個！）}$$

註 規定

$$\text{bDivisor}(0)=\mathbb{Z} \text{；} \text{Divisor}(0)=\mathbb{N}$$

習題 求 Divisor (-24)；bDivisor (-42)。

3.3 整組合定理

註 我們現在都在 $\mathbb{Z}$ 中（包括正負）討論！

【倍數補題】

若 $b \prec a$，$n \in \mathbb{Z}$，然則，$b \prec n*a$。

【加法補題】

若 $b \prec a_1$，$b \prec a_2$，則 $b \prec (a_1+a_2)$。

【整組合】

如果有許多「東西」$a_1, a_2, a_3, \cdots, a_n$，我們各各乘以一個「整數」，（不限定正！）再加起來，這稱為是這些「東西」的一個「整組合」。

【整組合定理】

如果 $a_1, a_2, a_3, \cdots, a_n$，都是 b 的倍數，我們各各乘以一個整數，再加起來，也還是 b 的倍數。

例題1 當任意一個整數 a 的個位數能被 2 除盡時，則這個整數是 2 的倍數。

例如：$23056 = 2305*10+6$，而 $2 \prec 10$，$2 \prec 6$。

例題2 當任意一個整數 a 的個位數能被 5 除盡時，則這個整數是 5 的倍數。

3.4 九餘法與十一餘法

【棄九法】

棄九法應該是眾所周知的吧！

例題1 $9 \prec 5874192$

例題2 $9 \not\prec 2221435693$

解 要點當然是「整組合定理」

因為 $1000000=9*u+1$，$5000000=5*9*u+5*1=9*w+5$

而 $800000=8*9*v+8*1=9*x+8$

所以 $5800000=9*y+5+8$，（不必管 $y=5*u+8*v$ 是多少！）於是：

$$5874192=5+8+7+4+1+9+2+（9\text{ 的倍數}）$$

其實不但加法，乘法也可以幫忙檢驗！

例題3 $9 \prec 2211452*36415$

例題4 $28997*39459 \neq 1144192613$，但 $28997*39459=1144192613$

例題5 $12345*67891 \neq 838114385$

【棄十一法】

棄十一法其實也差不多！

一數，例如 5874192，可否用 11 除盡？

我們把這些數字，跳一個加起來：

$$5+7+1+2=15$$

$$8+4+9=21$$

不相等，故除不盡。

（用 11 除）餘多少？答：______。（≡15－21）

又如 4206597364398 ÷ 11＝　…0？

$$4+0+5+7+6+3+8=33$$

$$2+6+9+3+4+9=33$$

相等，故除得盡。

要點是：

$$5000000=5+5*999999；999999=11 \text{ 的倍數}$$

$$870000=87+87*9999；9999=11 \text{ 的倍數}$$

$$80=8*(11-1)=-8+(11 \text{ 的倍數})$$

例題6

(1) 28997 ÷ 11＝2636…______

(2) 39459 ÷ 11＝3587…______

(3) 1144192623 ÷ 11＝104017511…______

習題1 用棄九驗算法，檢驗下列計算是否正確：

(1) $4568*7391=30746529$

(2) $2368*846=2003328$

(3) $16*937*1559=23373528$

(4) $17^4=83521$

(5) $23372428 \div 6236=3748$

【因數 7, 11, 13 的判定】

注意到

$$1001=7*11*13$$

類似於：

$$3*37=111；37*27=999=1000-1$$

例題7 問 7<230638？

解 $230*(1001-1)+638=638-230+(7\text{ 的倍數})=408+(7\text{ 的倍數})$
$=58*7+2+(7\text{ 的倍數})$；No！

習題2 在以下的這些數之中，有哪些具有因數 2, 3, 5, 7, 9, 11, 37？請勾出！

33374, 23456, 111111, 43425, 66798, 53075

	2	3	5	7	9	11	37
33374	✓	×	×	×	×	✓	✓
23456	✓	×	×	×	×	×	×
111111	×	✓	×	✓	×	✓	✓
43425	×			×		×	×
66798	✓	✓	×	×	✓	×	×
53075	×	×	✓	×	×	✓	×

其實：$23456=733*2^5$；$111111=111*1001$；$43425=9*193*25$；
$66798=2*27*1237$；$53075=25*11*193$

註 Maple 的句式：求整商用 iquo，求整餘用 irem。
如：iquo(293, 13)（答：22）；irem(293, 13)（答：7）

3.5 一些代數

例題1 證明：任意一個奇數 a 的平方減 1，都是 8 的倍數。

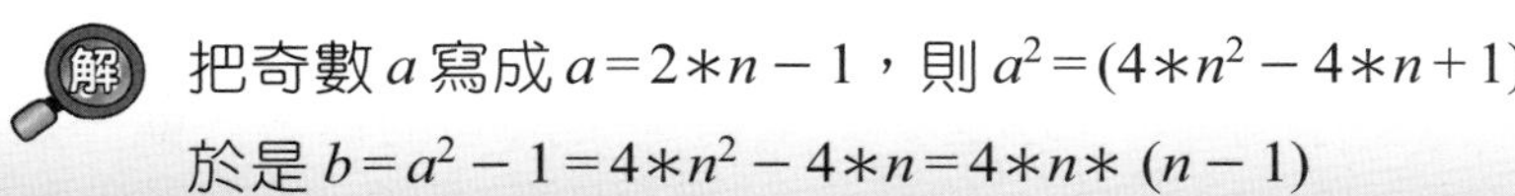

解 把奇數 a 寫成 $a=2*n-1$，則 $a^2=(4*n^2-4*n+1)$
於是 $b=a^2-1=4*n^2-4*n=4*n*(n-1)$

若 n 是偶數，則 $n=2m$，$b=4*2*m*(2m-1)=8*m(2m-1)$
若 n 是奇數，則 $n=2m-1$，$b=4*(2m-1)*(2m-2)=8*(2m-1)*(m-1)$
b 都可被 8 除盡！

例題2 證明：任意四個連續整數的乘積加 1，必定是一個平方數。

先試幾個看看！

$$1*2*3*4+1=25=5^2$$
$$2*3*4*5+1=121=11^2$$
$$3*4*5*6+1=361=19^2$$

四個連續整數寫成 $n, n+1, n+2, n+3$，於是：
$A=n(n+1)(n+2)(n+3)+1=n^4+6n^3+11n^2+6n+1=(n^2+?*n+?)^2$

例題3

證明：一個整數 a 若不能被 2 和 3 整除，則 a^2+23 必能被 $24=3*8$ 除盡。

（先試幾個看看！$1^2+23=24$，$5^2+23=48$，$7^2+23=72$）
只有 $a=6*n+1$，或 $a=6*n+5$
前者：$a^2=36*n^2+12n+1$
$a^2+23=36*n^2+12n+24=12*((3n+1)*n+2)$
但是 $(3n+1)n$ 恆為偶數！
後者：$a^2=36*n^2+60n+25$
$a^2+23=36*n^2+60n+48=12*((3n+5)*n+4)$
但是 $(3n+5)n$ 恆為偶數！

習題

1. 證明：當 a 是整數時，$a(a-1)(2a-1)$ 是 $6=2*3$ 的倍數。
2. 證明：當 a 是奇數時，$a(a^2-1)$ 是 $24=3*8$ 的倍數。

註 這裡的要點是：只要證明 $a(a^2-1)$ 是 3 的倍數，又是 8 的倍數，就一定是 $24=3*8$ 的倍數。

CHAPTER 4

[整數論中的原子論]

4.1 化學的素樸的原子論

【單純物料】

化學的「第零步」，是發現：日常生活中的許多物料，都是混合物！可以用種種辦法，將混合物分隔成單純物料！

煉金術漸漸進步成了化學，化學的「第一步」，就是發現：單純物料之間有化學反應！其中最簡單的，就是化合與分解。例如：三仙丹可以分解成氧與汞。（而汞應該可以氧化成三仙丹。）

【化合物】

進一步，化學家發現：有些單純物料是「不能再分解了」，有的則是可以分解的；那麼，前者就稱為「元素」，後者就稱為「化合物」。

這種想法是往古就有的，漢文明也有五行的「元素」，可是卻偏向玄想抽象的思考！Dalton 的時代，原子論就漸漸成形！

【素樸的原子論：元素的原子】

此時，化學家認為：

所有的單純物料都有其最小的單位，姑且稱之為「（化學）分子」，同樣的物料，其一切「（化學）分子」都是全然相同不可分辨的！（當然是非常非常的微小，而個數非常非常的多！）

「元素」的分子就是原子，而化合物的分子，則是不同的元素之原子結合

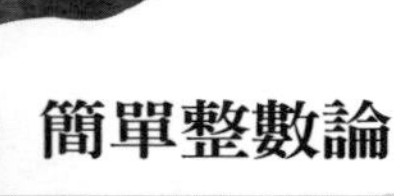

在一起；所以應該用一個元素記號去代表每一種元素的一個原子。例如：氧用 O，汞用 Hg；於是三仙丹（=汞+氧）就可以用 HgO 表示。

許多往古的文明，都把「水」看成元素！等到工技發達到很高的水準，才能夠將水分解成「氫」與「氧」；所以水是化合物，而它的分子，化學記號就是 HO。

【素樸的原子論：分子式】

後來又進一步，知道：氫與氧結合而成的不只是水，氫與氧也可以結合成雙氧水，而水的一個分子是 2 個氫原子、1 個氧原子，結合而成的！因而水的化學記號就改成H_2O；這代表一個水分子，因此這種化學記號就叫做分子式。

「雙氧水」是 2 個氫原子、2 個氧原子，結合而成的！因此雙氧水的分子式就成為 H_2O_2。

很自然地，又發現到：即使是單一種元素，也可以表現為不同的物料！例如：通常的氧氣，一個分子是 2 個氧原子結合而成的，因此分子式是O_2，但是也有臭氧，其一個分子是 3 個氧原子結合而成的，因此分子式是 O_3。

其它有許多常見的物質，如氫氧化鈉 NaOH，食鹽 NaCl，二氧化碳 CO_2；這些是「多原子分子」，而金 Au，銀 Ag，氦 He 都是「單原子」的分子。

註 「原子」的（希臘文）英文是atom=a-tom；後面（本幹）的部分是tom，意思是「割裂」；前面的部分是a-，意思是「不」；a-tom的意思是「不可割裂的（東西）」。

4.2 數論裡的原子論

【整數論中的「分解」與「合成」】

在 $\mathbb{N}$ 中，任何兩個數都可以「相乘」，這可以比擬做化學中的結合！例如，7 與 5 相乘得 35，而把 35 寫成 $35=5*7$，就叫做「因數分解」。

【么元是例外】

但是如果老師要我「把 35 因數分解！」，而我寫

$$35=1*35，或者寫 35*1$$

我都是：「對了，得零分！」因為這樣子的「因數分解」，叫做「無聊的」（trivial）因數分解。情形很像小學一年級考填空，$2+3=$ ______，如果你寫了 $\underline{2+3}$，當然是得零分！當然，

$$2+3=\underline{2+3}$$

是對的數學式子！可是你沒有做（老師要求的）加法的動作！同樣地，寫

$$35=\underline{35*1}$$

是對的數學式子！可是你沒有做（老師要求的）分解的動作！

「用 1 乘」，（或者「乘以 1」，）其實談不上動作！所以，只有當 $a>1$，$b>1$ 時，由 a，b 去算出 $c=a*b$，才是「真正的」「化合」（乘法）；反過來說：由 $c\in\mathbb{N}$，（$c>1$，）去算出 $a\in\mathbb{N}$，$b\in\mathbb{N}$，使得 $c=a*b$，也要求 $a>1$，$b>1$，才是真的因數分解！

【合成數，質數】

因此，有辦法做出真的因數分解的數 $c\in\mathbb{N}$（$c>1$），就叫做「合成數」，相當於化學中的「多原子分子」！反過來說，沒有辦法做出真的因數分解的數 $c\in\mathbb{N}$，（$c>1$，）就叫做「質數」，相當於化學中的「單獨一個原子（的分子）」。

所以，數論把所有的自然數分成三種：「合成數」，「質數」，與「可逆元」。

例題 35，175，1225，都是「合成數」：

$$35=5*7，175=35*5，1225=7*175$$

如果一個自然數 $c>1$，是質數，不一個合成數，那麼它的因數分解一定是無聊的，例如 5, 7 在$\mathbb{N}$中，5 的因數分解一定是 $5=5*1$，或者 $5=1*5$，都是無聊的！

注意到：「合成數」35 是「兩原子的分子」，175 是「三原子的分子」，1225 是「四原子的分子」。（雖然都只含有兩種元素！）

後二者多少類似於水分子 H_2O 與「雙氧水」分子 H_2O_2。

3 是質數，但 $9=3*3=3^2$；$27=3^3$；都是「合成數」。

二者多少類似於氧分子 O_2，與臭氧分子 O_3。

$$3=3*1=3*1*1=3*1*1*1=\cdots$$

$$3^1=3，3^2=3*3，3^5=3*3*3*3*3=243$$

註 然而 $3^0=1$，$2^0=1$，$5^0=1$，$37^0=1\cdots$

可逆元 1 不算是質數！以「數論的乘法」來看，它是「毫無內容」的東西！（相當於：化學上「無質量」的東西，不算是物質！）

註 Maple 的句式：「是否為質數？」

isprime（37）；（答：true）

isprime（377）；（答：false）

【質數＝數論中的原子】

化學中的原子論由Dalton提出；經過許多人的研究，分析出許多種不同的元素原子；相同的原子就給以一個記號。（例如：氫原子＝H，碳原子＝C，氧原子＝O）

Mendeleev-Moseley 把這些元素排定次序（原子序 atomic number）：氫是 1 號，碳是 6 號，氧是 8 號，鈾是 92 號！

Euclid 早就知道：

「數論中的原子」2 是 1 號，「數論中的原子」13 是 6 號，「數論中的原子」19 是 8 號！

【化學元素不多】

化學中的原子種類有限：事實上，92 號的鈾還有天然的存在，92 號以後的超鈾元素都是人工造出的，而且通常都是壽命超短！

讀化學時，常用的元素就更少了！

這樣說來，數論比化學難：因為

【歐氏定理】

質數個數無限多！

註 Maple 的句式：「第？質數！」

如：ithprime(26)；（答：101）

4.3 乘法可換可締

另一方面說，化學比數論難！這是由於化學鍵的深奧！

【同分異構】

例如說：酒精（乙醇）和甲醚是不同的東西，但是有相同的分子式C_2H_6O：都是 6 個氫原子，2 個碳原子，1 個氧原子，結合而成的！

因為這裡有構造的問題！

其實我們這樣想就知道：

二氧化碳 CO_2，是 1 個碳原子，佔在 2 個氧原子的正當中，結合成 O-C-O 一條線！

雙氧水H_2O_2，也是一條線H-O-O-H，2個氫原子在兩邊，2個氧原子在中間！

水H_2O，卻不是一條線！不是（像二氧化碳的）H-O-H，2 個氫原子與 1 個氧原子形成一個等腰三角形，頂角是 104.5°！

註 酒精與甲醚的立體結構當然不一樣！太深奧了，我們講不清！簡單地說：酒精的分子，分成兩部分，一部分叫乙基C_2H_5-，一部分叫氫氧基，從乙基的一個碳原子處，到氫氧基的氧原子處，有化學鍵結合兩者，於是酒精的學名叫「乙醇」，結構式為C_2H_5OH；甲醚則有兩個甲基CH_3，都從碳原子處，向介乎其間的氧原子，伸出化學鍵，甲醚的學名如此而得，而結構式為 CH_3OCH_3。

【可換律與可締律】

但是，「數論裡的相乘」，比起化學裡面的「鍵結」，是單純些！絕對不會有：

$$乙醇=C_2H_5OH \neq CH_3OCH_3=甲醚$$

的現象！這是因為「數論裡的相乘」，具有可換律與可締律！

$$x*y=y*x$$

$$(x*y)*z=x*(y*z)=x*y*z$$

不必煩惱順序！不必煩惱括號！

數學家念化學一定不及格！他以為：

$$乙醇=C_2H_5OH=C_2H_6O=H_6C_2O=C_2OH_6=\cdots=CH_3OCH_3=甲醚$$

對他來說：

$$10816=169*32*38=13^2*2^5*38=\cdots=104*19*104$$

數學家當然知道：

數論的分子 10816 是由 9 個「數論中的原子」，結合而成！

這 9 個原子並不是都一樣！其實分成：2，13，19 三種。

其中：有 6 個「原子」2，有 2 個「原子」13，只有 1 個「原子」19。

註 字源學

「結合」、「合成」，英文的動詞是compose，名詞是composition；「分解」，英文的動詞是 decompose，名詞是 decomposition；換句話說：decompose 可以分解為前後兩個部分，前面的部分是 de-，（意思是「打消」，）後面的部分是 compose；但是，數論中的「可換律」，在語文中不成立：de-compose ≠ compose-de（沒有這個字）！

註 即使是漢字，也有這種「分解」與「合成」。（尤其是形聲字！）

例如：「波＝水皮」，「坡＝土皮」。

$2^{(2^2)}=$? $(2^2)^2=$? $3^{(3^3)}=$? $(3^3)^3=$

$2^{(2^2)}=2^4=16=4^2=(2^2)^2$；$(3^3)^3=27^3=14783$

$3^{(3^3)}=3^{27}=7625597484987$

切記：乘冪運算，沒有可換律，也沒有可締律：

$$a^b \neq b^a；a^{(b^c)} \neq (a^b)^c=a^{b*c}$$

$$a^{b^c}=a^{(b^c)}（才是定義！）$$

4.4 算術基本定理

【記號】

以下，把 $a \in \mathcal{P}$ 就讀做「a 為質數」。

（換句話說：所有質數的全體記作 $\mathcal{P}$）

【定義】

若質數 b 是 a 之因數，則稱之為 a 之質因數。

【一半的分數】

如果老師要我「把 175 因數分解！」，而我寫

$$175 = 5*35，或者寫\ 35*5$$

（我找到了因數 35，5）但我只拿到「一半的分數」，因為，因數 5 本身是質數，（所以，這是 175 的質因數！）然而，因數 35 不是質數，（所以，這是 175 的因數，卻不是 175 的質因數！）35 本身還可以因數分解！我要繼續分解下去！

$$175 = 5*35；35 = 7*5$$

因此寫成

$$175 = 5*35 = 5*7*5$$

這才是「完全的因數分解」。

【標準寫法】

但是這樣子的答案，（沒有整理得漂漂亮亮！）可能被扣分！應該寫成

$$175 = 5^2*7$$

原子 5 出現 2 次，就寫成「指數」，同時，最好是把這些質因數依序排列，由小到大！因此，$1225=5^2*7^2$。

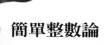

【算術基本定理】

任一個自然數 n 都可以分解成幾個質數之乘積！

若不計較先後次序，那麼恰恰只有一個分解法！

事實上若將這些質數從小到大排列，則寫法唯一（即標準分解式）：

$$n=p_1^{k_1}*p_2^{k_2}*\cdots*p_l^{k_l}\ (k_j\in\mathbb{N},\ p_j\in\mathcal{P},\ p_1<p_2<\cdots<p_l) \tag{4.1}$$

例如：

$$205504=2*2*2*2*2*2*13*13*19=2^6*13^2*19$$

它的質因子只有 3 種：2，13，19；但它的總重（複）度 $=9$；事實上，2 出現的重度 $=6$，13 出現的重度 $=2$，19 出現的重度 $=1$。

註 所以，自然數 a 的質因數分解，如果總重度 >1，則 a 是一個合成數；如果總重度 $=1$，則 a 是一個質數；如果總重度 $=0$，則 $a=1$（是個可逆元）；總重度就是這個「算術分子」所含有的「原子」個數。

習題 做質因數分解（標準分解式）：

117, 9828, 10725, 16500, 1452990

$$117=9*13$$

$$9828=9*1092=9*3*364=3^3*4*91=2^2*3^3*7*13$$

$$10725=25*429=25*3*143=3*5^2*11*13$$

$$16500=500*33=2^2*3*5^3*11$$

$$1452990=10*145299=2*5*3*48433=2*5*3*11*4403$$

$$=2*5*3*11*7*629=2*3*5*7*11*17*37$$

註 Maple 的句式：（i＝integer 整數，factor＝因數，set＝集合）

「質因數分解」，用：ifactor (34500)；（答：$(2)^2*(3)*(5)^3*(23)$

「質因數」，用：factorset (7540)；（答：{2,5,13,29}）

「總重度」，（big Ω之意！）用：bigomega (205504)；（答：9）

「質因數都單純」（＝沒有「質數平方」的因數＝square-free），用：issqrtfree (210)；（答：true）

4.5 因數的個數

【質冪】

如果自然數 $n=p^k$ 只有一個質因數 p，那麼它是個質冪；k 叫做重（複）度；n 的因數有 $k+1$ 個：

$$p^0=1, p^1=p, p^2, \cdots, p^k=n$$

通常說：$p^0=1$，$p^k=n$ 是無聊的兩個因數；但真的因數則是 k 個，因為 1 也算！

【多個質因數的情形】

當 n 如（4.1）式時，$m=p_1^{h_1}*p_2^{h_2}*\cdots*p_l^{h_l}$ 都是 n 的因數，只要 $1\leq h_j\leq k_j$。

例題 $12=3*2^2$ 有 $(1+1)*(2+1)=6$ 個因數：

$3^0*2^0=1$，$3^0*2^1=2$，$3^0*2^2=4$，$3^1*2^0=3$，$3^1*2^1=6$，$3^1*2^2=12$

所以，如上面（4.1）的 n，它所有因數的個數是：

$$\tau(n)=(k_1+1)*(k_2+1)*\cdots*(k_l+1)$$

其中 n 不算「真因數」，而 1 與 n 都算做無聊因數！

習題 9828, 10725，各有幾個因數？

解 $3*4*2*2=48$；$2*3*2*2=24$

註 Maple 的句式：因數＝divisor，所以要寫出所有的因數，用：divisors(962500)；（答：{1, 2, 4, 5, 7, 10, …, 481250, 962500}）

Euler 以來，因數的個數就用 τ，因此：tau(962500)；（答：72。此即 divisors(962500)＝{1, 2, 4, 5, 7, 10, …, 481250, 962500} 中的個數）

要計算出「數 k 所含有的最大的 n 次方（n-th power）因數，用：nthpow(k, n)，例如：nthpow(250, 3)；（答：$(5)^3$）。nthpow(250, 4)；（答：$(1)^3$）

4.6 質因數補題

【互質】

兩個自然數a與b，如果沒有相同的質因數時，我們就說它們「互質」，記成

$$a \perp b$$

註 化學上，這相當於：「兩個化學分子的組成元素都不一樣」！

例題

如果p是質數，（以下我們寫成$p \in \mathcal{P}$，）則：對於$b \in \mathbb{N}$，如果$p \nprec b$，則$p \perp b$。

【互質補題】

若$a \perp b$，且$a \prec b*c$，則$a \prec c$。

註 化學上，這相當於？

答：假設甲，乙兩個化學分子的組成元素都不一樣，又假設乙，丙兩者結合成為丁；然而在丁之中發現了含有甲，那麼丙一定含有甲。

【質因數補題】

若$p \in \mathcal{P}$，且$p \prec b*c$，則$p \prec a$與$p \prec c$，二者必有其一。換句話說：

若p是$a*b$的質因數，則：或者p是a的質因數，或者p是b的質因數。當然這是互質補題的特例！

習題 請舉例！

解 $3 \prec 864 = 16*54$；$3 \perp 16 = 2^4$；故$3 \prec 54$

4.7 質數無限多

【歐氏定理】

質數個數無限多！

這個證明法，就是所謂「歸謬法」，也就是：「以子之矛，攻子之盾」。

若質數個數有限多，我們可以將它們全部（由小到大）列出來：

$$p_1 = 2, p_2 = 3, p_3 = 5, \cdots, p_L$$

那麼自然數

$$P = p_1 * p_2 * p_3 * \cdots * p_L + 1$$

利用算術基本定理，P 也有質因數分解：

$$P = q_1 * q_2 * \cdots * q_l$$

這些質數 q_j 比 $p_1, p_2 \cdots, p_L$ 都大！

註 當然：

$$p_1 = 2，p_1 + 1 = 3 = p_2$$

$$p_1 * p_2 + 1 = 7 = p_4$$

$$p_1 * p_2 * p_3 + 1 = 31 = p_{11}$$

$$p_1 * p_2 * p_3 * p_4 + 1 = 211 = p_{47}$$

$$p_1 * p_2 * p_3 * p_4 * p_5 + 1 = 2311 = p_{344}$$

$$p_1 * p_2 * p_3 * p_4 * p_5 * p_6 + 1 = 300301 = p_?$$

註 **歸謬法：以上用到的歸謬法非常有趣而且也相當有用。**

你可以想一想類似的證明：在

$$3 + 4 * \mathbb{N}_0 = \{3, 7, 11, 15, 19, \cdots\}$$

裡面，有無限個質數！

【證明】

不然的話，只有有限個，我們就可以全部列出：

$$p_1 = 3，p_2 = 7，p_3 = 11，p_4 = 19，p_5 = 23，\cdots，p_n$$

於是計算：

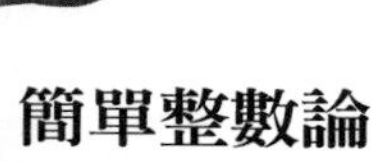

$$M=4*(p_1*p_2*p_3*\cdots*p_n)-1$$

的質因數分解：

$$M=q_1*q_2*\cdots*q_m$$

當然每一個 q 都是奇質數；因此

$$q_j \bmod (4)=1，或 3$$

其實，在mod(4)的立場：$3=-1(\text{lmod } 4)$，再依「負負得正」，亦即：$3^2=1 \pmod 4$，可知：

$M=3 \bmod (4)=3=(q_1 \bmod (4))*(q_2 \bmod (4))*\cdots(q_n \bmod (4))$

而右邊，$q_j \bmod (4)=3$ 的因子，必是奇數個！因此最少有一個是 $q_j=3+4*l$ 之形！

可是 M 與一切 p_j 都互質！因此，這個 q_j 是另外一個質數！這就自相矛盾了！

習題 證明：在 $5+6*\mathbb{N}_0=\{5, 11, 17, 23, 29, 35, \cdots\}$ 中，有無限個質數！

註 **Dirichlet 的定理說：如果 a，b 互質，則：**

$$a+b*\mathbb{N}_0=\{a, a+b, a+2b, a+3b, a+4b, \cdots\}$$

中，有無限個質數！

4.7.1 尋找質數

以下兩個補題，對於尋找或驗證質數有點用。

【補題 1】

若 $a>1$，則 a 之「大於 1」的最小因數，必是質數。

【補題 2】

若 $a>1$，如果一切 $\leq \sqrt{a}$ 的質數都除不盡 a，則 a 為質數！

例題 89 是質數？

解 $9^2=81<89<100=10^2$，因此只要用 9 以下的質數 2，3，5，7 去試除 89

4.8 Eratosthenes

【大祭酒】

Eratosthenes 大約是公元前 200 年出生於 Lybia；被 Ptolemy 三世召喚到 Alexandria 擔任世界學術殿堂的院長（兼任太子少傅）。他算出地球半徑，他建議閏年，他畫了世界地圖，他編了世界史。

【篩法】

下面寫了自然數的全體。（騙人的！只寫到 100 為止）

1	2	3	4	5	6	7	8	9	10
11	12	13	14	15	16	17	18	19	20
21	22	23	24	25	26	27	28	29	30
31	32	33	34	35	36	37	38	39	40
41	42	43	44	45	46	47	48	49	50
51	52	53	54	55	56	57	58	59	60
61	62	63	64	65	66	67	68	69	70
71	72	73	74	75	76	77	78	79	80
81	82	83	84	85	86	87	88	89	90
91	92	93	94	95	96	97	98	99	100

1，不是質數，用鉛筆畫去。

於是剩下來的第一個，$p_1=2$，一定是質數，（用紅鉛筆）圈起來！然後我們就用鉛筆畫去其後的所有倍數：

$$4, 6, 8, 10, 12, \cdots$$

於是剩下來的第一個，$p_2=3$，一定是質數，圈起來！然後我們就用鉛筆畫去其後的所有倍數：

$$6, 9, 12, 15, 18, \cdots$$

於是剩下來的第一個，$p_3=5$，一定是質數，圈起來！然後我們就用鉛筆畫

去其後的所有倍數：

10, 15, 20, 25, 30,⋯

於是剩下來的第一個，$p_4=7$，一定是質數，圈起來！然後我們就用鉛筆畫去其後的所有倍數：

14, 21, 28, 35, 42,⋯

這樣一直做下去！

這就是 Eratosthenes 所傳下來的，依序篩取所有質數之法！

習題1 就做這 100 以內的篩法！

習題2 做到 200 以內！將多得到質數（101～200 間）：

101, 103, 107, 109, 113, 127, 131, 137, 139, 149

151, 157, 163, 167, 173, 179, 181, 191, 193, 197, 199

4.8.1 其它質數的故事

【雙生質數】

這是相差 2 的一對質數$(p, p+2)$，如：

$p=3, 5, 11, 17, 29, 41, 59, 71, 101, \cdots, 10001441$

$76*3^{169}-1=$326817753136426008782876329080751166716477

（接）1907883398248405229498473964698136040175 07

1990 年的記錄是 $1706595*2^{11235}\pm1$。

現在還不知道：是否只有有限個雙生質數？

【Goldbach 猜想】

大於 4 之偶數是兩個奇質數之和。

【Fermat 數與 Mersenne 數】

$$F_n=2^{2^n}+1\text{；}M_n=2^n-1$$

如果$k>2$是奇數，則a^k+1一定不是質數！因為有因數$a+1$。進一步，只要$k=g*h$含有奇質因數h就不行：$a^k=(a*g)^h+1$；所以$2^{2^n}+1$才可望是質數！當$0 \le n \le 4$，F_n（$=3, 5, 17, 257, 65537$）為質數；所以（1640年）Fermat就猜：F_n恆為質數！

可是：$F_5=4294967297$不是！（1732年）Euler證明它有因數$641=2^7*5+1=2^4+5^4$，事實上$F_5=641 \cdot 6700417$。

F_5以下一直沒有質數！所以許多人是顛倒猜：Fermat質數只有5固！

Hardy-Littlewood（1922年）猜測：「偶數平方加1＝質數」應該有無限多！

另外一方面，a^k-1（$k>1$），一定有有聊因數$a-1$，除非$a=2$才無聊！

但如果$k=g*h$是合成數，則 $2^k-1=2^{g*h}-1$ 也是合成數！（含有因數$(2^g-1), (2^h-1)$）因此必須k為質數，2^k-1才可望是質數！這樣子的質數叫做Mersenne質數，紀念Fermat的好朋友，法國數學家（和尚）Marin Mersenne（1588-1648）；這樣的質數與完美數有關！

這倒是比較複雜！有些Mersenne數是質數：（末三者是Mersenne弄錯未列入的！）

$$k=2, 3, 5, 7, 13, 17, 19, 31; 61, 89, 107$$

有些Mersenne數是合成數：257以下的，上述之外的全部，（尤其67, 257，是Mersenne弄錯而列入的！）現在許多人是猜：Mersenne質數無限多！

註 Maple的句式：第nFermat數，記成fermat (n)。

例如：factorset (fermat (6))；（得{274177, 67280421310721}

Mersenne數2^n-1是否為質數？若是，是多少？

mersenne(67)；（答：false）

mersenne(17)；（答：131071）

第n個Mersenne質數是多少？記成mersenne ([n])。

（我試了$n=34$，答案太長了！）但是：mersenne ([12])；亦即 mersenne (127)；（答：170141183460469231731687303715884105727）

CHAPTER 5

公因數與公倍數

5.1 最高公因數：遞推

【定義】

假定 $a_1, a_2, \cdots, a_n$，是一些自然數！則 $\text{hcf}(a_1, a_2, \cdots, a_n)$ 表示其等之最高（highest）或最大（greatest）公（common）因數（factor）（HCF，或 gcd）；本書改用 $\text{hcf}(a_1, a_2, \cdots, a_n)$。

當然有公因數！（1 是這些自然數的最小公因數！）所以只要在所有的公因數中找出最大的就好了！

例題 1 求 hcf (966, 630, 330)。

解 事實上，有質因數分解：

$$966 = 6 * 161 = 2 * 3^2 * 7 * 23$$

$$630 = 63 * 10 = 2 * 3^2 * 5 * 7$$

$$330 = 10 * 33 = 2 * 3 * 5 * 11$$

公因數必須是

$$m = 2^{h_1} * 3^{h_2} * 5^{h_3} * 7^{h_4} * 11^{h_5} * 23^{h_6}$$

其中：

$$0 \le h_1 \le 1\ ;\ 0 \le h_2 \le 1$$

$$0 \le h_3 \le 0\ ;\ 0 \le h_4 \le 0\ ;\ 0 \le h_5 \le 0\ ;\ 0 \le h_6 \le 0$$

因此，

$$\text{hcf}(966, 630, 330) = 2^1 * 3^1 * 5^0 * 7^0 * 11^0 * 23^0 = 6$$

註 Maple 的句式：igcd(3486, 2340, 48)；（答：6）

【hcf的計算】

利用質因數分解法，我們可以如次計算 hcf (a, b)：

假設 a 和 b 是任意兩個正整數，並且

$$a = p_1^{\alpha_1} p_2^{\alpha_2} \cdots p_k^{\alpha_k}，\alpha_i \geq 0，i = 1, 2, \cdots, k$$

$$b = p_1^{\beta_1} p_2^{\beta_2} \cdots p_k^{\beta_k}，\beta_i \geq 0，i = 1, 2, \cdots, k$$

這裡 $p_1, \cdots, p_k$ 為不同的質因數。又假設 γ_i 是 α_i 和 β_i 中較小的數，則

$$\text{hcf}(a, b) = p_1^{\gamma_1} p_2^{\gamma_2} \cdots p_k^{\gamma_k}$$

註 當然（不寫也罷！）

$$p^0 = 1$$

註 更多個數的 hcf 之公式？

習題 1 用分解質因數的方法求最大公因數：

1. 48, 84, 120
2. 360, 810, 1260, 3150

1. 48 = 12∗4；84 = 12∗7；120 = 12∗10
   hcf = 12
2. 360 = 90∗2∗2；810 = 90∗9；1260 = 90∗2∗7；3150 = 90∗7∗5
   hcf = 90

【例題 1 的另解】

求 hcf (966, 630, 330)：

$$966 = 42 * 23，630 = 42 * 15 = 30 * 21$$

因此，兩者有最高公因數 42 = 6∗7。

又 330 = 6∗55，故 42，330 兩者有最高公因數 6。

這樣看來，三者的最高公因數 = 6。

【遞推法】

以上這例子是說：如果有許多（大於 2 個）自然數，要計算其等之最高公因數，我們只要懂得如何求兩數的 hcf，就可以解決了！這是因為

$$\text{hcf}(a_1, a_2, a_3) = \text{hcf}(\text{hcf}(a_1, a_2), a_3)$$

$$\text{hcf}(a_1, a_2, a_3, a_4) = \text{hcf}(\text{hcf}(a_1, a_2, a_3), a_4)$$

$$\vdots$$

$$\text{hcf}(a_1, a_2, \cdots, a_n) = \text{hcf}(\text{hcf}(a_1, a_2, \cdots, a_{n-1}), a_n)$$

【定理】

最大公因數有如下的性質，此處 $a,b,n \in \mathbb{N}$。

1. $\text{hcf}(a^n, b^n) = \text{hcf}(a, b)^n$　　（乘方性）
2. $\text{hcf}(n*a, n*b) = n*\text{hcf}(a, b)$　　（齊性）

習題 2　利用最大公因數的性質（乘方性與齊性）求下列最大公因數：

1. 216, 64, 1000
2. 24000, 36000, 144000

5.2 最低公倍數

【定義】

假定 $a_1, a_2, \cdots, a_n$ 是一些自然數，則在它們共同的倍數之中一定找得到「最小的」一個，我們稱之為其等之「最低」公倍數，用 $\text{lcm}(a_1, \cdots, a_n)$ 表示之。

【可締定理】

若 $n>2$，則我們可以把這些數分成一堆一堆，各求出 lcm，再求出整體的 lcm。

【1cm 的公式】

利用質因數分解法，我們可以如次計算 lcm (a, b)，和計算 hcf (a, b)的情形完全一樣！只是用 δ_i 是：α_i 和 β_i 中較大的數，去代替 γ_i 是：α_i 和 β_i 中較小的數。

$$1\text{cm}\,(a, b) = p_1^{\delta_1} p_2^{\delta_2} \cdots p_k^{\delta_k}$$

例題 求 hcf 與 1cm：210, 700, 1029。

$210 = 2^1 * 3^1 * 5^1 * 7^1$

$700 = 2^2 * 3^0 * 5^2 * 7^1$

$1029 = 2^0 * 3^1 * 5^0 * 7^2$

$\text{hcf} = 2^0 * 3^0 * 5^0 * 7^1 = 7$

$1\text{cm} = 2^2 * 3^1 * 5^2 * 7^2 = 102900$

【推論】

若 hcf $(a, b) = h$，1cm $(a, b) = l$，則 $a * b = l * h$。

註 更多個數的 1cm 之公式？

習題 1 求最低公倍數：

1. 108, 28, 42
2. 198, 240, 360
3. 24871, 3468
4. 513, 135, 3114
5. 8127, 11352, 21672, 27090
6. 391, 493
7. 209, 665, 4025
8. 1965, 1834, 30261, 55020

習題2 最低公倍數的應用：

1. 甲乙兩個齒輪，互相銜接，甲輪有 437 齒，乙輪有 323 齒。甲的某一齒和乙的某一齒相接觸後到再互相接觸，最少各要轉幾周？
2. 有三個工人從磚堆往砌牆的腳手架上運磚，來回一次，甲要 15.6 分鐘，乙要 16.8 分鐘，丙要 18.2 分鐘，現在三人同時從磚堆處出發，最少要幾分鐘三人又同時回到磚堆處？
3. 金星和地球在某一時刻相對於太陽處於某一確定位置，已知金星繞太陽一周為 225 日，地球繞太陽一周為 365 日，問這兩個行星至少經多少日，仍同時回到原來的位置上？
4. 設計一種底面為正方形的包裝箱，裝運四種不同規格的象棋，每種棋盒底面都是正方形，邊長分別是 21 厘米、12 厘米、14 厘米和 10.5 厘米，要使包裝箱，不論裝運哪一種規格的象棋，都能鋪滿完整；問包裝箱底面的邊長至少為多少厘米？
5. 團體操在表演過程中，要求在隊伍變換成 10 行、15 行、18 行、24 行時，隊形都能成為長方形，問參加團體操表演最少需要有多少人？
6. 有甲、乙、丙、丁四個齒輪互相嚙合，齒數分別為 84、36、60 和 48，問在傳動過程中同時嚙合的各齒到下次再同時嚙合時，各齒輪分別轉過多少圈？

1. 437＝19∗23，323＝19∗17，lcm＝19∗23∗17；甲轉 17 周，乙轉 23 周
2. 用 0.2 分鐘做為單位！
   156＝4∗39＝4∗3∗13；168＝4∗42＝8∗7∗3；182＝2∗7∗13
   lcm＝8∗3∗7∗13＝2184
3. 225＝5∗45；365＝5∗73；lcm＝5∗73∗45＝16425（日）＝45（年）
4. 因為 10.5∗2＝21，不必考慮 10.5，於是用 1 厘米為單位：
   21＝3∗7；12＝3∗4；14＝7∗2；lcm＝3∗4∗7＝84（厘米）
5. 因 10＝2∗5；15＝3∗5；18＝3^2∗2；24＝2^3∗3
   lcm＝2^3∗3^2∗5＝360（人）

6. 因 $84=7*3*2^2$；$36=2^2*3^2$；$60=2^2*3*5$；$48=2^4*3$

$lcm=2^4*3^2*5*7$；甲轉過 $\frac{2^4*3^2*5*7}{7*3*2^2}=4*3*5=60$ 圈；

乙轉過 $\frac{2^4*3^2*5*7}{2^2*3^2}=4*5*7=140$ 圈；丙轉過 $\frac{2^4*3^2*5*7}{2^3*3*5}=4*3*7=84$ 圈；

丁轉過 $\frac{2^4*3^2*5*7}{2^4*3}=3*5*7=105$ 圈

5.3 日曆

5.3.1 大月與小月

【陽曆年】

平均起來，地球一公轉是：

365.2422 日 ＝365 日 5 小時 48 分 46 秒

Babylon 人發明 1 周角＝360°。

意思就是「方便」！一日大約走一度！

圓周用半徑去劃分，馬上得到 6 等份＝60°；因此發明：

60 進位制：1 度＝60 分；1 分＝60 秒

【陰曆的月】

平均起來，月球繞地球一轉是：

29.530588 日 ＝29 日 12 小時 44 分 2.8 秒

（乘以 12）

1 陰曆年＝354.367 日

與 365 相差太多！因此，回教的（陰曆）新年，年年不同！

【Meton 週期】

公元前 5 世紀，希臘人 Meton 發明了：

$$19*\text{陽曆年}=6939.6018\approx 6939.6882=235*\text{陰曆月}$$

【陽曆的月】

陽曆就用每月大約 30 日，一年分成 12 個月。

【正月】

古時 Roma 人的「正月」是 March（＝現在的三月！）

註 March 者，Mars（火星＝戰神）也；這是（好戰成性）Roma 人的主神！February（＝現在的二月！）才是他們的末月！

註 所以 December＝「十月」，November＝「九月」，October＝「八月」。
octo-pus＝「八爪」，octave＝「八度（音程）」
decade＝「十年」，deci-meter＝「十分之一 meter」

【大月與小月】

古時 Roma 人就用：

1 年＝365 日＝5 個大月＋7 個小月；大月＝31 日；小月＝30 日

奇月＝大月；（除了末月，）偶月＝小月

必須扣掉一日！那麼就令：

小小月＝末月（February）＝30－1＝29 日

【August】

Roma 人的「五月」（＝現在的七月！）被改名為：

July＝Julius Caesar（凱薩）的生月！（紀念其豐功偉績！）

他的繼承者（Roma 始皇）Augustus（奧古斯都）也如法炮製，於是 Roma 人的「六月」（＝現在的八月！）被改名為：

August＝Augustus 的生月！

但是，無法忍受「我比他少一日 ！」所以下令：

August，September，以下，大小月全部顛倒！除了（扣回一天）：

小小小月＝末月（February）＝29－1＝28 日

5.3.2 閏年

【Julian Calendar】

凱薩（BC 100-44）曆法在公元前 46 年公佈；（在公元 8 年，有 Augustus 的（豐功偉績）修正；）這就是「四年一閏」。

$$365.25 > 365.2422$$

【Gregorian Calendar】

公元 1582 年教皇 Gregory XIII 頒行至今！（那時候，不當的閏年已經累積了 14 次；他刪掉 10 天的日曆！）

$$1 \text{ 年} \approx 365.2425 \text{ 日}$$

5.3.3 Zeller公式

假設公元年份為 $N > 1600$；於是，由彼時起迄今，閏年數

$$T = \text{floor}\left(\frac{N-1600}{4}\right) - \text{floor}\left(\frac{N-1600}{100}\right) + \text{floor}\left(\frac{N-1600}{400}\right)$$

如果寫：

$$N = 100 * C + D$$

註 C 是「世紀」減 1；$0 \leq D < 100$。

則：

$$T = \text{floor}\left(\frac{D}{4}\right) - C + \text{floor}\left(\frac{C}{4}\right) + 25 * C - 388$$

【羅馬規約】

以下以 March 為「正月」$m = 1$，換句話說：

四月的 $m = 2$，五月的 $m = 3$，…；次年一月的 $m = 11$。

【公元 N 年三月一日為星期 α】

假定公元 1600 年，三月一日，為星期 α_0，於是：

$$\alpha = \alpha_0 + (N - 1600) + T \pmod 7$$

你代入 $N=2005$，$T=98$，$\alpha=2$，因此 $\alpha_0=3$。

$$\alpha=3+\ (N-1600)+T(\text{mod } 7)$$

【每月一號】

現在問：N 年的 m 月份的一號是星期幾？

（我們用羅馬規約的好處就是在此！）答案是 $g+\alpha$。

g 是從上月份一號變為本月一號，α 要增加多少？

例如 $m=2$（April），則 $g=3$。（Mar 有 28+3 天！）

$m=$	1	2	3	4	5	6	7	8	9	10	11	12
$g=$	0	3	5	8	10	13	16	18	21	23	26	29

Zeller 氏發現了：（對照§1.2，習題 1）

$$g=\text{floor}(2.6*m-2.2)$$

於是，公元 $N=100*C+D$ 年，m「月份」，k 號，是星期★

$$\begin{aligned}\bigstar&=\text{floor}(2.6*m-2.2)+\ (k-1)+\ (N-1600)\\&\quad+\text{floor}\left(\frac{D}{4}\right)-C+\text{floor}\left(\frac{C}{4}\right)+25*C(\text{mod } 7)\end{aligned}$$

特別是廿一世紀，$C=20$，則：

公元 $N=2000*C+D$ 年，m「月份」，k 號，是星期★

$$\bigstar=D+\text{floor}\left(\frac{D}{4}\right)+\text{floor}(2.6*m-2.2)+k+2(\text{mod } 7)$$

5.3.4 農曆

【農曆不是陰曆】

萬物生長靠太陽：農曆的要點在節氣，一年有 24 個節氣（由欽天監確認上奏再頒告天下！），它在陽曆年上的位置幾乎固定！

毋寧說：農曆是陽曆！（但是並非 Gregory 曆！）

或者更清楚些：農曆是陰陽合曆！

由於：Meton 週期＝19 個陽曆年＝235 個陰曆月；因此在此週期內，要有閏月數

$$235-19*12=235-228=7$$

因此：農曆規定「19 年 7 閏」。（下表以 2008 年為例）

節	月	日	氣	月	日
小寒	Jan	06	大寒	Jan	21
立春	Feb	04	雨水	Feb	19
驚蟄	Mar	05	春分	Mar	20
清明	Apr	04	穀雨	Apr	20
立夏	May	05	小滿	May	21
芒種	Jun	05	夏至	Jun	21
小暑	Jul	07	大暑	Jul	22
立秋	Aug	07	處暑	Aug	23
白露	Sep	07	秋分	Sep	22
寒露	Oct	08	霜降	Oct	23
立冬	Nov	07	小雪	Nov	22
大雪	Dec	07	冬至	Dec	21

【閏月的規定】

若某個陰曆月沒有含到「氣」，就閏之！

去年與今年的節氣之月日，有何不同？明年呢？

最近的閏月在何時？

註 沙漠裡的駱駝商隊必須晝息夜行！月亮如此可親，當然奉行陰曆！但是不配合陽曆，19 年就差了 7 月！（所以夏季過年是常見的！）

漢文明用「無氣則閏」，因為「氣」是太陽曆的概念！氣與氣之間，是太陽曆的月，故可能含蓋整個陰曆月！19 年裡面會出現 7 次！

CHAPTER 6

輾轉相除法

6.1 數與量

【數與量】

數（number）與量（quantity）是並稱的，但是（對於我們！）用法有一些不同！

數（第4聲）本義是（名詞！）「自然數」，然後引伸到「小數」、「分數」（=「有理數」），有了代數學之後就有「負數」，最後又有「虛數」、「複數」。

數（第3聲），本義是（動詞！）「計數＝點算」，例如「數鈔票」。

量（第4聲），本義是（名詞！）「物理量」，例如「動量」、「能量」、「容量」。

量（第2聲），本義是（動詞！）「測量」，例如「量度」、「度量」。

我們最先學會計數，用的是自然數，一個、兩個、三個、……如此點算，等到會加上「單位」，那就進了一大步了。當你用兩個（一元）硬幣，向一個小小孩子說要和他的一個（五元）硬幣交換，而騙不來時，他就開始有「量」的概念了，不只是「數」的概念而已。

例題1

我坐計程車，給司機兩張 100 元，他找給我 8 個硬幣。問：我用了多少錢？（答案諒必不唯一！）

【How many? How much?】

英文裡，要問「多少？」，其實有兩種！

如果問：幾個柑子，這用「How many」。因為柑子有自然的最小的單位：「個」！

我點算（count）一下：「一個，兩個，三個，四個，……」，而用自然數回答！

如果你拿了幾個柑子給店員，問多少錢？（他大概是用「稱重的」，然後換算成錢；）你用「How much」；錢本來沒有「自然的最小的單位」，稅法可以規定以元為最小單位，但這並非自然的單位！（事實上以匯兌來說，新台幣（或美鈔）「一元」，每天不同值！）

關於物理量的問題，通常是 How much，因為沒有個自然的單位好讓我們數「個數」。

註 數學，是「數的學問」，數論是「數的理論」；所以兩者的本意無區別！最古時的數學只是「（整）數論」；所以和幾何學其實是並立的學問！現在的數學是廣泛的稱呼，當然包含「數論」、「幾何」、「代數」，等等！

6.2 進位制

【測量與單位】

測量（=度量），是所有科學的基礎，「沒有測量，就沒有科學！」而測量就需要單位。

以英制的 a=呎（feet）為例：呎是某位英王的「尊腳（掌）之長」！

那麼要量度 $b>a$ 時，他就把左腳掌放在 b 上，把左腳跟對齊 b 的上端，因為 $b>a$，所以整個左腳掌都在 b 內，如果剩下的長度 $b-a>a$，那麼就再把右腳跟接在左腳拇趾的前端，而整個右腳掌都在這段 $b-a$ 內。

以下，依次左右交替，假定「置放腳掌」共 5 次，當然有可能（其實不太可能！）恰好腳掌前端碰到 b 的另一端；那麼這段的長度恰好是 5 呎，當然這就是「（長度為）5 呎」的意義。

【輔助單位與進位制】

於上述的例子，實際出現的狀況大概是「5 呎多」，就用「差不多 5 呎（或 6 呎）」作答。

文明進步之後，就懂得用「輔助單位」。例如，用 1 呎＝12 吋，這樣子就更精細合用了！某些工作，講「5 呎多」是不合格的，但講「5 呎 4 吋多」就合乎需要了。

當然，（「往上」）人們也需要更大的單位，例如 1 英里＝5280 呎，這就牽涉到進位制了！

人類既然採用十進位，當然應該認同一個物理量的基準單位與其它輔助單位，互相之間用 10 的冪來轉換，這就是十進位公制的優越性。

【度量衡】

漢文的「度」是「長度」，基準的單位是「尺」與「寸」。

尺之上是：丈，引，里；寸之下是：分，釐，毫，絲，忽。

「量」是（容積＝）「體積」，基準的單位是「升」。

升之上是：斗，石，秉；升之下是：合，勺，撮。

「衡」是「重量」或即「質量」，基準的單位是「斤」，斤之下是：兩，錢，克。

所有這些單位，上下之間，都用「十進位制」！（例如：1 兩＝10 錢，1 錢＝10 克。）

事實上，天竺（印度）以及支那（中國）文明也許是最先用「十進位」、「進位記數」及「零」的社會，（除了「一斤十六兩」之外）從秦始皇之後，就採用了「秦國公制」。——秦始皇統一天下，（may be, may be not）是好事，造長城也算好事（對於孟姜女，不好），只有統一度量衡，應該是好事。這和 Napoleon 一樣，「姓拿的」，東征西討功虧一簣，我們不為他的帝位可惜，只可惜沒讓英國人改用公制。但他讓歐洲都採用公制，秦、拿兩個始皇，這一點有同樣的貢獻！（現在英國人也用公制了，只剩美國人保留英制！）

註 和西方的希臘比起來，秦漢（＝華夏）文明在算術上領先，在幾何上落後，像圓周率的計算，祖沖之所用的辦法，Archimedes 早就會了。

註 Archimedes 約 287-212（Before Christ）；Euclid 約 325 B.C.，更早。
張衡 78-139 A.D.（西元），其圓周率為 $3.16=\sqrt{10}$（差得遠了！）
祖沖之 429-500 A.D.，圓周率為 $\frac{355}{113}>\pi$（比 $\frac{22}{7}$ 好。）
劉徽是三世紀時的人，還解決不了球體積！
希臘算盤似乎沒有十進位（？）所以，以阿基米德的天才，只能算到 $\pi=3.14$。不過只就原理來說，A 氏及其前的歐氏，已經完全清楚了！
歐氏幾何原本我們應該認為是希臘文明的最好的代表。

6.3 帶餘除法

加減乘之後，衍生了兩個算術問題！首先就是除法。

【除法】

小學的算術，老師如何教除法？（建構主義？操作型定義！）

1. 例如：$75\div 25=$？
   扣減第 1 次：$75-25=50$
   扣減第 2 次：$50-25=25$
   扣減第 3 次：$25-25=0$；因此：「恰好除盡」！商是 3。
2. 例如：$86-28=$？
   扣減第 1 次：$86-28=58$
   扣減第 2 次：$58-28=30$
   扣減第 3 次：$30-28=2$；因此：「除不盡」！商是 3，餘數是 2。

這個小學算術的帶餘除法問題就是：取定兩個自然數：a 及 b（$a\leq b$），以 a 去除 b：

「除得盡」，就得到商 $q=\frac{b}{a}$。

「除不盡」，就得到商 q，以及餘數 $r=b-q*a$（$0<r<a$）。

注意到兩句話可以併成一句！這就是：

【帶餘除法原理】

若 $a\in\mathbb{N}$，$b\in\mathbb{N}$，$b\geq a$，則有唯一之 $q\in\mathbb{N}$，以及唯一之 r，使得：

$$b=a*q+r；q+r；q\in\mathbb{N}；r\in\mathbb{N}_0，0\leq r<a$$

這裡的 q 叫做 b 被 a 除的整商，而 r 叫做 b 被 a 除的整餘。

例題1 $b=13$，$a=5$，$13=5*2+3$，因此 $q=2$，$r=3$。

例題2 $b=13$，$a=9$，$13=9*1+4$，因此 $q=1$，$r=4$。

例題3 $b=18$，$a=6$，$18=6*3+0$，因此 $q=3$，$r=0$。

註 當然不必限定 $b>a$，所以應該改為：

【除法原理】

若 $a\in\mathbb{N}$，$b\in\mathbb{N}$，則有唯一之 $q\in\mathbb{N}_0$，以及唯一之 r，使得上式成立。

例題4 $b=11$，$a=13$，$11=13*0+11$，因此 $q=0$，$r=11$。

註 英文integer＝整數；quotient＝商；remainder＝餘數；因此有些電腦軟體，這樣寫：

$$\text{iquo}(23, 5)=4；\text{irem}(23, 5)=3$$

【整餘】

「整餘」是特別重要的運算！因此常有另外的寫法！

例如，有些電腦軟體這樣寫：

$$\text{mod}(23, 5)=4；或\ \text{mod}(13, 9)=4$$

註 如果 a, b 都只是整數不限定「正」，又如何？換句話說：

$$\text{iquo}(-23, 5)=?\qquad \text{irem}(-23, 5)=?$$

iquo(23, − 5) = ?　　irem = (23, − 5) = ?

iquo (− 23, − 5) = ?　irem (− 23, − 5) = ?

注意到：

$-23=5*(-5)+2$	也許	iquo (− 23, 5) = − 5, irem (− 23, 5) = 2
$-23=5*(-4)+(-3)$	也許	iquo (− 23, 5) = − 4, irem (− 23, 5) = − 3
$23=(-5)*(-5)-2$	也許	iquo(23, − 5) = − 5, irem(23, − 5) = − 2
$23=(-5)*(-4)+3$	也許	iquo(23, − 5) = − 4, irem(23, − 5) = 3
$-23=(-5)*5+2$	也許	iquo (− 23, − 5) = 5, irem (− 23, − 5) = 2
$-23=(-5)*4+(-3)$	也許	iquo (− 23, − 5) = 4, irem (− 23, − 5) = − 3

任何規定都各有利弊！不同的規定，可以使得「整商」$q=\text{iquo}(b,a)$相差 1；但是整商 $q=\text{iquo}(b,a)$，和「整餘」$r=\text{irem}(b,a)$，都必須使

$$b=a*q+r；q=\text{iquo}(b,a)；r=\text{irem}(b,a)$$

不過，對於自然數（$\{a,b\}\subset\mathbb{N}$時），你可以放心：大家的規定都一樣！

6.4 輾轉相除法

故我們只要考慮兩數的 hcf。

當你遇到兩個較大的自然數 a, b，不容易看出它們的公因數時，就用輾轉相除法，這是非常有用的計算法！

【輾轉相除法的原理】

若 $a=b$，就不用算了！所以我們可以假設 $b>a$，我們就（帶餘除法！）用 a 去除 b；不必管整商 q，只看整餘 r_1：

如果 $r_1=0$，意思是「除盡」，那麼 a 就是所求的 hcf。

否則 $r_1>0$，則 $\text{hcf}(b,a)=\text{hcf}(a,r_1)$。

現在因為 $0<r<a$，那麼，要計算 $\text{hcf}(a,r_1)$，我們該用 r_1 去整除 b，得到整餘 r_2，同樣地，如果除得盡，則問題已經解決了！

否則，$\text{hcf}(a,r_1)=\text{haf}(r_1,r_2)$，我們轉而用這個餘數 r_2 去整除 r_1，一直做下去！

註 這就是「輾轉相除法」一詞的來由！

放心！不會沒完沒了：若$r_1>0$，則$r_1<a$；若$r_2>0$，則$r_2<r_1<a$；若$r_3>0$，則$r_3<r_2<r_1<a$；所以理論上，如果不必經過a步，就可以找到 hcf 了！

註 **最壞的情形下要輾轉幾次？這將是一個很好玩的遊戲！**

【定義】

只要某次餘數是 1，當然它就是 hcf(a, b)。（此時，a, b 互質：$a \perp b$）

例題 用輾轉相除法求 hcf (5776, 9633) = ?

解 輾轉相除法的計算步驟如下：

(1)先用較小的$a=5776$去除較大的$b=9633$得商數$q_1=1$，餘數$r_1=3857$，即

$$9633=1*5776+3857$$

(2)用$r_1=3857$去除$a=5776$得商數$q_2=1$，餘數$r_2=1919$，即

$$5776=1*3857+1919$$

(3)用$r_2=1919$去除$r_1=3857$得商數$q_3=2$，餘數$r_3=19$，即

$$3857=2*1919+19$$

(4)用$r_3=19$去除$r_2=1919$得商數$q_4=101$，餘數$r_4=0$，正好除盡，即

$$1919=101*99$$

計算到此結束，最後不為 0 的餘數$r_3=19$，就是所求的最大公因數，即 hcf(5776, 9633) = 19。

我們也可以把計算改用直式排列：

	9633	5776	$q_1=1$
	5776	3857	
$q_2=1$	$r_1=3857$	$r_2=1919$	$q_3=2$
	3838	1919	
$q_4=101$	$r_3=$ 19	$r_4=0$	
	↑ 最大公因數		

習題 求 hcf(4572, 41275) = ?

註 可締定理：如果要計算許多數 $a_1, a_2, \cdots a_n$ 的 hcf，我們已經說過遞推的原理，但是，更一般地說：我們可以把這些數分成一堆一堆，各求出 hcf，再求出整體的 hcf。

【Kummer 定理】

例如 hcf(9, 122) = 1，其間要：

$$122 = 9*13+5；9=5*1+4；5=4*1+1；4=1*4\ (1=\text{hcf})$$

在輾轉相除的過程中，餘數 5 超過除數 9 的一半！如果讓整商加一，而餘數為負：

$$122=9*14-4；9=4*2+1；4=4*1\ (1=\text{hcf})$$

那麼有時可以少幾步！

習題 用輾轉相除法求最大公因數：

1. 36, 24
2. 48, 60, 72
3. 1008, 1260, 882, 1134
4. 6731, 2809
5. 735000, 421160, 238948
6. 27090, 21672, 11352, 8127
7. 51425, 13310
8. 353430, 530145, 165186
9. 81719, 52003, 33649, 30107
10. 435785667, 131901878
11. 15959989, 7738

6.5 兩個度量問題

關於長度的度量，基本上有兩個問題：

【基本的問題：以 A 度 B】

取定一個長度 A 做為單位，如何用它去量度另外一段長 $B>A$？

在§6.2 我們已經以 A= 呎為例，解釋了「以 A 度 B（$B \geq A$）」的意義：

自 B 一再扣減 A：

$$B-A, B-2*A=B-A-A, B-3*A, \cdots, B-n*A$$

一直到 $<B$為止！$R=B-n*A$ 稱為「餘長」。

如果 $R=0$，即 $B=n*A$，我們說：用 A 恰可度盡 B，經 n 次。

通常的情形是「度不盡」，我們說：用 A 度 B，經 n 次而餘 $R=B-n*A$。

【衍生的問題】

上面的問題是：給了兩個長度 A, B，用 A 去度 B，而通常是「度不盡」，那麼現在改為：

給了兩個長度 A, B，設法去找一個長度 C，希望：用 C 去度 A 也「度得盡」，用 C 去度 B 也「度得盡」！

這樣子的長度 C，叫做兩個長度 A, B 的共度單位！

例如：$A=4$ 呎，$B=6$ 呎，則 $C_1=1$ 呎當然是個共度單位！

當然 $C_2=6$ 吋 = 半呎，也是個共度單位！$C_3=2$ 呎，也是個共度單位！

最好的答案是 C_3，因為：如此的度量，工作量最少！

那麼，應該把問題稍稍加重：盡可能找最大共度單位！

【基本問題的算術化】

上面的基本問題，可以這樣子算術化：

把原來的「長度」A 改為「自然數」a，「長度」B 改為「自然數」b。

於是「以 A 度 B」就變成：「以 a 除 b（的帶餘除法）」。

【衍生的問題的算術化】

下一小節中，我們會闡明：公度問題的算術化，就是最大公約數的問題！

6.6 輾轉互度法

前面已經提到最大共度單位的問題：如果兩個長度 A 與 B，是可共度的；也就是說，可以找到一個長度 C 使得：用它可以度盡 A，也可以度盡 B。而我們的問題就是去找最長（最大）的這種公度單位 HCF (A, B)。（現在是幾何，因此暫時用 HCF (A, B)表示。）

如果 $A=B$，那是太無聊：HCF $(A, A)=A$。

所以我們可以假設 $B>A>0$，我們就以 A 度 B：從長度 B 裡去扣掉長度 A 的一段，剩下的長度如果還 $\geq A$，那就一段一段繼續扣剪掉！

那麼如果恰好扣盡，可見得：最大共度單位 HCF $(B, A)=A$。

否則，如果扣掉了 q_1 段，還剩下 $R_1=B-A*q_1<A$，而 $R_1>0$。

於是：HCF $(B, A)=$ HCF (A, R_1)。

如此 $0<R_1<A$，我們就「以 R_1 度 A」；依此類推！

如果照我們的假定：兩個長度 A 與 B，是可共度的，有一個公度單位是長度 C，然則，$a=\frac{A}{C}\in\mathbb{N}$，$b=\frac{B}{C}\in\mathbb{N}$；那麼：

$0<R_1=B-A*q_1<A$，對應到 $0<r_1=b-a*q_1<a$；而$\{a, b, r_1, q_1\}\subset\mathbb{N}$。

【歐氏算法】

我們已經看出：求 HCF (A, B)的這種輾轉互度法，就和求 hcf (a, b)的輾轉相除法，是一模一樣：

商數 q 完全相同！須要「輾轉幾次」，完全一樣！

因此：幾何上的最大公度單位，相當於算術上的最大公因數！

最大的公度單位 HCF $(A, B)=C*$hcf (a, b)。

註 Euclid 的幾何原本，用「幾何」來談「數論」：輾轉相除法的幾何解釋就是輾轉互度法！

【問題】

有一塊長方形鋼板，它的長 a 與寬 b 可以共度；也就是說：有個長度單位（我們硬叫它厘米），使得長 $=a$ 厘米，寬 $=b$ 厘米。現在把這長方形縱橫截割成許多個同樣大小的正方形，要使得這些正方形盡量大，並且不許剩下鋼板。求正方形的邊長 h 厘米。這裡 a, b, h 都是自然數。

於是答案為 a 與 b 的最大公因數

$$h=\text{hcf}\,(a, b)$$

【實例】

有一塊鋼板，長 8484 厘米，寬 6384 厘米，現在把要它截割成許多個同樣大小的正方形，這是一定做得到的，例如說：取正方形的邊長為 1 厘米；故橫向割了 $8484-1$ 次，縱向割了 $6384-1$ 次；橫與縱一共有 $8484*6384$ 格！

如果取正方形的邊長為 2 厘米，則橫與縱一共有 $4242*3192$ 格。

如果取正方形的邊長為 3 厘米；則橫與縱一共有 $2828*2128$ 格。

若使得這些正方形盡量大，則截割的次數就越少。結論是：正方形的邊長為 $h=28$ 厘米時，截割的次數最少。

習題

1. 一塊鋼板，長 1 丈 3 尺 5 寸，寬 1 丈零 5 寸。現在把它截成許多個同樣大小的正方形，正方形要最大的，並且不許剩下鋼板。求正方形的邊長。
2. 有鋼絲三根，一長 13 尺 5 寸，一長 24 尺 3 寸，一長 55 尺 8 寸。現在要把它們截成相等的小段，每段都不許剩下，截成的小段要最長，求每一小段長幾寸？一共可以截成多少段？
3. 有一間房屋，長 5.25 米，寬 3.25 米，現用方磚鋪地，要恰好鋪滿整個屋子，問所用方磚最大邊長是多少？
4. 一塊長方體的木料，長 3 尺 5 寸 7 分，寬 1 尺又 5 分，厚 8 寸 4 分，要把它鋸成同樣大小的方木塊，木塊的體積要最大，問木塊的邊長是多少？
5. 甲、乙、丙三個班上的學生人數分別是 54 人、48 人和 72 人，現要在各

班內分別組織體育鍛練小組，但各小組的人數要相同，問鍛練小組的人數最多是多少？這時甲、乙、丙三班各有多少個小組？

6. 一箱手榴彈，設每顆手榴彈的重量都是超過一斤的整數斤，去掉箱子重量後淨重 201 斤，然後拿出若干顆手榴彈後，淨重 183 斤，求證每顆手榴彈的重量為 3 斤。

6.7 不可共度

輾轉互度法有一個推論：

【不可共度原理】

如果兩個長度 A 與 B，不是可共度的，那麼輾轉互度一定是沒完沒了的！反過來說也對：如果輾轉互度沒完沒了，那麼兩個長度 A 與 B，一定是不可共度的。那麼一定不能寫成：

$$\frac{A}{B}=\frac{a}{b}\quad(a\in\mathbb{N}, b\in\mathbb{N})$$

的形狀！也就是說：$\frac{A}{B}$ 不是有理數！（$\frac{A}{B}$ 就是所謂「無理數」。）

註 有理數，英文是 rational number；無理數，英文是 irrational number；可共度的，是 commensurable；不可共度的，是 in-commensurable。
ir-, in-，是「不」的意思！-able，是「可，能」的意思！
com-，是「共同」的意思！mensuration 是「量度」的意思！
有理的，理性的，是 rational；無理的，非理性的，是 irrational；但是本來英文的 rational number 是來自「比例」$a:b=\frac{a}{b}$，比例的英文是 ratio。

習題

在圓周上，從一點 A_0 出發，截一段圓弧 $\overparen{A_0A_1}$，使其長為圓之直徑，再截 $\overparen{A_1A_2}$，‧‧‧（依正向，反時針！）試問：是否有回到出發點 A_0 的時候？

若 $\pi=\frac{355}{113}$，在第幾步回到原出發點（$A_n=A_0$）？

【良序原理】

幾何上求共度單位的辦法是輾轉互度法，和兩自然數求最大公因數的輾轉相除法完全一樣！但是有一個不同：輾轉互度法，有可能沒完沒了，而輾轉相除法卻一定「有了」：若除得盡，工作就結束，若除不盡，則餘數會比除數小；而自然數是不能「一直小」，沒完沒了的小下去！自然數最小的就是 1。如果有一列自然數

$$a_1 > a_2 > a_3 > \cdots$$

一定會 stop！

CHAPTER 7

［畢氏與歐氏］

7.1 教祖

【Pythagoras 的生平】

（大約 582-479 B. C.）出生於 Aegean 海中的小島 Samos，然後到了 Italy 的 Croton（希臘殖民地）去，建立了 P 氏學派，（相當於少林、武當派，）這一派也曾經有些政治勢力，但在 350 B. C.遭到「全滅」。

他是：最先知道地「球」的人之一。

最先知道早晨的啟明星≡傍晚的太白金星的人之一。

最先知道勾股弦定理：$a^2+b^2=c^2$ 的人之一，通常冠上他的名字。

他最先知道：樂音之頻率互成簡單的整數比！例如

$$do：re=\frac{8}{9}，re：mi=\frac{9}{10}，\cdots\cdots$$

註 查出這些頻率！

於是他這個學派就是世上第一個「數學教」——萬物皆數！

【勾股弦定理】

一個直角三角形，直角兩邊的平方和就是斜邊的平方！

如何證明此公式？如圖 7-1，正方形的邊長是 $a+b$，四個角隅有全同的直角三角形：勾 $=a$，股 $=b$，弦 $=c$。

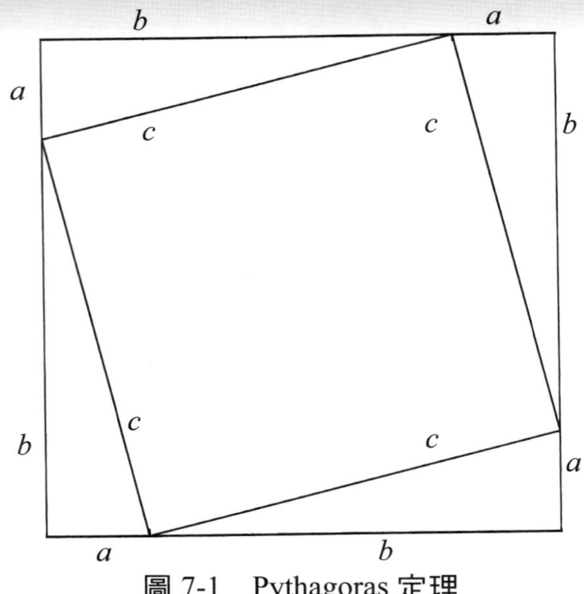

圖 7-1　Pythagoras 定理

所以中間是一個正方形，邊長是 c。

利用三角形面積公式，以及正方形面積公式：

$$全正方形 = (a+b)^2 = 正方形\ c^2 + 4*\left(\frac{1}{2}ab\right)$$

於是就證明了 P 氏定理：

$$c^2 = (a+b)^2 - 2ab = a^2 + b^2$$

習題　在方格紙上，畫出 $a=3$，$b=4$，$c=5$ 的情形！

7.2 $\sqrt{2}$ 是無理數

【Pythagoras 的美夢】

「任意的兩段長度 A 與 B，都可共度」！

「兩段長度 A 與 B 可共度」，意思就是：$\frac{B}{A}$ 為有理數！

不幸，這只是一場美夢！

【定理：$\sqrt{2}$是無理數！】

（歸謬法）證明：

若$\sqrt{2}$是有理數，則$\sqrt{2}=\frac{m}{n}$，這裡m, n都是自然數！而且可以約分到m, n互質！於是移項平方之後：

$$2*n^2=m^2$$

可知m一定是偶數！（m必須含有「原子」2）

即：$m=2*l$，$l\in\mathbb{N}$；代入，則

$$2*n^2=(2*l)^2=4*l^2 \Rightarrow n^2=2*l^2$$

於是n一定是偶數！（n必須含有「原子」2）

這就和「m, n互質」相矛盾了！

【幾何意義】

正方形$ABCD$的一邊$\overline{AB}$及對角線$\overline{AC}$不可共度！

如圖 7-2，在$\overline{AC}$上取$\overline{AB'}=\overline{AB}$，過$B'$作$\overline{AC}$之垂線$\overline{A'B'}$交$\overline{BC}$於$A'$，則$\overline{A'B'}=\overline{BA'}$。

〔證明〕

$$\begin{aligned}\text{hcf}(\overline{AB}, \overline{AC}) &= \text{hcf}(\overline{AB}, \overline{B'C})\\ &= \text{hcf}(\overline{BC}, \overline{B'C})\\ &= \text{hcf}(\overline{BC}-\overline{B'C}, \overline{B'C})\\ &= \text{hcf}(\overline{A'C}, \overline{B'C})\end{aligned}$$

等腰直角三角形ABC的斜邊$\overline{AC}$與一邊$\overline{AB}$之共度單位，等於：

小一點的等腰直角三角形$A'B'C$的一邊$\overline{B'C}$與斜邊$\overline{A'C}$的共度單位。

你對正方形$A'B'CD'$可以再做出$\Delta A''B''C''$，…

結論是：沒完沒了！

所以：$\overline{AB}$，$\overline{AC}$不可共度！[$\sqrt{2}$非有理！]

註 如何證明：「輾轉互度，沒完沒了」？

設$\overline{AC}=\sqrt{2}$，$\overline{AB'}=1$

$$\overline{CB'}=\overline{B'A'}=\overline{A'B}=\sqrt{2}-1$$

$\sqrt{2}=1.414\cdots$，$\sqrt{2}-1=0.414\cdots=\dfrac{1}{\sqrt{2}+1}$

$\sqrt{2}+1=2+(\sqrt{2}-1)$，因此：

$$\begin{aligned}\sqrt{2}-1&=\frac{1}{\sqrt{2}+1}\\&=\frac{1}{2+(\sqrt{2}-1)}=\cfrac{1}{2+\cfrac{1}{\sqrt{2}+1}}=\cfrac{1}{2+\cfrac{1}{2+\cfrac{1}{\sqrt{2}+1}}}\\&=\cdots\end{aligned}$$

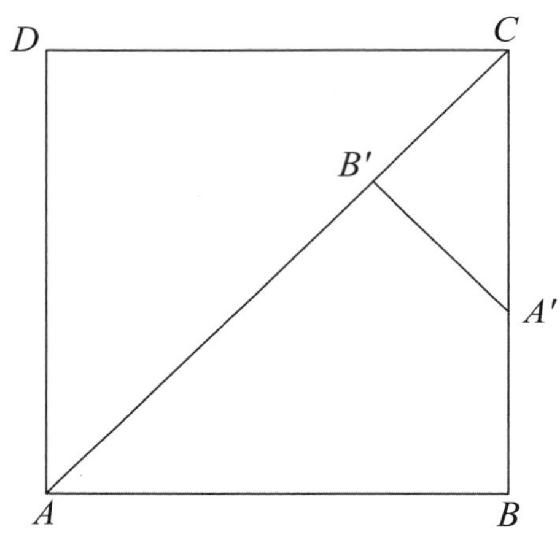

圖 7-2　$\sqrt{2}$ 是無理數

註 歷史上這不是最早的例子！它是前三名內。
我想，「圓之直徑與周長不可共度」（即「π」為無理數）是未被察覺的第一個例子！

7.3 黃金分割

畢氏門下終於發現了：正五邊形 $ABCDE$ 的一邊長 $\overline{BC}$ 與對角線長 $\overline{AD}$ 不可共度！這是被覺察的第一個。

如圖 7-3，對角線的交點也畫出一個正五角形 $A'B'C'D'E'$。

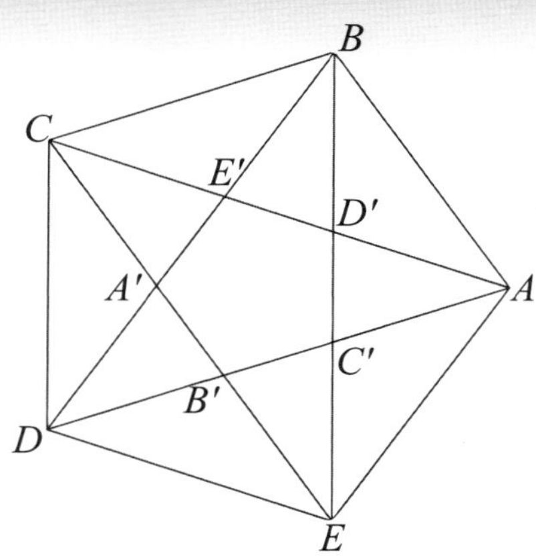

圖 7-3　黃金分割比

〔注意〕

頂點的標記 $A'B'C'D'E'$ 也要講究！這對於你的思考有時很有好處！

令　$\overline{DC'}=\overline{BC}$（$BCDC'$ 為菱形）

故　$\text{hcf}(\overline{BC},\overline{AD})=\text{hcf}(\overline{BC},\overline{AD}-\overline{BC})=\text{hcf}(\overline{BC},\overline{AC'})$

再因　$\overline{BC}=\overline{AB'}$，故

$$=\text{hcf}(\overline{B'A}-\overline{AC'},\overline{AC'})=\text{hcf}(\overline{B'C'},\overline{AC'})$$

或即　$=\text{hcf}(\overline{B'C'},\overline{A'D'})$

$$\text{hcf}(\overline{AD},\overline{AB'})=\text{hcf}(\overline{AB'},\overline{B'D})$$

大的正五角形之對角線 $\overline{AD}$ 與一邊 $\overline{BC}=\overline{AB'}$ 若可共度，則共度單位為：小的對角線 $\overline{A'D'}=\overline{B'D}$ 與一邊 $\overline{B'C'}$ 之共度單位 $=\text{hcf}(\overline{B''C''},\overline{A''D''})=\cdots$（前途茫茫！）

註　畢氏學派就用正五邊形或正五角星形☆（即把邊擦掉）作為派徽。

實際上，ΔAED 與 $\Delta BE'C$ 相似，故 $\overline{AD}:\overline{AE}=\overline{BC}:\overline{BE'}$。

即是 $\overline{AD}:\overline{DE'}=\overline{DC'}:\overline{AC'}$。

這個比叫做黃金比，以下記之為 $\tau>0$，全段：大段＝大段：小段，即是：

$$\tau:1=1:\tau-1$$

$$\tau^2-\tau-1=0$$

故　$\tau=\dfrac{1+\sqrt{5}}{2}=1.618034$（約）

【如何摺一個正五角形】

給你一條小繩子，誰都懂如何打一個（最簡單的死）結。

現在改為一張很長的紙條，有一定的寬度；請你用上述「小繩子打結」的方式來「打結」，但是不要太用力，要保持紙條原有的寬度；你就摺出一個正五角形啦！

你摺出的正五角形，可能是圖中的左右之一；所以最好是兩個都摺！兩個是左右對稱！看出來：

$ABCF$ 是菱形！$AB = AF = AE = CD$

ACD 與 AFE 是相似形！$AD：CD = AE：EF$

即$AD：AF = AE：FD$，這就是黃金比！

註 **黃金分割有極其燦爛的歷史：「黃金分割比」被認為最漂亮，我們的木匠也知道：「這個比例，去畫矩形（「黃金矩形」），最美觀」：**

$$\text{約略 } \frac{1}{\tau} = (6\text{ 分多})(= 0.618033989\cdots)$$

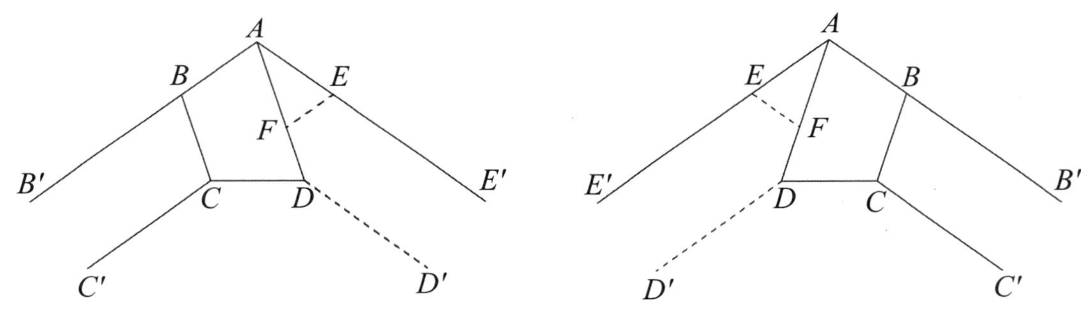

圖 7-4　摺一個正五角形

【Fibonacci 數列】

我們先寫下兩項：1, 1，然後 $1+1=2$，$1+2=3$，$2+3=5$，每次都把最末兩項加起來，將其和寫在下一項：

$$1, 1, 2, 3, 5, 8, 13, 21, 34, 55, 89, 144, \cdots$$

這就是所謂的 Fibonacci 數列，取它的相鄰兩項做比例，就越來越接近黃金比：

$$1, 2, 1.5, 1.666\cdots, 1.6, 1.625, \cdots$$

註 Maple 的句式：若引用程式庫 combinat，則有 fibonacci(15)；（答：610）fibonacci(16)；（答：987）。

【黃金比的誤差】

上述的末一個，誤差已經很小！經常就用為幾何上的近似！這裡舉一個以假亂真的例子：

如圖 7-5，左邊是一個正方形 $EBDH$，邊長＝8；縱面積＝8^2＝64

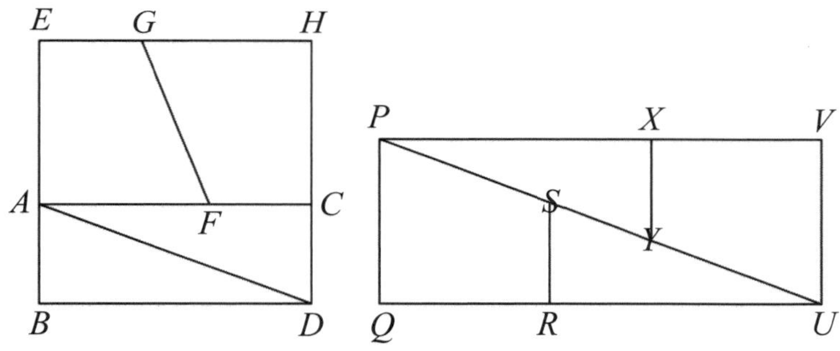

圖 7-5　**有何問題：**8∗8＜5∗13

用線段 AC 把它割成上下兩個矩形 $EACH$ 與 $ABDC$；$EA=5$，$AB=3$；連接對角線 AD 把下面的矩形平分了！分成兩個三角形 $ld=ABD$，$rd=ADC$。

在上面的矩形，我們選上底與下底的點 G 與 F 使得：$EG=3=FC$，$GH=5=AF$，然後割斷 GF 分成兩個梯形 $lu=EAFG$，$ru=GFCH$。

現在再把這四塊重新組合成右圖的矩形 $PQUV$：

把 $lu=EAFG$ 翻轉成 $RQPS$

把 $ru=GFCH$ 翻轉成 $UVXY$

把 $ld=ABD$ 平移成 SRU

把 $rd=ACD$ 平移成 PXY

實際上，四點 $PSYU$ 並不在一條線上！它們形成一個小小的平行四邊形（的空隙！），面積 $=1=5*13-64$。如果把 $3, 5, 8, 13$ 改為 $5, 8, 13, 21$ 就變成一個小小的平行四邊形（的重疊！），面積 $=1=13^2-8*21$。

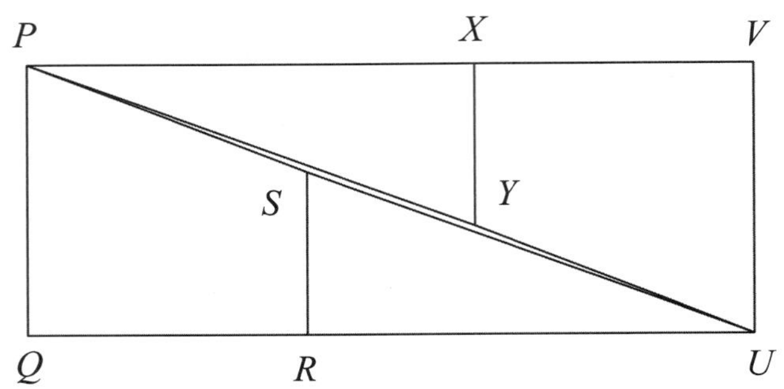

圖 7-6　實際上有空隙

7.4 歐氏折磨

在此我們先以歐氏輾轉相除的觀點來考慮一個有趣的問題：

【歐氏折磨度】

給予兩個自然數 m, n，請問：要經過幾次的互除，才能夠得到最大公因數 $\text{hcf}(m, n)$呢？

例如，$h(237, 48)=h(45, 48)=h(45, 3)=3$，要 3 次。

我們的問題，說得具體些，是這樣子：這個老師要我們練習歐氏算則，他要給我們盡量多次的互除，他給我們的 m, n 都有個限度。（例如，三位數字）他能夠如何地磨我們？

提示：

以 237 與 48 而言，用 237 與 48 或者 93 與 48 或 4845, 48 均無區別，只要 3 次，要點在於 48（較小者），以及餘數 45。

習題

m, n 限定在 1000 以內，輾轉相除最多要幾次？〔做不出，可改為 100 以內。〕

fibonacci(15) = 610，fibonacci(16) = 987；故折磨度 = 14

附錄：歐氏折磨與 Fibonacci 數列

你也猜得出來：兩數 m, n，若 $m>n$，而 m 對 n 之整商為 $l \in \mathbb{N}$，因餘數 $m'=m-nl<n$（$m'>0$），則從 (m, n) 經過一次的互除，成為 (m', n)，與 l 無關。

所以，m 太大，並不增加輾轉次數，（只是蒙受了「虐待學生」之惡名而已！）。

所以，只要令 $m>n$，$m<2n$（因而 $l=1$）就好了，以下對於 (m', n) 這一對，也該如此！

結論是：要 (m, n) 都不太大，而能夠讓學生磨練這個互除法最多次，應該是：$m>n$ 且 $m<2n$，m 被 n 除之餘數 $m'=m-n$ 對 n 之關係亦然：$n>m'$ 且 $n<2m'$ 而且 n 對 m' 之餘數 $n'=n-m'$ 又有……。

這就是取 Fibonacci 數列：

$$1, 1, 2, 3, 5, 8, 13, 21, 34, 55, 89, \cdots$$

其中的相鄰兩項，因為從 1, 1 之後，每一項是前兩項之和，

$$U_{n+2}=U_{n+1}+U_n$$
$$U_1=U_2=1$$

故 U_{n+1} 在 U_n 與 $2U_n$ 之間（當 $n \geq 4$）。

實際上，

$$U_{n+2}-U_{n+1}=U_n$$

故 $\frac{U_{n+1}}{U_n}$ 與 $\frac{U_{n+2}}{U_{n+1}}$ 越來越接近，也接近於黃金比。因為所謂「黃金比」，意思是把全段分成大段與小段，使得：

全段：大段＝大段：小段

（全段＝U_{n+2}，大段＝U_{n+1}，則小段為 U_n）

【定義】

一般地說：正數列（U_n）若 $U_{n+2}=U_n+U_{n+1}$ 就叫做廣義的Fibonacci數列；於是可以證明：

比例 $\frac{U_{n+1}}{U_n}$ 會越來越接近黃金比！

CHAPTER 8

埃及連分數

8.1 單元分數

【分數】

我們所說的「有理數」，就是「分數」$\frac{n}{m}$，這裡 m, n 都是整數，且 $m \neq 0$。

我們都限定是正的分數，那麼 m, n 都是正整數。

首先假定：$n<m$（否則就可化為「帶分數」），於是就成了「真分數」

$$0<\frac{n}{m}<1$$

【單元分數】

若 $m>1$，則 $\frac{1}{m}$ 稱為單元分數。

（我們應該把 $\frac{1}{1}=1$ 叫做假單元分數！）

【定理】

每個真分數都可以寫成為幾個不同的單元分數的和！

例如：

$$\frac{59}{240}=\frac{1}{10}+\frac{1}{16}+\frac{1}{12}$$

例題 請用四個不同的單元分數 $\frac{1}{a}, \frac{1}{b}, \frac{1}{c}, \frac{1}{d}$ 加出最大的真分數（<1）！

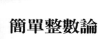

先寫 $a=2$，再寫 $b=3$，這時，不能寫 $c=4, 5, 6$，因為 $1-\frac{1}{2}-\frac{1}{3}=\frac{1}{6}$，所以寫 $c=7$，於是

$$1-\frac{1}{2}-\frac{1}{3}-\frac{1}{7}=\frac{1}{6}-\frac{1}{7}=\frac{1}{42}$$

因此寫 $d=43$；那麼這是最靠近 1 的啦！

$$\frac{1}{2}+\frac{1}{3}+\frac{1}{7}+\frac{1}{43}=1-\frac{1}{42*43}=\frac{1805}{1806}$$

8.2 整數線性組合

假設有幾個東西 $A, B, C\cdots$，我們將它們各各乘以整數 $m, n\cdots$（可正可負），然後加起來，這就叫做它們的一個整數線性組合，簡稱為整組合。

【定理】

如果：甲, 乙, 丙, …，各自都是 $A, B, C\cdots$ 的整組合，而 X 是甲, 乙, 丙…的整組合，那麼 X 一定是 $A, B, C\cdots$ 的整組合。

【hcf 整組合定理】

設 $a, b\in\mathbb{N}$，$c=\text{hcf}(a, b)$，那麼 c 是 a, b 的整組合！換句話說，一定找得到整數 m, n 使得

$$m*a+n*b=c$$

再另外一種說法是：如下的方程式，一定有整數的解答！

$$a*x+b*y=c$$

〔證明〕

這個計算和「輾轉相除要幾次」有關！

如果只是 1 次：$c=\text{hcf}(a, b)=a$（$\leq b$），我們就寫

$$c=0*b+1*a\ (m=1，n=0)$$

其次，如果只是 2 次：例如 $a=30$，$b=96$，$c=6$

$$c=r_1=b-3*a=6，故 c=1*b+(-3)*a\ (m=-3, n=1)$$

如果是 3 次：例如 $a=30$，$b=42$，$c=6$

$$r_1=b-1*a=12\;;\;c=r_2=30-2*r_1=6$$

我們寫

$$c=a-2*r_1\;;\;r_1=b-a$$

因此

$$c=a-2*(b-a)=3*a-2*b\;(m=3, n=-2)$$

所以，「只要脾氣好，一定做得到」！

例題1 求整數 m, n 使得 $m*48+n*237=3$。

$a=48$，$b=237$，$r_1=b-4*a=45$；$r_2=a-r_1=3=c$，因此：

$$c=r_2=a-r_1=a-(b-4*a)=5*a-b$$

例題2 求整數 m, n 使得 $m\cdot 50+n\cdot 237=1$。

$a=50$，$b=237$，$r_1=b-4*a=37$；$r_2=a-r_1=13$

$r_3=r_1-2*r_2=11$；$r_4=r_2-r_3=2$；$r_5=r_3-5*r_4=1=c$

因此，反其道而行：

$$\begin{aligned}c&=r_3-5*(r_2-r_3)=6*r_3-5*r_2=6*(r_1-2*r_2)-5*r_2\\&=6*r_1-17*r_2=6*r_1-17*(a-r_1)=23*r_1-17*a\\&=23*(b-4*a)-17*a=23*b+(-109)*a\end{aligned}$$

習題 問求整數解：$71*x-29*y=1$

8.3 連分數

【記號】

我們把

$$\cfrac{2}{3+\cfrac{4}{5+\cfrac{6}{7}}}$$

寫成

$$\frac{2}{3+}\,\frac{4}{5+}\,\frac{6}{7}$$

這就叫做<u>連分數</u>。

【埃及連分數】

考慮輾轉相除法求 hcf，例如：hcf(30, 163) = 1。首先是：

$$x_0=\frac{30}{163}=\cfrac{1}{5+\cfrac{13}{30}}=\frac{1}{5+}\,\frac{13}{30}$$

其次是

$$=\cfrac{1}{5+\cfrac{1}{2+\cfrac{4}{13}}}=\frac{1}{5+}\,\frac{1}{2+}\,\frac{4}{13}$$

再是

$$=\cfrac{1}{5+\cfrac{1}{2+\cfrac{1}{3+\cfrac{1}{4}}}}=\frac{1}{5+}\,\frac{1}{2+}\,\frac{1}{3+}\,\frac{1}{4}$$

這樣子：「分子」都是 1，這叫做埃及連分數。

如果棄掉末一個「分數」，那麼：

$$x_1=\frac{7}{38}=\frac{1}{5+}\,\frac{1}{2+}\,\frac{1}{3}$$

如果又棄掉末一個「分數」，那麼：

$$x_2=\frac{2}{11}=\frac{1}{5+}\,\frac{1}{2}$$

如果又棄掉末一個「分數」，那麼：

$$x_3=\frac{1}{5}$$

我們注意到：

$$x_2<x_0<x_1<x_3$$

其次：把最簡分數寫成

$$x_j = \frac{p_j}{q_j}$$

於是：

$$p_1 * q_0 - p_0 * q_1 = +1$$
$$p_2 * q_1 - p_1 * q_2 = -1$$
$$p_3 * q_2 - p_2 * q_3 = +1$$

【注意】

「對於互質的一對 $p \perp q$，求整係數 m, n 使得 $m*p+n*q=1$」，最容易的辦法就是：由輾轉相除法，計算其「棄末項的埃及連分數」。

 求整數解：$71*x - 29*y = 1$

$$\frac{29}{71} = \frac{1}{2+} \frac{1}{2+} \frac{1}{4+} \frac{1}{3}$$

而

$$\frac{1}{2+} \frac{1}{2+} \frac{1}{4} = \frac{9}{22}$$

$x=9$，$y=22$ 是一解！

8.4 無限埃及連分數

【定理】

任何有理（小）數，都可以表達為有限的埃及連分數。

註 無限循環的埃及連分數，一定是「含有開平方的」無理數。

例題1 $\sqrt{2}$

我們已經算過：

$$\sqrt{2}-1=\cfrac{1}{2+\cfrac{1}{2+\cfrac{1}{2+\cfrac{1}{2+\cdots}}}}$$

$$=\frac{1}{2+}\frac{1}{2+}\frac{1}{2+}\frac{1}{\cdots}$$

例題2 黃金分割比

我們已經算過：

$$\frac{\sqrt{5}-1}{2}=\cfrac{1}{1+\cfrac{1}{1+\cfrac{1}{1+\cfrac{1}{1+\cdots}}}}$$

$$=\frac{1}{1+}\frac{1}{1+}\frac{1}{1+}\frac{1}{\cdots}$$

註 Maple 的句式：展為無限循環的埃及連分數，用（例如）：
cfrac(sqrt(2), periodic)

例題3 圓周率的連分數

我們可以用 $\pi=3.1415926$ 去計算其埃及連分數：

$$\pi=3.1415926=3+\cfrac{1}{\cfrac{1}{0.1415926}}=3+\cfrac{1}{7+\cfrac{88158}{1415926}}$$

$$=3+\cfrac{1}{7+\cfrac{1}{\cfrac{1415926}{88518}}}=3+\cfrac{1}{7+\cfrac{1}{15+\cfrac{88156}{88518}}}$$

$$=3+\cfrac{1}{7+\cfrac{1}{15+\cfrac{1}{1+\cfrac{1}{243+\cdots}}}}$$

註 243 不對！應該是 292，故我們就此結束！因為以下不精確！

若用 $\pi=3.415926535\cdots$ 就好一點！

【圓周率】

$\pi=3.1415926\cdots$，古來的近似值，就是這些漸近分數：

$$\pi\approx 3\text{；}3+\frac{1}{7}=\frac{22}{7}\text{；}3+\cfrac{1}{7+\cfrac{1}{15}}=\frac{333}{106}$$

$$\pi\approx 3+\cfrac{1}{7+\cfrac{1}{15+\cfrac{1}{1}}}=\frac{355}{113}\text{；}\cdots\cdots$$

注意到 $\frac{355}{113}=3+\frac{4^2}{7^2+8^2}$。

假設有一個圓，半徑$=8$，則半圓周長 $8*\pi$ 我們可以這樣子來做：圓心在 O，AB 是一條直徑，延長到左邊有一點 K，$KA=3*8$，$KO=4*8$，而 OE 和 KB 垂直；我們只要畫出 KB 上的點 H，使得 $AH=8*\frac{16}{113}$；那麼 KH 就是 $8*\frac{335}{113}$，差不多就是半圓周長 $8*\pi$。

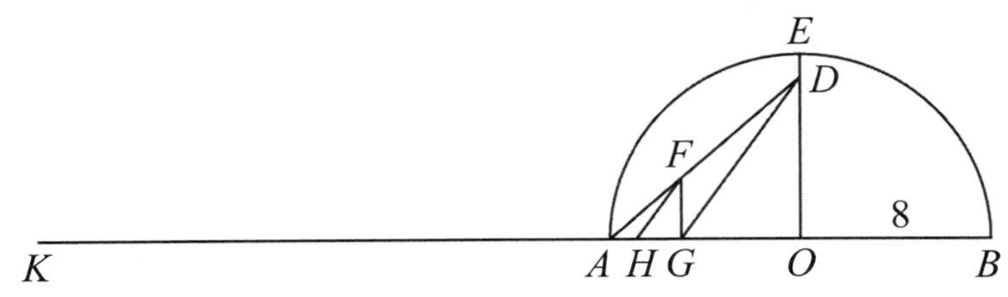

圖 8-1　圓周率的近似值 $3+\frac{4^2}{7^2+8^2}$

我們在 OE 上，截取 $OD=7$，於是，由 Pythagoras 定理，$AD=\sqrt{7^2+8^2}$。然後在 AD 上，截取 $AF=4$，做 FG 垂線到 AB；連 GD，又做 FH 與 GD 平行；所

以ΔAFG與ΔADO相似，因此：

$$AG：AF=AO：AD$$

$$AG=\frac{AF*AO}{AD}=\frac{32}{\sqrt{113}}$$

ΔAFH與ΔADG相似，因此：

$$AH：AF=AG：AD$$

$$AH=\frac{AF*AG}{AD}=\frac{4*32}{\sqrt{113}*\sqrt{113}}=\frac{128}{113}=8*\frac{16}{113}$$

CHAPTER 9

進位制

9.1 從十進位制談起

【十進位制的意義】

人類因為有 10 根手指頭，因此採用十進位制。它的道理是：當我們寫 43908 時，我們是指：

$$4*萬+3*仟+9*佰+0*拾+8*個$$

這裡有十進位制的冪：

$$萬=10^4；仟=10^3；佰=10^2；拾=10^1；個=10^0$$

它的好處是只要用 10 個阿拉伯（－印度）數碼：

$$D_{10}=\{0, 1, 2, 3, 5, 6, 7, 8, 9\}$$

【五進位制的意義】

我們可以模仿十進位制，來使用五進位制：於是，當我們寫$(423203)_5$時，我們是指：

$$(423203)_5=4*5^5+2*5^4+3*5^3+2*5^2+0*5^1+3*5^0$$
$$=4*3125+2*625+3*125+2*25+3=14178$$

註 有的書用方括號代替圓括弧。

【b 進位制數碼集】

以下我們取定一個：$b\in\mathbb{N}$，$b>1$

我們就稱呼 $0, 1, 2, \cdots, b-1$ 為 b 進位制數碼，於是

$$D_b \equiv \{0, 1, 2, \cdots, b-1\}$$

就是所謂的 b 進位制數碼集，b 稱做此制的底數（base）。

【進位制原理】

任何一個自然數都可以用 b 進位制表達！（$b>1$，$b\in\mathbb{N}$）

例題 215 用 7 進位制表達！

解 $215=7*30+5$；$30=7*4+2$；$215=(425)_7$

註 $b=10$ 是周知的，當然此時通常可以省去底數的標記$(\ )_b$；如果必要，就寫 d 代替「拾＝10」：

$$2307=(2307)_d$$

9.2 二進位制

在電腦時代，最重要的是二進位制。它只有兩個數碼，當然有某種不便！

表 9-1　2 之冪

指數 n	數值 2^n	指數 n	數值 2^n
1	2	9	512
2	4	10	1024
3	8	11	2048
4	16	12	4096
5	32	13	8192
6	64	14	16384
7	128	15	32768
8	256	16	65536

$2^8=256$ 是位元組（byte）

$2^{10}=1024$ 是 $1K$

$2^{16}=65536$ 是 word（兩位元組）

$2^{32}=4294967296$

例題 1

$1=(1)_2$，$2=(10)_2$，$3=(11)_2$，$4=(100)_2$，$5=(101)_2$，$6=(110)_2$，$7=(111)_2$，$8=(1000)_2$，$9=(1001)_2$

例題 2 化成二進位制：24, 92, 19

$24=16+8=2^4+2^3=(11000)_2$

$92=64+16+8+4=2^6+2^4+2^3+2^2=(1011100)_2$

$19=16+2+1=2^4+2^1+2^0=(10011)_2$

習題 1 化為二進制數：420, 2640

例題 3 化成十進位制：$(10011)_2$，$(110101)_2$

$(10011)_2=16+2+1=19$

$(110101)_2=32+16+4+1=53$

習題 2 化為十進制數：$(111111)_2$，$(11100001)_2$

【八進位制】

這當然是二進位制的衍生！

例題 4 化做二進位制：$(573)_8$，$(2175)_8$

解

$(573)_8=(101)_2*8^2+(111)_2*8+(011)_2=(101111011)_2$

$(2175)_8=(10)_2*8^3+(001)_2*8^2+(111)_2*8^1+(101)_2=(10001111101)_2$

習題3 化為二進制數：$(401)_8, (1270)_8$

例題5 化做八進位制：$(101001)_2, (111001101010)_2$

$(101, 001)_2 = (51)_8$
$(111, 001, 101, 010)_2 = (7152)_8$

習題4 化為八進制數：$(101101101)_2, (1010110011011001)_2$

例題6 化做十進位制：$(736)_8, (1712)_8$

$(736)_8 = 7*8^2 + 3*8 + 6 = 478$
$(1712)_8 = 8^3 + 7*8^2 + 8 + 2 = 970$

習題5 化為十進制數：$(256)_8, (11300)_8$

例題7 化做八進位制：117, 92

這是做帶餘除法！
$117 = 8*14 + 5 = 8*(8+6) + 5 = 8^2 + 6*8 + 5 = (165)_8$
$92 = 8*11 + 4 = 8*(8+3) + 4 = 8^2 + 3*8 + 4 = (134)_8$

習題6 化為八進制數：420, 2640

9.3 其他進位制

9.3.1 其他進位

其他曾經被使用的進位，大概有廿（score）以及巴比倫的六十，這以度分秒（角度），及時、分、秒（時間），而留傳至今，但是我們難以想像如何用六十為進位基底！（「五十九、五十九乘法表」沒人會背！）

十二進位是特別重要的：出現在許多文明中！英制裡留有一些痕跡！

習題 查一查：英制裡有怎樣的進位？

在歷史上，大概只有瑞典國王查理十二世曾經想要採用十二做為進位基底！

9.3.2 撇位法輔助進位

【十進位撇位法】

人類有十指，自然採用十進位，於是佰、仟萬、⋯，均可作為輔助單位；我們主要利用撇位法來運作。

歐美以仟為輔助單位，因此三位一撇，於是

$$10^3 = 1\ Kilo，10^6 = 1\ Mega，10^9 = 1\ Giga，\cdots$$

漢文化以萬為輔助單位，因此應該四位一撇：

$$10^4 = 萬，10^8 = 億，10^{12} = 兆$$

【其它進位撇位法】

當然也是用底數的冪做為輔助單位！

電腦以二進位最自然，但是極不方便，因此通常採用輔助單位十六。

註 四位一撇；因為 2^4 = 十六，相當於：10^4 = 萬。

在十六進位制，從零到九，採用阿拉伯數碼 0 到 9，從十到十五，則用 *ABCDEF*。

十 $=A$，十一 $=B$，十二 $=C$，十三 $=D$，十四 $=E$，十五 $=F$

大部分電腦程式語言中，都已經很通用了！

9.4 進位制與運算

9.4.1 一般原則

運算的一般原則，其實適用於任何的進位制！唯一的區別在乘法的口訣！

例題 求$(351)_8*(27)_8$。

解 我們可以直接做縱式乘法！只是用十進位制的乘法的口訣！

		3	5	1
*)			2	7
	6	$(10)_d$	2	
		$(21)_d$	$(35)_d$	7
	6	$(31)_d$	$(37)_d$	7
	6	$(31+4)_d$	5	7
	6	$(35)_d$	5	7
	$(6+4)_d$	3	5	7
	$(10)_d$	3	5	7

答案：$(351)_8*(27)_8=(12357)_8$

註 當然你也可以化為十進位制再計算！

$(351)_8=233$

$(27)_8=23$

$233*23=5359=8*669+7=8*(8*83+5)+7=8*(8*(8*10+3)+5)+7$

$=8*(8*(8*(8*1+2)+3)+5)+7=(12357)_8$

$(351)_8*(27)_8=(12357)_8$

習題1 化為十進位制再計算：

(1)$(111)_2*(101)_2$

(2)$(1001)_2*(111)_2*(101)_2$

(3)$(1100011)_2 \div (100001)_2$

(4)$(110001)_2 \div (111)_2$

習題2 練習直接計算：

1.（加減法）

(1)$(1001)_2+(101)_2+(1111)_2+(111)_2$

(2)$(101011)_2+(10011)_2+(1111)_2$

(3)$(1010111)_2-(11001)_2-(11110)_2$

(4)$(10110001)_2-(1101100)_2-(11110)_2$

2.（乘法）

(1)$(217)_8*(33)_8$

(2)$(100011)_2*(10111)_2$

9.4.2 二進制的運算

電腦的操作，是把一切「資料結構」，都用二進位數表達！因此，二進制的運算，特別重要！

【加減法】

我們只要看看下面的例子：

$$(11011)_2+(10010)_2=101101$$

$$(11011)_2-(10101)_2=(00110)_2$$

縱式寫法是

$$\begin{array}{rccccc} & 1 & 1 & 0 & 1 & 1 \\ +) & 1 & 0 & 0 & 1 & 0 \\ \hline & 1\leftarrow & 1 & 1 & \leftarrow & 1 \end{array} \qquad \begin{array}{rccccc} & 1 & 1 & 0 & 1 & 1 \\ -) & 1 & 0 & 1 & 0 & 1 \\ \hline & 0 & \rightarrow & 1 & 1 & 0 \end{array}$$

注意到：箭頭是「寫 0 而昇降位」！

【乘法】

我們只要看看下面的例子：$(100011)_2*(10111)_2=$？

$$
\begin{array}{rcccccccccc}
 & & & & & 1 & 0 & 0 & 0 & 1 & 1 \\
*) & & & & & & 1 & 0 & 1 & 1 & 1 \\
\hline
 & & & & & 1 & 0 & 0 & 0 & 1 & 1 \\
 & & & & 1 & 0 & 0 & 0 & 1 & 1 & \\
 & & & 1 & 0 & 0 & 0 & 1 & 1 & & \\
 & & 0 & 0 & 0 & 0 & 0 & 0 & & & \\
+) & 1 & 0 & 0 & 0 & 1 & 1 & & & & \\
\hline
 & 1 & 1 & 0 & 0 & 1 & 0 & 0 & 1 & 0 & 1
\end{array}
$$

實際上，化為十進位制再計算，就得到：

$$35*23=805=(1100100101)_2$$

註 俄羅斯農人的乘法：據說他們不會九九乘法口訣！但是他們會加倍與減半！於是他們如此計算：

1. 左邊寫 23，右邊寫 35
2. 左邊減半（捨去 0.5！），右邊加倍
3. 左邊 = 1 時，只好停止！把左邊的奇數者，其右邊勾上記號！
4. 把右邊有勾上記號者加起來！

23	✓	35
11	✓	70
5	✓	140
2		280
1	✓	560
		805

注意到：從上到下，有勾號者，就是 23 的二進位數碼，由右到左，為 1 者！右邊的項，每次加倍，就是把這個二進位數$(100011)_2$往左挪動！所以，俄羅斯農人的乘法 23*35，其實就是二進制的乘法運算$(100011)_2$

$*(10111)_2 = ?$

9.5 數學遊戲

9.5.1 拈

黃敏晃教授教我：「拈」（音Nim）是粵語，是從前粵人在域外很可以欺負洋人的數學遊戲。

兩人對峙，桌上先有K（≥ 3）堆棋子，其數各為$N_1, N_2, \cdots N_k$；兩人交替「取子」：必須選某一堆，然後從這堆N_j個棋子中，拿掉M個，$1 \leq M \leq N_j$，換句話說，必須最少拿走一個，可以多拿，甚至完全拿掉——此時堆數就減少了。

只要在白紙上寫下這K個數目，取子時，畫去某N_j，然後改寫為數L，$1 < L < N_j$（故$L = N_j - M$，$N_j > M > 0$），或者畫去某N_j而不寫，（此即$L = 0$，$M = N_j$）。

最後，全部棋子會被拿光。規定：「拿光者」為「勝」。

註 也可以令之為「負」！（對於其數學，簡直毫無影響！）

註 更進一步：桌上先有K（≥ 3）堆棋子，設$1 \leq m < K$，而每次可以選m堆以下，由其中拿走一些棋子！（如此當然更煩！）

NIM 的解法

Boole 運算

【單一位元的 Boole 和】

這一題需要一種運算，叫做「Boole和（＝xor）」，也叫做「Boole差」！我們要做的運算，就是「加法」，但是只涉及 0 與 1，而規定：

$$0 \text{ xor } 0 = 0 = 1 \text{ oxr } 1$$

$$1 \text{ oxr } 0 = 1 = 0 \text{ oxr } 1$$

一個更好的算法是：1 為奇數，0 為偶數，而我們的加法「只論奇偶」，因此，1 xor 1＝0。（xor 是「排斥性的或」。）

我們還是使用 0 與 1 較方便，但是把它們看成「二進位數」，即 $\mathbb{Z}_2=\{0,1\}=\mathbf{D}_2$。

例題 1　0 xor 1 xor 1 xor 1 xor 0 xor 0 xor1＝0

（只要數 1 的個數，偶數個，則得零！）

【自然數的 Boole 和】

上面這運算如何推廣到自然數（與零）呢？

每個自然數 N 都有二進位的表達，即：

$$N=\sum b_j 2^j=(b_l, b_{l-1},\cdots, b_0)_2$$

它的（自右邊，從 0 算起！）第 j 個二進位數碼，就叫做 N 的第 j 個位元。

例題 2　$27=(00011011)_2$, $34=(00100010)_2$

我們就對 27 與 34 的一個一個位元來做Boole和，而得到兩者的Boole和（再用二進基底算出其值）：

$$27 \text{ xor } 34=(00111001)_2=57$$

【定理】

「Boole 和」滿足：

可換律：A xor $B=B$ xor A

可締律：(A xor B) xor $C=A$ xor (B xor C)

自消律：A xor $A=0$

【處境的估值】

如果我們面臨的處境是 k 堆棋子，其數各為 $N_1, N_2,\cdots N_k$，我們可以一再地做出「Boole 和」，即是

$$\nu(N_1,\cdots N_k)=N_1 \text{ xor } N_2 \text{ xor } N_3 \text{ xor}\cdots \text{ xor } N_k$$

或者也可以說：將每個自然數 N_i 都做二進位的表達，分別對各個位元去

做 Boole 和，再用二進基底算出其值！

那麼，這 k 個自然數 $N_1, \cdots N_k$ 的「Boole 和」，就叫做這處境（$N_1, N_2, \cdots N_k$）的拈值。

註 希臘字母 ν 讀作 nu。

例題 3 求 27, 34, 92, 195 的 Boole 和。

$$27 = (00011011)_2$$
$$34 = (00100010)_2$$
$$92 = (01011100)_2$$
$$195 = (11000011)_2$$

（對齊！）然後對每一行（「位元」）進行 Boole 和：

最右邊是 $1+0+0+1=0$，然後是 $1+1+0+1=1$，$0+0+1+0=1$

再 $1+0+1+0=0$，$1+0+1+0=0$，$1+0+0=1$，$1+1=0$，$1=1$

因此得到「逐位元和」為 10100110；依二進位，這是 166，即

$$\nu(27, 34, 92, 195) = 27 \text{ xor } 34 \text{ xor } 92 \text{ xor } 195 = 166$$

這處境（這四堆棋子）(27, 34, 92, 195)的拈值為 166。

NIM 的處方

假設現在我們面臨的處境是（$N_1, N_2, \cdots, N_k$）。

我們算出其拈值 $ds = \nu(N_1, N_2, \cdots, N_k)$時，

如果 $ds = 0$，則我們面臨必敗處境！

如果 $ds > 0$，則我們已經勝定，只要照公式！

因為：如果 $ds > 0$，我們一定有辦法：

♠找到某一堆（第 i 堆）

♡自其中，取走 $v > 0$ 個

而使得：

◇對手面臨的處境是

$$(\hat{N}_1, \hat{N}_2, \cdots, \hat{N}_k)；（\hat{N}_i = N_i - v，而其它 \hat{N}_j = N_j）$$

♣使其拈值為

$$\nu\left(\widehat{N}_1, \widehat{N}_2, \cdots, \widehat{N}_k\right)=0$$

・如何找出 i 與 v？辦法如下：

因為 $ds=\nu\left(N_1, N_2, \cdots, \widehat{N}_k\right)>0$；

令 $ds=(B_m, B_{m-1}, \cdots, B_0)_2$ 的最高位為 m，$B_m=1$。

・故我們可以找到某一堆，使得：其個數 N_i 的第 m 位元為 1，這就是我們要的第 i 堆。

・如何算出 $v>0$？辦法如下：

我們令 $\widehat{N}_i=N_i \text{ xor } ds$，於是

$$v=N_i-\widehat{N}_i$$

注意：因為 $ds=(B_m, B_{m-1}, \cdots, B_0)_2$ 的最高位為 m, $B_m=1$，而 N_i 的第 m 位元也是 1，因此

$$\widehat{N}_i=N_i \text{ xor } ds<N_i\text{；}v=N_i-\widehat{N}_i>0$$

最後我們要計算

$$\nu\left(\widehat{N}_1, \widehat{N}_2, \cdots, \widehat{N}_k\right)=\widehat{N}_1 \text{ xor } \widehat{N}_2 \text{ xor} \cdots \text{xor } \widehat{N}_k$$

這裡除了 $\widehat{N}_i=N_i \text{ xor } ds$ 之外，都是 $\widehat{N}_i=N_i$，但由於可換律、可締律、自消律

$$\widehat{N}_1 \text{ xor } \widehat{N}_2 \text{ xor} \cdots \text{xor } \widehat{N}_k=N_1 \text{xor } N_2 \text{ xor} \cdots \text{xor } N_k \text{ xor } ds=ds \text{ xor } ds=0$$

於是我們留給對手「必敗處境」：拈值＝0。不論他再怎麼取子，留給我的總是拈值＞0，於是我又用此處方還給他拈值＝0 的必敗處境。

因為棋子數一直減少（堆數也不增），以「數學歸納法」，終究會讓我面臨 $k=1$，$N_1>0$ 的處境，所以我必然「拿最後一個」！

例題 4 $\vec{N}=(27, 34, 92, 195)$。我們採用二進位表達：

$$\begin{array}{r}
27=00011011\\
34=00100010\\
92=01011100\\
195=11000011\\
\hline
166=10100110=\nu\\
\hline
101=01100101=195-94
\end{array}$$

上面四列之「和」變為第 5 列 $\nu=166$。這裡 1, 8, 16, 64 四行因為抵消，故答案無此四行（$0=B_0=B_3=B_4=B_6$）。而 $1=B_1=B_2=B_5=B_7$，7 為最高位，於是必須找 $N_4=195$ 下手（只有它擁有 B_7）。那麼拿 $N_4=195$ 與 $\nu=166$ 做Boole和，得到 $\hat{N}_4=101$（在下一列），故必須從 195 中，取掉 94 個，使之只剩 101。

例題5 思考這種處境：(1, 2, 3)，或(2, 2)，或(5, 5)

例題6 思考這種處境：(1, 3, 4)，或(2, 4, 7)，或(18, 21, 9)

例題7 思考這種處境：(1, 2)，或(1, 5)，或(1, 1, 5)

另外一種 Nim

【問】

改勝負規則為「最後拿光的人為負」，又將如何？

答：戰略計算幾乎完全不變！只要改變一點點：

・若某堆 $N_i=1$，這一堆叫做「孤子」堆。

若我們留給敵方的全部都是「孤子」堆：

$$N_1=1=N_2=N_3\cdots=N_k$$

那麼：$k=$偶數時，他反倒必勝！（我必敗：最後拿光！）

$k=$奇數時，他才是必敗：最後拿光！

所以，若我們面臨這種處境：

$$N_1=1=N_2=\cdots=N_{k-1}\text{，}N_k>1$$

「只有一堆非孤子堆，其它 $k-1$ 堆全都是孤子堆」。

・若 $k-1$ 為奇，即奇數個孤子堆，另一堆 $N_k>1$ 個，我們就拿光 N_k 這堆。

・若 $k-1$ 為偶，即偶數個孤子堆，另有一堆 $N_k>1$ 個，我們該自此堆取走 (N_k-1)個，也變成孤子堆。

習題

對於前述的例題 4 到例題 7 各種處境，採用「最後拿光者敗」的規定，你如何拿子？

9.5.2 Brahman之塔

註 名稱有各種不同！

【故事：維持世界運轉】

先知 Zoroaster 傳下來：

- 在祭塔之前，有「左」「中」「右」三個桌子；
- 本教一共有 64 張聖牌，分成三疊，每桌上放一疊；
- 開教之時，這些牌全部成一疊，在左邊桌子上；
- 要維持世界運轉，本教弟子必須日以繼夜，移動這些牌；
- 最後目的是：全部移到右邊桌子上；
- 一次只能將某（桌上）一疊的最上方一張牌，移到另（桌）一疊的最上方；64 張聖牌各有編號，從 1 到 64；
- 在任何一疊上，編號大的必須在下！否則宇宙會滅亡！

註（他們應該還沒完成任務吧！？）這要費時多久？

【工作】

我們把 $n=64$ 改為 $n=3, 4, 5, 6, \cdots$，試試看！

【獎不了，只好殺了吧】

印度某國王，覺得生活太悶了！宰相（當然是數學家！）就為他發明了象棋。國王說：太好玩了！你要何種獎賞？

數學家說：「請你給我米粒！這 64 個格子，第一格，給我一粒，以下進一格，粒數就加倍！

一共有粒數：

$$1+2+2^2+\cdots+2^{63}=2^{64}-1=18446744073709551615$$

9.5.3 砝碼的組合

假設某工廠的產品，每件都是 1 克，隨便抓一堆，「到底有幾個」？可以用「稱重」來解決！

【二進制的砝碼】

如果有一列 $n=18$ 個砝碼，重量恰好各是：（單位：克）

$$2^0=1, 2=2^1, 4=2^2, \cdots, 131072=2^{17}$$

我們就能夠稱出 $262143=(2^{18}-1)$ 種重量！因為若 $w\in\mathbb{N}$，$w<2^{18}$，則 w 有二進位表達：

$$w=b_0+b_1*2+b_2*2^2+\cdots+b_{17}*2^{17}$$

我們把這堆（w 重）放在「天平」（指工廠的儀具！）的左側，而對每個 $j=0, 1, 2, \cdots, 17$，如果 $b_j=1$ 就把那個重 2^j 的砝碼，放上右側去！

顯然這是最精簡的砝碼的組合！？如果：重堆 w 與砝碼組必須放在「天平」的兩側，答案是 yes。

【三進制的砝碼】

如果：每個砝碼都可以自由地放在重堆 w 的同側或異側，那麼最精簡的砝碼的組合是：三進制的砝碼！這一列 $n=12$ 個砝碼，重量恰好各是：（單位：克）

$$3^0=1, 3=3^1, 9=3^2, \cdots, 177147=3^{11}$$

我們就能夠稱出 $265720=\dfrac{3^{12}-1}{3-1}$ 種重量！

證明：（割圓恆等式＝等比級數和的公式！）

$$3^0+3^1+3^2+\cdots+3^{11}$$

註 因為

$$\frac{3^{12}-1}{2}=265720>262143$$

所以，這 12 個砝碼就夠了！

事實上，若 $w\leq 265720$，則 w 有三進制的表達式：

$$w=b_0*3^0+b_1*3^1+b_2*3^2+\cdots+b_{11}*3^{11}$$

其中每個 $b_j \in D_3=\{0, 1, 2\}$。

我們把這堆（w 重）放在「天平」（指工廠的儀具！）的左側；然後從 $j=0$ 開始，我們考慮：$a_0=b_0$

若 $a_0=b_0=0$，這個砝碼 3^0 就不要放上去！記：$a_1=b_1$

若 $a_0=b_0=1$，這個砝碼 3^0 就放在右側（$=w$ 的異側）！記：$a_1=b_1$

若 $a_0=b_0=2$，這個砝碼 3^0 就放在左側（$=w$ 的同側）！同時記：$a_1=b_1+1$

下一步，我們考慮：a_1

若 $a_1=0$，這個砝碼 3^1 就不要放上去！記：$a_2=b_2$

若 $a_1=1$，這個砝碼 3^1 就放在右側（$=w$ 的異側）！記：$a_2=b_2$

若 $a_1=2$，這個砝碼 3^1 就放在左側（$=w$ 的同側）！同時記：$a_2=b_2+1$

依此類推！

注意到：先不論這堆（w 重）在左側或右側；對每個 $j=0, 1, 2, \cdots, 11$，那個重 3^j 的砝碼，有三個位置！左、右或「中立」！一共有 3^{12} 種「砝碼分佈」，扣掉全部「中立」（不放！）的情形，就有 531440 種「砝碼分佈」的可能性！結果左右一定有輕重差！

想像把 w 放在輕的那側，而得到平衡，於是：w 就是這個輕重差！

由於左右對稱：你可以把所有的砝碼左右對換，左右的輕重差是一樣的！因此，w 的可能重量有多少種？就是 $\frac{531440}{2}=265720$。

CHAPTER 10

一些不定方程式

【問：（張丘建，算經（五世紀末）百雞問題）】

雞翁一，值錢五；雞母一，值錢三；雞雛三，值錢一；百錢買百雞，問雞翁母雛各幾何？

$$\begin{cases} x+y+z=100 \\ 5*x+3*y+\frac{z}{3}=100 \end{cases}$$

有四組解！

【不定方程】

原則上，有幾個未知數，就必須給我幾個方程式。

未知數的個數比方程多，就成了不定方程式。但是這一類的問題，（叫做 Diophantus 問題，）就是「不定方程式，但要求解答必須是整數」。

【一元方程之整數解】

一元方程當然不算「不定方程」！它「也許有，也許沒有」整數解！

例題1 $3x-27=0$ 具有整數解。

例題2 但 $5x-21=0$ 就不然！

例題3 $x^2+x-2=0$ 有整數解。

例題4 $x^2-4x+2=0$ 就不然。

10.1 二元一次不定方程

【定理 1】

對於兩個整數 a, b：

$$a \perp b，則 a*x+b*y=1 有整數解！$$

例題 1 解 $36*x+83*y=1$。

解 $y=(1-36x)/83$，x 用 1, 2, …代入，一直到 y 為整數 -13，$x=30$，這是一個整數解！

通解：然後我們這樣想：現在 $x=30$，$y=-13$，可以使 $36*x+83*y=1$，那麼我們讓 x 增加 83，y 就要減少 36，結果 $36*x+83*y$ 是不會增減的！用這個想法，於是，得：$y=-13+36*t$，$x=30-83*t$，只要 t 是整數（$t \in \mathbb{Z}$），就一定是解答！這就叫做<u>通解</u>。

【問 1.】

$$72*x+157*y=1？$$

註 Maple 的句式：（i=integer（整數），solve=解）

isolve($72*x+157*y=1$)；答：$\{x=-133-157*z1, y=61+72*z1\}$

isolve($\{x+y+z=100, 5*x+3*y+z/3=100\}$)；答 $\{x=4*z1, y=25-7*z1, z=75+3*z1\}$

【定理 2】

$a \perp b$，$\{a, b, c\} \subset \mathbb{Z}$，則

$$a*x+b*y=c 有整數解！$$

事實上，只要找到一整數解(x_0, y_0)，則其通解為：

$$x=x_0-b*t，y=y_0+a*t（t \in \mathbb{Z} 是任意的！）$$

【問2】

求通解 $111*x-321*y=75$。

【問3】

求通解 $2*x+y=20$。

例題2 求 $4*x-9*y+5*z=8$ 之整數解！

如果有了整數解，那麼如下的方程式組也有整數解：

$$t=4*x-9*y \quad \text{(i)}$$

$$t+5*z=8 \quad \text{(ii)}$$

但(i)之解為

$$\begin{pmatrix} x=-2*t+9*u \\ y=-t+4*u \end{pmatrix} \quad \text{(iii)}$$

(ii)之解為

$$\begin{cases} t=3-5*v & \text{(iv)} \\ z=1+v & \text{(v)} \end{cases}$$

故後者(iv)代入前者(iii)：

$$x=-6+10*v+9*u\text{；}y=-3+5*v+4*u$$

連同(v)，就是所要的整數解！（u, v 是任意整數！）

習題1

1. 求下列不定方程的整數解：
   (1) $7x+15y=0$
   (2) $9x-11y=1$
   (3) $17x+40y=280$
   (4) $133x-105y=217$
   (5) $49x-56y+14z=35$
2. 求下列不定方程的整數解：

(1) $14021*x+38057*y=426639$

(2) $20746*x-63581*y=323$

3. 求 $\begin{cases}5*x+7*y+2*z=24\\3*x-y-4*z=4\end{cases}$ 的整數解！

4. 取一元、二元*、五元的硬幣共十枚，付給十八元，問有幾種不同的取法？（*為了題目需要！可設為美金！）

5. 有布 7 丈 5 尺，裁剪成大人和小孩的衣料，大人一件衣服用布 7 尺 2 寸，小孩一件衣服用布 3 尺，問各裁剪多少件衣服恰好把布用盡？

【水手與椰子】

五個水手漂流到孤島上，大家努力搜找到許多（$=N$）個椰子，合成一大堆；然後就入睡了。

半夜裡，水手 A_1 先醒來，他想要佔點小便宜：

「他把全部椰子等分為五堆，發現剩下一個，就吃下這個椰子，然後藏起一堆，剩下的四堆仍然合成一大堆；於是又繼續睡覺」。

不久之後，水手 A_2 也醒來，他想要佔點小便宜：

「他把全部椰子等分為五堆，發現剩下一個，就吃下這個椰子，然後藏起一堆，剩下的四堆仍然合成一大堆；於是又繼續睡覺」。

不久之後，水手 A_3 也醒來，「…，又繼續睡覺」。

不久之後，水手 A_4 也醒來，「…，又繼續睡覺」。

不久之後，最後一個水手 A_5 也醒來，「…，又繼續睡覺」。

早上大家一起醒來，平分這一大堆，每人 M 個，剛剛好！

請問：原本的椰子數 $N=N_1=$？

令 $N_1=N$，水手 A_1 藏了 $b_1=\dfrac{N_1-1}{5}$ 個，剩下 $N_2=\dfrac{4}{5}(N_1-1)$ 個

水手 A_2 藏了 b_2 個，剩下 $N_3=\dfrac{4}{5}(N_2-1)$ 個

水手 A_3 藏了 b_3 個，剩下 $N_4=\dfrac{4}{5}(N_3-1)$ 個

水手 A_4 藏了 b_4 個，剩下 $N_5=\dfrac{4}{5}(N_4-1)$ 個

水手 A_5 藏了 b_5 個，剩下 $N_6=\frac{4}{5}(N_5-1)$ 個

所以 $M=\frac{N_6}{5}$。現在：

$$N_2=\frac{4}{5}(N-1)$$

$$N_3=\frac{4}{5}(N_2-1)=\frac{16*N-36}{25}$$

$$N_4=\frac{4}{5}(N_3-1)=\frac{64*N-244}{125}$$

$$N_5=\frac{4}{5}(N_4-1)=\frac{256*N-1476}{625}$$

$$N_6=\frac{4}{5}(N_5-1)=\frac{1024*N-8404}{3125}$$

$$M=\frac{N_6}{5}=\frac{1024*N-8404}{15625}$$

即：$1024*N-15625*M=8404$；而 M, N 必須是自然數！

$1024*x-15625*y=1$ 的一個解是：$x=10849$，$y=711$

因此有一解是：

$$N=8404*x=91174996$$

$$M=8404*y=5975244$$

一般解是：

$$N=91174996-15625*K$$

$$M=5975244-1024*K$$

取 $K=5835$ 時，得 $N=3121$，$M=204$

10.2 二元高次不定方程

例題 1 求 $xy=x^2+6$ 之整數解。

$x(x-y)=-6$，故只有 8 種可能：

$x=1 \quad \Rightarrow y=7$

$x=-1 \Rightarrow y=-7$

$x=2 \quad \Rightarrow y=5$

$x=-2 \Rightarrow y=-5$

$x=3 \quad \Rightarrow y=5$

$x=-3 \Rightarrow y=-5$

$x=6 \quad \Rightarrow y=7$

$x=-6 \Rightarrow y=-7$

習題 1 解 $\frac{1}{x}+\frac{1}{y}=\frac{1}{2}$。（$x, y \in \mathbb{N}$）

例題 2 解 $xy-10x-10y-1=0$。（$x, y \in \mathbb{Z}$）

提示：寫成 $(x-10)*(y-10)=101=(\pm 1)(\pm 101)$，故有 4 組解！

習題 2 解 $x^2=y^2-2006$。$(x, y \in \mathbb{Z})$

提示：$2006=2*17*59=y^2-x^2=(y-x)*(y+x)$（無解！）

習題 3 某個二位數是它的個位數和十位數乘積的 3 倍，問這二位數是多少？

10.3 勾股數（Pythagoras 數）

劉徽：—UD 九章算術（公元 263 年）列出一些：

$$3^2+4^2=15^2$$

$$5^2+12^2=13^2$$

$$7^2+24^2=25^2$$

$$8^2+15^2=17^2$$

$$20^2+21^2=29^2$$

【定理 1】

勾股數 $x, y, z\ (\in \mathbb{N})$，$x^2+y^2=z^2$ 滿足 $x \perp\!\!\!\perp y$ 者，必一奇一偶！

故設 $2 \prec x$，則勾股數呈下形：

$$x=2*a*b，y=a^2-b^2，z=a^2+b^2$$

但　$a \perp\!\!\!\perp b$，$a>b$，$2 \not\prec (a+b)$。

【證明】

1. 我們可假定：它們互質，否則除以公因數之後，仍然是勾股數組！
2. 三者兩兩互質，因為任兩者之共同質因數，必為第三者之質因數！
   故三者之中可設：只有一個偶數，兩個奇數！
3. 然而不可能「x, y 皆奇；z 為偶」！
   否則，x^2+y^2 用 4 除不盡，z^2 卻除得盡。
   因此，x, y 其中有一個偶數，一個奇數！
4. 可設 x 為偶，而 y, z 為奇，故
   $$\frac{z+y}{2}=n_1 \in \mathbb{N}，\frac{z-y}{2}=n_2 \in \mathbb{N}$$
5. 兩者必互質：否則有公因數 $d>1$，保證了：$z=n_1+n_2$ 與 $y=n_1-n_2$ 都有公因數 d，違背互質性！
6. 今 $\left(\frac{x}{2}\right)^2=\left(\frac{z+y}{2}\right)*\left(\frac{z-y}{2}\right)=n_1*n_2$ 為完全平方，且 n_1 與 n_2 互質。
   結論是：n_1, n_2 都是完全平方！
   （事實上，n_1 的任何質因數 p 均與 n_2 互質，而為 $\left(\frac{x}{2}\right)^2$ 之質因數，故為 $\left(\frac{x}{2}\right)$ 之因數，而 $n_1*n_2=\left(\frac{x}{2}\right)^2$ 可被 p^2 整除，故 n_1 有因數 p^2。）
7. 因此，設：
   $$\frac{z+y}{2}=a^2，\frac{z-y}{2}=b^2，a \perp\!\!\!\perp b$$
   此處 $a^2>b^2$，故可設：$a>b>0$，而且 a, b 互質，因之
   $$\begin{cases} z=a^2+b^2 \\ y=a^2-b^2 \\ x=2ab \end{cases}$$

而且：a, b 之中，一奇一偶（z 為奇數！）且互質。

習題1 試證：$(3, 4, 5)$是唯一的連續的自然勾股數組！

習題2 試證：對一個勾股數組(x, y, z)，其積 $x*y*z$為 60 之倍數！

解 $y=a^2-b^2$，$x=2ab$，$z=a^2+b^2$；x 與 y，一偶一奇，故 $4 \prec y$

若 $3 \not\prec ab(\prec y)$，則 $x=(a+b)*(a-b)$的兩個因子中，有一個可被 3 除盡！

同樣，若 $5 \not\prec a*b$，因為 a, b 一偶一奇，故其一為 $10n\pm1, 10n\pm3$ 之形，另一為 $10m\pm2, 10m\pm4$ 之形

故平方之後，a^2, b^2 均為 $5*l\pm1$ 之形，$a^2\pm b^2$ 為 5 之倍數！

習題3

若兩個連續自然數之和為一個平方數，則兩者為一個勾股數組的一股與弦！例如$(4, 5), (12, 13)$。

【既約勾股數 < 100 者】

一共有 16 組！

3	4	5	20	21	29	11	60	61	13	84	85
5	12	13	12	25	37	16	63	65	36	77	85
8	15	17	9	40	41	33	56	65	39	80	89
7	24	25	28	45	53	48	55	73	65	72	97

【問 1】

這種整數 Pythagoras 三角形的面積，永遠不是平方數！

【問 2】

求正整數 a, b，使得：$a^2+b^2=65^2$。

註 83 個小孩子中，都只看到表中的兩個答案！只有林冠蓁（蘭雅國中）找

到不互質的答案！

10.3.1 Fermat最後定理

【Andrew Wiles】

1994 年，終於解決了幾百年的懸案！

Wiles 是在 10 歲時聽到這個故事，立志要解決它！

【定理（Fermat）】

如下方程式沒有（正）整數解：

$$x^4+y^4=z^2$$

【證明】

這就是遞迴歸謬法！我們要證明：

如果有這麼一組解(x, y, z)，那就可以找到另外一組解(ξ, η, U)，而且「比較小」！（何謂「比較小」，可以有種種解釋，後面自然會明白！）但是自然數系是不允許「一直小下去」的！

所以現在假定有這麼一組解(x, y, z)，如果(x, y, z)之二有公因數，其它就一定也有這個公因數 h，我們就令 $x=\bar{x}*h$，$y=\bar{y}*h$，$z=\bar{z}*h^2$；這就變成：

$$\bar{x}^4+\bar{y}^4=\bar{z}^2$$

如此$(\bar{x}, \bar{y}, \bar{z})$也是一組解，而且「更小」（去掉了公因數）！

換句話說：我們應該從頭就假定(x, y, z)兩兩互質！（就不須要寫$\bar{x}, \cdots$了！）

我們現在令 $X=x^2, Y=y^2$（它們還是自然數），這就變成：

$$X^2+Y^2=z^2$$

於是就可以用上勾股數表現定理：

$$X=u^2-v^2，Y=2*u*v，z=u^2+v^2$$

其中：(u, v)互質，一奇一偶；這就變成：

$$x^2=u^2-v^2，y^2=2*u*v$$

這裡 x 為奇，而 $x^2+v^2=u^2$；(x, v)互質；因此 v 為偶，而 u 為奇。（我們不

須要管 z 了！而問題要轉化為(u, v, x)的問題！）

因為$y^2=(2*v)*u$ 為完全平方，且兩個因子$(2*v, u)$互質，因此兩者都是完全平方！即：$2*v=(2*V)^2$，$u=U^2$；於是得到：$v=2*V^2$。

再看

$$x^2+v^2=u^2$$

於是就可以用上勾股數表現定理：

$$x=a^2-b^2，v=2*a*b，u=a^2+b^2$$

其中：(a, b)互質，一奇一偶，而

$$v=2*V^2=2*a*b \Rightarrow V^2=a*b \text{ 為完全平方}$$

結論是：a, b 都是完全平方：$a=\xi^2, b=\eta^2$，終究：

$$(u=)U^2=a^2+b^2=\xi^4+\eta^4$$

所以由原來的一組(x, y, z)：

$$x^4+y^4=z^2$$

得到新的一組(ξ, η, U)：

$$\xi^4+\eta^4=U^2$$

其中：$U<\frac{z}{4}$。

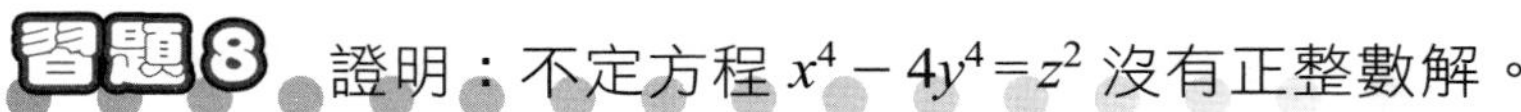
習題8 證明：不定方程 $x^4-4y^4=z^2$ 沒有正整數解。

解 意思是這樣：（假定把公因數都拿掉！）

$$\text{令 } X=x^2，Y=2*y^2，\text{則有 } X^2=Y^2+z^2$$

故：

$$X=x^2=m^2+n^2，Y=2*y^2=2*m*n，z=m^2-n^2$$

於是：（m, n 互質，一奇一偶）

$$x^2=m^2+n^2，y^2=m*n \text{ 為完全平方}；m=u^2，n=v^2$$

【Fermat 的猜測】

如上的定理有個推論：方程式

$$x^4+y^4=z^4$$

沒有整數解！

Fermat 說：當 $n>2$，$n\in\mathbb{N}$ 時，方程式

$$x^n+y^n=z^n$$

都沒有整數解！（「可惜此處的空間不夠寫下我巧妙的證明！」）

【Sophie Germain】

Sophie（1776-1831）是有史以來最偉大的女數學家之一！古時女人不得上法國工藝學院（當時最好的學校），她只好設法取得講義自行學習！而且以化名 Leblanc 先生，與大學者 Gauss, Lagrange 等人通信；結果她得過法蘭西學術院的 1816 年論文大獎，並且在微分幾何學中提出平均曲率的概念（幾乎與 Gauss 積曲率一樣重要！）。最後，Gauss 發現她是女性，要求 Goettingen 大學給她榮譽博士學位（但在頒授之前已經去世！），她提出這個定理（1825 年）：

若 p 與 $q=2*p+1$ 都是質數，則 Fermat 方程式

$$x^p+y^p=z^p$$

都沒有整數解！

這樣子的質數 p（或 q）叫做 Germain 質數！或者把 q 叫做安全質數（safe prime）。現在的猜測是：Germain 質數應該是無窮多！1986 年的記錄是：$p=39051*2^{6001}-1$。

註 Maple 的句式：例如 safeprime(1000)；（答 1019）。這是大於 1000 的最小安全質數，因為 $\frac{1019-1}{2}=509$ 是質數。

CHAPTER 11

一些同餘式

11.1 同餘

11.1.1 同餘運算

「同餘」，意思就是「餘數相同」，例如：

$$134 = 89 (\text{mod } 9)$$

$$\text{因為 } 134 = 14 * 9 + 8，89 = 9 * 9 + 8$$

實際上不必這樣計算！比較好的方式是，採用下面這種定義：

【定義 1】

若 $m \prec (a-b)$；則記作

$$a = b (\text{mod } m)$$

註 讀做「a 與 b 對於『模』（或者『法』）m 同餘」；或「a 同餘於 b，對模 m」。mod＝（歐文）modulo。Gauss 引入的記號是 $a \equiv b (\text{mod } m)$；非常好！他這樣子是把「同餘」解釋為一種「更廣義的相等」，（而必須與等號區辨！）同時，經常會是更簡便！因為我們可以規定：括弧$(\text{mod } m)$只要寫了一次，其後就可以不用再寫，除非更動模數 m。

我們的記號也說得通：這是把括弧$(\text{mod } m)$看成「副詞片語」，用它來「修飾等號」！那麼它的效力僅止於一個等式內！在後面的式子中，要再寫一遍，不能省略！

例題1 $29=2(\text{mod } 9)$，$93=-7(\text{mod } 50)$。

例題2 $161\neq 0(\text{mod } 8)$，$257\neq 16(\text{mod } 32)$。

【定理】

「同餘」具有這些性質：

1.（反歸）：$a=a(\text{mod } m)$

2.（對稱）：$a=b(\text{mod } m)$，則 $b\equiv a(\text{mod } m)$

3.（可遞）：$a=b(\text{mod } m)$且 $b\equiv c(\text{mod } m)$，則 $a\equiv c(\text{mod } m)$

【定理】

「同餘」與運算是共容的：

若 $a=b(\text{mod } m)$，且 $c=d(\text{mod } m)$，則：

$$(a+c)=(b+d)(\text{mod } m)$$

$$(a-c)=(b-d)(\text{mod } m)$$

$$(a*c)=(b*d)(\text{mod } m)$$

$$(a^n)=(b^n)(\text{mod } m)$$

註 但是：除法沒那麼簡單！

例題3 $43^{43}-17^{17}$ 的個位數為何？

解 $3^2=9$，$3^4=81$，$43^{40}=1(\text{mod } 10)$

$43^{43}=7(\text{mod } 10)$；$7^2=49$，$7^4=1(\text{mod } 10)$，$17^{17}=7(\text{mod } 10)$

例題4 $1895^{2001}\ (\text{mod } 7)=$ ？

解 $1895\ (\text{mod } 7)=5$，$5^2=25=4\ (\text{mod } 7)$，$5^3=-1(\text{mod } 7)$，$5^6=1(\text{mod } 7)$

$2001\ (\text{mod } 6)=3$；$1895^{2001}\ (\text{mod } 7)=5^3\ (\text{mod } 7)=6\ (\text{mod } 7)$

例題5 求證：$641 \prec (2^{2^5}+1)$ 。

$2^5=32$，$2^{10}=1024=383 \pmod{641}$

$2^{11}=766 \pmod{641}=125$

$2^{22}=15625 \pmod{641}=241$

$2^{32}=241*383 \pmod{641}=92303 \pmod{641}=-1 \bmod 641$

因此 Fermat 就破功了！（參見 4.8.1，p.37 之F_5）

註 在例 4，mod 是解釋為「求整除之後的餘數」。（因此須看成「動詞」！所以這是 mod 的另外一種語法！）

我們已經講過：這些記號可以有一些小小的變化！例如說：

37	pmod (7) = 2	37	pmod (−7) = 2
−37	pmod (7) = 5	−37	pmod (−7) = 5
37	bmod (7) = 2	37	bmod (−7) = −5
−37	bmod (7) = 5	−37	bmod (−7) = −2
37	amod (7) = 2	37	amod (−7) = 2
−37	amod (−7) = −2	−37	amod (7) = −2
37	gmod (7) = 2	−37	gmod (7) = −2
37	gmod (−7) = 2	−37	gmod (−7) = −2
39	gmod (7) = −3	39	gmod (−7) = −3
−39	gmod (7) = 3	−39	gmod (−7) = 3

你能夠看出它的定義嗎？

（這是 Maple 的用法）

p = positive，是取值於 $0, 1, 2, \cdots, m-1$。

g = Gaussian，是取值於 $-\frac{m}{2}$ 到 $\frac{m}{2}$。

a 是要求 $a \bmod b$ 依照 a 的正負號而取其正負號。

b 是要求 $a \bmod b$ 依照 b 的正負號而取其正負號。

11.2 一次同餘式

【定義】

$$a*x+b\equiv 0 \pmod m$$

叫做「模」（或「法」）m 的一次同餘（方程）式。

【命題 1】

若 c' 是上式之解，則一切 $x\equiv c' \pmod m$ 之（整）數 x，也都是一解。

【命題 2】

若 $\mathrm{hcf}(a, m)\nmid b$，則一次同餘式 $a*x+b\equiv 0 \pmod m$ 沒有（整數）解。

例題 1 $36*x-237\equiv 0 \pmod{26}$ 無（整數）解！

解 事實上，這等於：求不定方程 $36*x-237=26*y$ 的整數解！

但 $36*x-26*y$ 是偶數，不可能 $=237$，故無解！

習題 1 求解 $2x\equiv 179 \pmod{562}$。

例題 2 解 $7*x=1 \pmod{15}$。

解 我們其實（只要脾氣好！）可以一個一個代入試試看：

$x=1$，不行！$x=2$，不行，$x=3, \cdots$; $x=13$，則 $7*x=91=1 \pmod{15}$

因此 $x=13 \pmod{15}$ 就是解答！即：

$$13, 28, 43, 58, \cdots; -2, -17, -32, -47, -62, \cdots$$

【同餘類的寫法】

上面的例子，建議採取這種記號：我們應該寫 $[13]_{15}$，就代表上面所有這些數！換句話說：

$[a]_m$的意思就是「所有的，與a對m同餘的數！」

暫時我們將混用$x=13(\text{mod }15)$與$x=[13]_{15}$。

【命題 3】

若$a \perp m$，則

$$a*x+b \equiv 0(\text{mod } m) \quad 有解！$$

註 關鍵就在於：此一元同餘方程就相當於二元不定方程

$$a*x-m*y+b=0 \text{ 的整數解！}$$

實際上，還稍微容易些，因為算出來後者的答案，卻只要寫x的部分就好了！（不用寫y）

【基本定理】

若$a \perp m$，則

$$a*x=1(\text{mod } m) \quad 有解！$$

這個基本定理中的解答，可以記作$[a]_m^{-1}$。

（意思相當於：$\frac{1}{a}=a^{-1}$，參見後面的§11.6）

所以例2也就是說：$[7]_{15}^{-1}=13\ (\text{mod }15)$。

例題3 $7*x=3(\text{mod }15)$。照上面的意思，應該是：

$$x=3*[7]_{15}^{-1}=3*13(\text{mod }15)=9(\text{mod }15)；或[9]_{15}$$

習題2 解$256x=179(\text{mod }337)$。

【同餘式的除法定理】

若$a*d=b*d(\text{mod } m*d)$（$d \neq 0$），則$a=b(\text{mod } m)$。

例題4 解 $1215*x=560(\mathrm{mod}\ 2755)$。

這等於解 $243*x=112(\mathrm{mod}\ 551)$，答：$x=200(\mathrm{mod}\ 551)$；寫成 $x=200, 751, 1302, 1853$ 或 $2404(\mathrm{mod}\ 2755)$ 也可以，但是顯然麻煩得多。

例題5 解 $1296*x=1125(\mathrm{mod}\ 1935)$。

答：$x=80, 295, 510, 725, 940, 1155, 1370, 1585$ 或 $1800(\mathrm{mod}1935)$。
顯然該寫成 $x=80(\mathrm{mod}\ 215)$。

習題3 解下列同餘式：

⑴ $258x=131(\mathrm{mod}\ 348)$

⑵ $3x=10(\mathrm{mod}\ 29)$

⑶ $47x=89(\mathrm{mod}\ 111)$

⑷ $660x=595(\mathrm{mod}\ 1385)$

11.3 多元的情形

例題1 解下列方程：

$$\begin{cases} 4*x+7*y=1(\mathrm{mod}\ 12) \\ 4*x+2*y=6(\mathrm{mod}\ 12) \end{cases}$$

我們可以兩式相減！（因為有相同的 mod 12!！當然這必須保留）

$$5*y=-5(\mathrm{mod}\ 12)，y=-1(\mathrm{mod}\ 12)=11(\mathrm{mod}\ 12)$$

代入之後，

$$4*x=1+7=8(\mathrm{mod}\ 12)，x=2(\mathrm{mod}\ 3)=2, 5, 8, 11(\mathrm{mod}\ 12)$$

答案是：$x=2, 5, 8, 11$；$y=-1(\mathrm{mod}\ 12)$

例題2 解下列方程：

$$\begin{cases} 10*x-3*y-7*z=5 \pmod{14} \\ 5*x-y+3*z=12 \pmod{14} \\ x-10*y+z=-1 \pmod{14} \end{cases}$$

解 $x=11$，$y=7$，$z=2 \pmod{14}$

11.4 孫子定理：Lagrange 方法

註 聰明的人＝數學家：

孫子，當然是指兵法家的孫子！這是因為：在紀元前後，出了一本數學書，叫做孫子算經。在任何文化中，總是把聰明的人（尤其，會打仗的軍事家）歸類為「數學家」！所以，孫子定理也叫韓信定理！顯然這個定理與孫武、韓信都無關係！（就好像拿破崙定理顯然非拿破崙的發明！）

【原題】

「今有物不知其數，三三數之剩二，五五數之剩三，七七數之剩二，問物幾何？」

「答曰：二十三」。

【公式】

（明朝程大位：算法統宗（1593）年的歌）

三人同行七十稀，五樹梅花廿一枝，

七子團圓正半月，除百零五便得知。

問：$x \equiv a \pmod 3$，$x \equiv b \pmod 5$，$x \equiv c \pmod 7$，求 $x \in \mathbb{Z}$？

通解為：$x \equiv 70*a+21*b+15*c \pmod{105}$。

所以，上面原題 $a=2$，$b=3$，$c=2$；$70*2+21*3+15*2=233=23 \pmod{105}$。

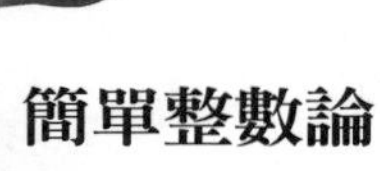

【Lagrange 方法＝中國餘數定理＝孫子定理】

假設：有（$k \geq 2$ 個）模數 $m_1, m_2, \cdots, m_k$（$\in \mathbb{N}$）兩兩互質，則同餘方程式組

$$x \equiv b_j (\text{mod } m_j)，（j=1, 2, \cdots, k）$$

有解！

前面的原題是 $k=3$；模數為 $m_1=3, m_2=5, m_3=7$。

於是，算出孫子乘數：$M_1=70, M_2=21, M_3=15$。

算出這些「孫子乘數」之後，答案就是：

$$b_1 * M_1 + b_2 * M_2 + b_3 * M_3 \quad (\text{mod } m_1 * m_2 * m_3)$$

Lagrange 算出「孫子乘數」的道理是：

M_1（原例中的 70）就是

$$x\ (\text{mod } m_1)=1，x\ (\text{mod } m_2)=0=x\ (\text{mod } m_3)$$

換句話說，從 $m_2 * m_3 = 35$ 的倍數中去找 mod(3)＝1 者！一下子就找到了！對於 M_2, M_3 也相同！

註 Maple 的句式：「mcombine」（m＝modular 法餘的；combine＝組合）。

例如：mcombine(3, 2, 5, 3)；（答：8＝2 mod 2, ＝3 mod 5）

（這樣子只能做「兩個」方程式，必須一步一步來！）寫：除數，餘數，除數，餘數。

更好的辦法是：「中國（＝chinese）餘數（＝remainder）定理」chrem。

例如：chrem([2, 3, 2], [3, 5, 7])；（答：23＝2 mod 3, ＝3 mod 5, ＝2 mod 7）

11.5 Newton 的方法

原題是一個同餘方程組

$$x \quad (\text{mod } 3)=2 \text{ (i)}$$

$$x \quad (\text{mod } 5)=3 \text{ (ii)}$$

$$x \quad (\text{mod } 7)=2 \text{ (iii)}$$

Newton 的辦法是「逐步做去」：

(i)：當然有一解 $x=2$，當然有其它的解：

$$2, 5, 8, 11, 14, 17, 20, 23, 28, 31, \cdots$$

（其實也有 $-1, -4, -7, -10, -13, -16, \cdots$）

於是從上列，找出(ii)的解！一個一個試！

2，不對！5，不對！8 對！

11，不對！14，不對！17，不對！20，不對！23 對！

（以下每 5 個有一個對！答案相差 15）

所以(i)，(ii)的聯立解，就是：

$$8, 23, 38, 53, 68, 83, 98, 113, \cdots$$

於是從上列，找出(iii)的解！一個一個試！

8，不對！23 對！

（以下每 7 個有一個對！答案相差 105）

所以(i)，(ii)，(iii)的聯立解，就是：

$$23, 128, 233, 338, \cdots$$

習題 1 解下列同餘式組：

1. $\begin{cases} x \equiv 3 & \pmod{7} \\ x \equiv 5 & \pmod{11} \end{cases}$

2. $\begin{cases} x \equiv 2 & \pmod{11} \\ x \equiv 5 & \pmod{7} \\ x \equiv 4 & \pmod{5} \end{cases}$

3. $\begin{cases} x \equiv 1 & \pmod{7} \\ 3x \equiv 4 & \pmod{5} \\ 8x \equiv 4 & \pmod{9} \end{cases}$

4. $\begin{cases} x \equiv 2 & \pmod{7} \\ x \equiv 5 & \pmod{9} \\ x \equiv 11 & \pmod{15} \end{cases}$

習題 2 續古摘奇算法（楊輝，1275 年）的幾題：

1. 「七數剩一，八數剩一，九數剩二」。（問本數）

2.「十一數餘三，十二數餘二，十三數餘一」。

3.「二數餘一，五數餘二，七數餘三，九數餘四」。

4.（韓信點兵）有兵一隊，若列五行縱隊，則末行一人，六行縱隊，末行五人，成七行縱隊，末行四人，成十一行縱隊，末行十人，求兵數。

5.今有數不知總，以五累減之無剩，以七百一十五累減之剩十，以二百四十七累減之剩一百四十，以三百九十一累減之剩二百四十五，以一百八十七累減之剩一百零九，問總數若干？（黃宗憲：《求一術通解》，答數 10020）。

6.甲、乙兩港的距離不超過 5000 公里，今有三只輪船於某天零時同時從甲港開往乙港。假定三只輪船每天 24 小時都是勻速航行，若干天後的零時第一只輪船首先到達，幾天後的 18 小時第二只輪船也到達，再過幾天後的 8 時第三只輪船也到達了。假若每天第一只輪船走 300 公里，第二只輪船走 240 公里，第三只輪船走 80 公里，問甲、乙兩港實際距離是多少公里？三只輪船各走了多長時間？

11.6 同餘的除法與倒逆

【同餘類】

在以上的計算與思考中，我們發現，最好是採用這種記號：

$$[2]_3=(2, 5, 8, 11, \cdots, -1, -4, -7, -10, \cdots)\text{的全體}$$

$$[8]_{15}=(8, 23, 38, 53, \cdots, -7, -22, -37, -52, \cdots)\text{的全體}$$

$$[23]_{105}=(23, 128, 233, 338, -88, -193, -218, -403, \cdots)\text{的全體}$$

這叫做一個同餘類；於是，前面關於同餘的運算原理，就可以輕鬆地寫成：

$$[a]_m+[b]_m=[a+b]_m$$

$$[a]_m-[b]_m=[a-b]_m$$

$$[a]_m*[b]_m=[a*b]_m$$

【記號】

若固定模數 m，那麼，同餘類只有 m 個！

例如 $m=3$，則$[0]_3=[3]_3$；$[8]_3=[2]_3$。這個合起來記作$\mathbb{Z}_m$。

【質模同餘類的除法】

如果模數是質數 p，我們發現：可以做除法！

下面以 $p=7$ 為例：

當然，$[0]_7$ 相當於「零」，不能用它去除！

當然，$[1]_7$ 相當於「么」，不必寫「用它去乘」！

當然，你要先做一個$\mathbb{Z}_m$中的乘法表：

$[2]_7*[2]_7=[4]_7, [2]_7*[3]_7=[6]_7, [2]_7*[4]_7=[1]_7, [2]_7*[5]_7=[3]_7, [2]_7*[6]_7=[5]_7$

$[3]_7*[2]_7=[6]_7, [3]_7*[3]_7=[2]_7, [3]_7*[4]_7=[5]_7, [3]_7*[5]_7=[1]_7, [3]_7*[6]_7=[4]_7$

$[4]_7*[2]_7=[1]_7, [4]_7*[3]_7=[5]_7, [4]_7*[4]_7=[2]_7, [4]_7*[5]_7=[6]_7, [4]_7*[6]_7=[3]_7$

$[5]_7*[2]_7=[3]_7, [5]_7*[3]_7=[1]_7, [5]_7*[4]_7=[6]_7, [5]_7*[5]_7=[4]_7, [5]_7*[6]_7=[2]_7$

$[6]_7*[2]_7=[5]_7, [6]_7*[3]_7=[4]_7, [6]_7*[4]_7=[3]_7, [6]_7*[5]_7=[2]_7, [6]_7*[6]_7=[1]_7$

所以你就看出：

$$[2]_7*[4]_7=[3]_7*[5]_7=[6]_7*[6]_7=[6]_7^2=[1]_7$$

註 $[6]_7=[-1]_7$ 最有趣了！它相當於質數中的 -1。

於是所有的除法，都行得通！（不要用零$=[0]_7$去除！）

【可逆元】

如果$[a]_m*[b]_m=[1]_m$，我們就說$[a]_m, [b]_m$互相是逆元，而兩者都是可逆的。

例題 1 求$[5]_7\div[2]_7=$？

解 令$\dfrac{1}{[2]_7}=[4]_7$，因此：

$$[5]_7\div[2]_7=[5]_7*[4]_7=[20]_7=[6]_7$$

當然，$[0]_m$是「不可逆」了！但是，除此而外還有不可逆元嗎？

例題2 $[3]_{12}*[8]_{12}=[0]_{12}$

【零因子】

例題 2 中，$[3]_{12}\neq[0]_{12}$，$[8]_{12}\neq[0]_{12}$，而乘積$[3]_{12}*[8]_{12}=[0]_{12}$，我們就說$[3]_{12}$, $[8]_{12}$都是零因子；零因子一定是不可逆元！

因為若有某個 b，使得$[3]_{12}*b=[1]_{12}$，則$[8]_{12}*[3]_{12}*b=[8]_{12}*[1]_{12}=[8]_{12}$，變成$[0]_{12}=[8]_{12}$，顯然不對！

【注意】

若$a=[j]_m$是可逆元，則

由$a*[x]_m=a*[y]_m$，就有$[x]_m=[y]_m$

【定理】

在 $\mathbb{Z}_m$ 中，一元$[a]_m$是「可逆」的條件是

$a \perp m$（a與m互質！）

【證明】

若$[a]_m*[b]_m=[1]_m$，則有某$a*b-n*m=1$。

例題3 $[7]_9^{-1}=[4]_9$，但沒有$[6]_9^{-1}$！

習題 $[7]_{24}^{-1}=$? $[2]_{17}^{-1}=$?

例題4 解同餘式組

$$\begin{cases} x+2*y=3 \pmod 7 \\ 3*x+y=2 \pmod 7 \end{cases}$$

 解 消去法！第 2 式乘 2：

$6*x+2*y=4 \pmod 7$，再減去第 1 式：

$5*x=1 \pmod 7$；再乘以 $3=5^{-1} \pmod 7$

$x=3$，代入第 2 式：

$y=2-9=0 \pmod 7$

例題 5 用「$\mathbb{Z}_m$ 的逆數」解韓信點兵：

$$x=2 \pmod 3 \quad \text{(i)}$$
$$x=3 \pmod 5 \quad \text{(ii)}$$
$$x=4 \pmod 7 \quad \text{(iii)}$$

由(i)$x=2+3*y$，代入(ii)：

$$2+3*y=3 \pmod 5，3*y=1 \pmod 5，y=\frac{1}{[3]_5}=2 \pmod 5$$

於是

$$y=2+5*z，x=8+15*z$$

代入(iii)：

$$8+15*z=4 \pmod 7$$

$$即：z=-4 \pmod 7；z=3 \pmod 7$$

於是通解為：

$$z=3+7*u，y=17+35*u，x=53+105*u$$

【補註】

四則運算之外，更有趣的是開方！

$$[2]_7^2=[5]_7^2=[4]_7，[3]_7^2=[4]^2=[2]_7$$

因此，在$\mathbb{Z}_7$中，$[1]_7, [2]_7, [4]_7$ 可以開方，但$[3]_7, [5]_7, [6]_7$ 則不行！

11.7 循環小數

【定理】

有理數 x 都可以化為既約分數 $x=\frac{a}{b}$，它可以展開成為有限十進位小數的充要條件是：分母 $b\in\mathbb{N}$的質因數最多只有 2 與 5。

一般地，若：

$$b=2^k*5^l*q$$

則乘以 10^m（$m=\max(k, l)$）就得到：

$$10^m*x=\frac{a}{q}*2^{m-k}*5^{m-l}$$

於是問題推給：

$$\frac{a}{q}，a\perp q，q\perp 10$$

的展開問題了！

去掉整數部分，則可設 $1\le a\le q$；我們記：$\mathbb{Z}_q^{\times}$ 為這種 u 的全體，$u\perp q$, $0<u<q$，因此：$a\in\mathbb{Z}_q^{\times}$。

【q 是奇質數】

例如 7, 17, 13：

$$\frac{1}{7}=0.\dot{1}4285\dot{7}$$

$$\frac{1}{17}=0.\dot{0}58823529411764\dot{7}$$

$$\frac{1}{13}=0.\dot{0}7692\dot{3}$$

$$\frac{2}{13}=0.\dot{1}5384\dot{6}$$

例題 1

$r_0=1$ 用 7 整除，不夠，「降一位」，就變成：$10*r_0$ 用 7 整除，得到小數的第一位，即是 $d_1=1$，於是餘 $r_1=3$。

「降一位」，變成 $10*r_1$ 用 7 整除，得到下位小數 $d_2=4$，餘 $r_2=2$。

「降一位」，變成 $10*r_2$ 用 7 整除，得到下位小數 $d_3=2$，餘 $r_3=6$。

「降一位」，變成 $10*r_3$ 用 7 整除，得到下位小數 $d_4=8$，餘 $r_4=4$。

「降一位」，變成 $10*r_4$ 用 7 整除，得到下位小數 $d_5=5$，餘 $r_5=5$。

「降一位」，變成 $10*r_5$ 用 7 整除，得到下位小數 $d_1=1$，餘 $r_6=1$。

注意到：餘數 $r_0, r_1, r_2, r_3, r_4, r_5$，都不一樣！有6個！就窮盡了（6元集合！）$\mathbb{Z}_7^{\times}$；於是 r_6 非得與前面的某個重複不可！這個某個（一定！）是最先的那個 $r_0=1$。（Fermat 定理！）

$$r_0=1, r_j=10^j*r_0 \pmod 7；因此\ r_6=10^{7-1}*r_0 \pmod 7$$

於是產生了循環小數！

註 **而且我們也就證明了循環現象：**

$$\frac{1}{7}=0.\dot{1}4285\dot{7} \quad \frac{2}{7}=0.\dot{2}8571\dot{4}$$
$$\frac{3}{7}=0.\dot{4}2857\dot{1} \quad \frac{4}{7}=0.\dot{5}7142\dot{8}$$
$$\frac{5}{7}=0.\dot{7}1428\dot{5} \quad \frac{6}{7}=0.\dot{8}5714\dot{2}$$

註 **另外應該注意：循環節的兩段是：**142, 857，而 $142+857=999$。

例題2

$q=17$ 的情形完全一樣：因為 10 對於法 $q=17$ 還是滿指標：

$$10^n=1(\text{mod } 17)\text{保證 } n=0(\text{mod } 16)$$

循環節的兩段是：05882352, 94117647，而 05882352 + 94117647 $=99999999$。

例題3

$q=13$ 的情形不一樣：因為 10 對於法 $q=13$ 不是滿指標：

$$10^n=1(\text{mod } 13)\text{只須 } n=0(\text{mod } 6)$$

在此，有兩種餘數列：

餘數(1, －3, 9, 12, 3, 4)；整商(0, 7, 6, 9, 2, 3)

餘數(2, 7, 5, 11, 6, 8)　；整商(1, 5, 3, 8, 4, 6)

註 此時指標$=6=\dfrac{\phi(13)}{2}$；因此有兩組循環現象！這兩組循環節的兩段和，分別是

$$076+923=999；153+846=999$$

關於循環節的兩段和，理由是：

於 $q=7$，或 $q=13$ 時，$10^3=-1 (\bmod q)$（因為 $1001=13*7*11$）

而於 $q=17$ 時，$10^8=-1 (\bmod q)$

那麼兩段的餘數，對於法 q 而言，是差了正負號（亦即「相加得 q」）；因此，對應的整商相加得 9。

 試試 $q=41$。

 有 8 組，因此循環節長＝5：

$$\frac{1}{41}=0.\dot{0}243\dot{9}；\frac{10}{41}；\frac{18}{41}；\frac{16}{41}；\frac{37}{41}$$

$$\frac{2}{41}=0.\dot{0}487\dot{8}；\frac{20}{41}；\frac{36}{41}；\frac{32}{41}；\frac{33}{41}$$

$$\frac{3}{41}=0.\dot{0}731\dot{7}；\frac{30}{41}；\frac{13}{41}；\frac{7}{41}；\frac{29}{41}$$

$$\frac{4}{41}=0.\dot{0}243\dot{9}；\frac{40}{41}；\frac{31}{41}；\frac{23}{41}；\frac{25}{41}$$

$$\frac{5}{41}=0.\dot{1}219\dot{5}；\frac{9}{41}；\frac{8}{41}；\frac{39}{41}；\frac{21}{41}$$

$$\frac{6}{41}=0.\dot{1}463\dot{4}；\frac{19}{41}；\frac{26}{41}；\frac{14}{41}；\frac{17}{41}$$

$$\frac{11}{41}=0.\dot{2}682\dot{9}；\frac{28}{41}；\frac{34}{41}；\frac{12}{41}；\frac{38}{41}$$

$$\frac{15}{41}=0.\dot{3}658\dot{5}；\frac{27}{41}；\frac{24}{41}；\frac{35}{41}；\frac{22}{41}$$

附錄 一些數學者

【Plato】

（BC 427-347?）雖然他不是數學家，但他非常重視數學。他的學苑（Academia）就掛著扁額：不明幾何（=數學）者不得入此！從來都把（五種）「正多面體」稱為 Plato 多面體。

【Alexandria】

Alexander 大帝（BC 323）死後，帝國分裂，部將 Ptolemy 在埃及建立王朝，為頌揚Alexander大帝而建Alexandria城，就成了泛希臘時代世界文明的首都！Ptolemy王建立了一個偉大的學園「museum」，合圖書館、研究院、大學、博物館為一。

Ptolemy 王朝的最後一個國王是絕世美人 Cleopatra，在 30 年被 Augustus 殺滅！

雖然如此，Alexandria 城繼續是泛希臘時代世界文明的首都，只是少了官方對學術的支持而已！

但是基督教會得勢之後，389 年，Alexandria城的大主教奉令燒毀異教徒的文物，圖書館受傷慘重！而且狂熱的基督教暴民也屠殺那些護產的學者！

Hypatia（大約 370-415 年）是周知的女數學家的第一個，也是 Alexandria 學院的最後一員，據說「非常美麗、非常端莊，擅長解題、擅長講課」；「何以不結婚？」「我已經與真理結婚了！」可是因為她不願信教而且提倡理性主義，就被狂熱的基督教暴民殘酷殺害了！

642 年，Alexandria城被回教徒攻克；（半年內，居民要走的可以獲准攜帶限度內的財物離開，然後）總督請示 Omar 加里發：圖書館的書如何處置？詔令說：如果這書的內容與Koran聖經衝突，當然應該銷毀，如果這書的內容與Koran 聖經一致，那麼它就是冗餘無用也應該銷毀！於是大時代結束了！

【Archimedes】

（約 287-212 年 BC）公認是有史以來最偉大的三大數學家之一；（當然又是大物理學家！）他是 Eratosthenes 的好友；他發明槓桿原理、浮力原理（裸奔始祖？），數學上他已經想到許多積分的概念，因而計算出球表面積與球體積。

BC 218 年爆發了羅馬迦太基的第二次大戰，名將 Hannibal 節節打敗羅馬軍；Sicily 島介於兩國間，Syracuse（Archimedes 的母國）是希臘殖民地，本來與羅馬同盟，但是，老國王（Archimedes 的好友）死不久，而（孫子）新王「西瓜倚大爿」改向 Carthage 靠攏，引來了 Roma 的艦隊之圍困，故事裡，Archimedes 只好百般設法對抗羅馬，用他發明的戰具。

三年之圍終於破城，而艦隊司令 Marcellus 下令要保護那個可敬的老人，一個羅馬軍士侵入了Archimedes的「書園」，這個老人正在思考幾何，在「沙盤」上計算，叱聲：「不要擋住我沙盤上的陽光！」於是引來軍士一刀！

Marcellus 為 Archimedes 舉行隆重的葬禮，並且樹立 Archimedes 所想要有的「圓柱投影墓碑」。

【Euclid】

我們並不清楚他的生卒年，有人認為大約生於 340 年 BC，因為他大概在 Ptolemy 一世的時代，活躍於 Alexandria，也許是 Ptolemy 一世的偉大學院的掌門大師。

他最大的貢獻就是：把Thales（624-546 年BC）以來的幾何學系統化。（簡直無懈可擊！）有兩千年之久。

Euclid＝幾何學（＝數學？）

他有很清楚的歸謬法：證明了「質數無限」，以及「$\sqrt{2}$是無理數」。（不過都是用幾何的方式來論證！）

有兩個故事顯現出他的格調，其一是：有一次 Ptolemy 一世去巡視學院，並且就聽起Euclid的幾何課，「論證太曲折難懂，請先生講得簡單些！」Ptolemy 一世這樣說，而Euclid的回答是：「幾何學中並無皇家御道」！另一是：有一個學生舉手問：「請問先生這個定理有何用途？」Euclid 就說：「你請跟著工友去拿兩塊錢，就此不要再來了！」

【Diophantus】

我們並不清楚他的生卒年，（有人認為大約生於 210 年，有人則認為應該更早，例如 50 年 AD）但是，從他的墓碑故事，可以知道他高齡 84！當然他也是活躍於 Alexandria。

希臘數學等於有「幾何」無「代數」，直到 Diophantus 才改觀：他開始使用代數的記號！有人認為他是「代數之父」。

【Diophantus 方程式】

他的墓誌銘說：他的童年佔了壽命的 $\frac{1}{6}$，他的青少年佔了壽命的 $\frac{1}{12}$，而在其後又過了壽命的 $\frac{1}{7}$ 才結婚，婚後 5 年生了兒子，可是這兒子的壽命只有他老父的一半，兒子死後又過了 4 年壽終正寢！

設其壽命為 x，則得方程式：

$$\frac{x}{6}+\frac{x}{12}+\frac{x}{7}+5+\frac{x}{2}+4=x \Rightarrow x=84$$

以上這個方程式幾乎無聊！因為，題目的意思是要求「正整數解」，那麼，因為：6, 12, 7, 2 的最小公倍數是 84，而 Diophantus 應該不是活到 $168=84*2$ 歲，只能是 84 歲！現在的習慣是：「求正整數解的方程式」，就叫做 Diophantus 方程式。

【Fibonacci＝Pisa 城的 Leonardo】

（1170-1230 年？）出身於（國際貿易）大商賈，學得當時先進的阿拉伯人的一切文化，他的算盤術（1202 年）把（印度）阿拉伯記數法，普傳到歐洲！

CHAPTER 12

[Fermat-Euler 點滴]

12.1 Fermat 小定理

【Fermat 小定理】

若 p 為質數，$a \not\equiv 0 \pmod p$，則有

$$a^{p-1} \equiv 1 \pmod p$$

【證明】

例如，設 $p=7$，$a=5$，我們想證明：

$$(\clubsuit 1): 5^6 \equiv 1 \pmod 7$$

我們先寫這一列 $p-1=6$ 個數：

$$(\clubsuit 2): 1, 2, 3, 4, 5, 6$$

然後，逐個用 5 去乘，得到這一例：

$$(\clubsuit 3): 5*1, 5*2, 5*3, 5*4, 5*5, 5*6$$

如果我們把後面那列都對於 7 求「整餘」，就得到：

$$(\clubsuit 4): 5, 3, 1, 6, 4, 2$$

兩列完全一樣，只是順序改變！這個道理很簡單：在($\clubsuit$3)中，不可能有兩個數對於 7 同餘！因為：

$$5*i \equiv 5*j \pmod 7 \text{就表示 } i \equiv j \pmod 7$$

所以，在($\clubsuit$2)中有 6 個數，在($\clubsuit$4)中也就有 6 個數（不會變少）！但是，

【同餘數相乘原理】

若 $a_1=b_1 \pmod 7$，$a_2=b_2 \pmod 7$，則 $a_1*a_2=b_1*b_2 \pmod 7$。

因此，用到同餘的兩列(♣3), (♣4)，可知：

$$(5*1)*(5*2)*\cdots*(5*6)=(1*2*\cdots*6) \pmod 7$$

也就是：

$$(♣5): 5^6*(1*2*\cdots*6)=(1*2*\cdots*6) \pmod 7$$

但是，「同餘數相乘原理」也可以反用，變成「同餘數相除原理」。

【同餘數相除原理】

只要 $c \neq 0 \pmod 7$

若 $a_1*c=b_1*c \pmod 7$，則 $a_1=b_1 \pmod 7$。

這裡 $c=1*2*3*\cdots*6 \neq 0$，所以由(♣5)，就得到：(♣1)。

【Euler 的另證】

（如果你會二項式定理！）現在

$$(b+1)^7=1+7*b+21*b^2+35*b^3+35*b^4+21*b^5+7*b^6+b^7$$

頭尾之外的二項係數，都是 $p=7$ 的倍數，因此：

$$(b+1)^7-b^7=1 \pmod 7$$

在此式中，依次令 $b=0, 1, 2, \cdots, 4=5-1=a-1$，再總和，可知：

$$5^7=5 \pmod 7$$

現在把「同餘數相除原理」（$c=5$），就可以約去 $a=5$，而有待證式！

【Fermat 小定理的應用】

對於一些高次的同餘方程式，Fermat 小定理常可用來降低次數！

例題 於 $\mathbb{Z}_5$ 中，解

$$3x^7+2x^6-x^5+3x^4+2x^3-x^2+3x+4=0 \pmod 5$$

 依 Fermat，

$$3x^7+2x^6-x^5+3x^4+2x^3-x^2+3x+4$$
$$=3x^3+2x^2-x+3+2x^3-x^2+3x+4$$
$$=x^2+2x+2=(x+1)^2+1=0(\text{mod } 5)$$

故得

$$(x+1)=\pm 2；x=1，或 2(\text{mod } 5)$$

12.2 成對原理

本節是對於質數 p，考慮 $x*y=\pm 1(\text{mod } p)$的一對(x,y)。

首先，若 $x*y=1(\text{mod } p)$，則它們是法餘的互逆。

【Wilson 定理】

對於質數 p，$(p-1)!+1$ 恆可為 p 整除！

【證明】

對於質數 $p=2$，這無聊！

質數 p 若大於 2，則為奇數；此時 $p-1=\phi(p)$ 為偶數，而$\mathbb{Z}_p$ 中的可逆元$[a]_p$ 都有逆元素$[a]_p^{-1}=[b]_p$ 與之「成對」。（我們可以選 $1\le a, b\le p-1$）

「自立無對」的元素只有$[1]_p=1$ 與$[-1]_p=[p-1]_p=-1$ 而已！

因此，全部的乘積是

$$(p-1)!\equiv (-1)*1*(1)^{\frac{p-1}{2}}=-1(\text{mod } p)$$

【法餘的負逆】

其次，考慮 $x*y=-1(\text{mod } p)$的一對；它們互相是法餘的負逆；尤其是 $x=y$, $x^2=-1(\text{mod } p)$時，x 將是法餘的虛數單位！因為法餘地說，它是-1 的平方根。

例題 1 在$\mathbb{Z}_2, \mathbb{Z}_3, \mathbb{Z}_4$ 中，-1 不可以開平方！

例題 2 在$\mathbb{Z}_5$ 中，-1 可以開平方！

$$[2]_5^2=[4]_5=[-1]_5$$

繼續考慮$\mathbb{Z}_p$的標準的完全的可逆元代表系

$$\{1, 2, \cdots, p-1\}$$

我們把原來的一對(a, a^{-1})改為$(a, -a^{-1})=(a, b)$使其乘積為

$$a*b=-1(\mathrm{mod}\ p)$$

試問有無「自己成對的」(a, a)，（即$a^2+1=0(\mathrm{mod}\ p)$）

若$\xi\in\mathbb{Z}_p$是方程式

$$x^2+1=0(\mathrm{mod}\ p)$$

的一個根，則$-\xi$也是此方程式的一個根！$(-\xi\neq\xi)$

但是，在$\mathbb{Z}_p$中，這個方程式最多只有兩個根，因為它是2次的！（這裡用到 Lagrange 的未定係數法原理！見後面。）

於是全部的乘積是

$$(p-1)!\equiv(-1)^{\frac{p-1-2}{2}}*\xi*(-\xi)\equiv-1(\mathrm{mod}\ p)$$

則

$$\frac{p-3}{2}\text{為奇！}$$

【定理】

對奇質數p，

若p為$p=4n+1$型，則方程式$x^2+1=0(\mathrm{mod}\ p)$可解！

若p為$p=4n+3$型，則方程式$x^2+1=0(\mathrm{mod}\ p)$不可解！

註 對$p=4*n+1$型質數，

$$p-1\equiv-1, p-2\equiv-2, \cdots, \frac{p+1}{2}=2n+1\equiv-\frac{p-1}{2}=-2n$$

則：

$$(p-1)!\equiv(-1)^{2n}*\left(\left(\frac{p-1}{2}\right)!\right)^2(\mathrm{mod}\ p)$$

於是

$$\xi=\left(\frac{p-1}{2}\right)!$$

即是$x^2\equiv-1(\mathrm{mod}\ p)$的一根！

例題 3

$p=29, \xi=14! \equiv 12 (\bmod 29)$，有 $12^2+1=145=5*29 \equiv 0 (\bmod 29)$。

註 Maple的句式：法餘「虛數」（imaginary）「單位」（unit）是imageunit。
例如：imageunit(29);（答：12）。

12.3 Euler-Fermat 的小定理

我們可以推廣上述 Fermat 的小定理到合成數嗎？

例如 $m=12$，那麼 $a=9$ 一定不行！因為 a 與 m 有公因數 3，$a^k (k>0)$與 m 永遠有公因數 3；所以只須要考慮 $a=1, 5, 7, 11$，這些就是與 $m=12$ 互質的數，以 mod 12 的立場，這就是全部！

換句話說：$[1]_{12}, [5]_{12}, [7]_{12}, [11]_{12}$，這些是在 $\mathbb{Z}_{12}$ 中的全部可逆元！一共有 $\phi(12)=4$ 個。

【定義 1（Euler）：互質類數】

Euler就以 $\phi(m)$ 表示：自 1 到 m 中，所有與 m 互質的數之個數；因此$\mathbb{Z}_m$ 中的可逆元全體$\mathbb{Z}_m^{\times}$，其個數為 $\phi(m)$。

例題 1 $\phi(6)=2$，$\mathbb{Z}_6^{\times}=\{[1]_6, [5]_6\}$。

例題 2 $\phi(10)=4$，$\mathbb{Z}_{10}^{\times}=\{[1]_{10}, [3]_{10}, [7]_{10}, [9]_{10}\}$。

例題 3 若 p 為質數，則可逆元的個數就是 $\phi(p)=p-1$。

【Fermat-Euler 定理】

若 $a \perp m$，則有

$$a^{\phi(m)} \equiv 1 (\bmod m)$$

【定義 2】

$\phi(m)$ 個元素的集合 $\{a_1, a_2, \cdots, a_{\phi(m)}\} \subset \mathbb{Z}$ 稱為 $\mathbb{Z}_m$ 的一個完全的可逆元代表系，若是所有的 a_j 都與 m 互質，而且互相都不對 m 同餘！

例題 4

$\mathbb{Z}_{30}$ 的標準的完全的可逆元代表系是 $\{1, 7, 11, 13, 17, 19, 23, 29\}$。

【定理的證明】

其實與前面的證明是一樣的！例如 $m=30$, $a=7$; $\phi(m)=8$；則取 $\mathbb{Z}_{30}$ 的標準的完全的可逆元代表系是如上例題 4 的 8 個：

$$(\clubsuit 2): 1, 7, 11, 13, 17, 19, 23, 29$$

然後，逐個用 $a=7$ 去乘，得到這一列：

$$(\clubsuit 3): 7*1, 7*7, 7*11, 7*13, 7*17, 7*19, 7*23, 7*29$$

如果我們把後面那列都對於 30 求「整餘」，就得到：

$$(\clubsuit 4): 7, 19, 17, 1, 13, 11, 23$$

$(\clubsuit 2)$, $(\clubsuit 4)$兩列完全一樣，只是順序改變！由同餘數相乘原理，

$$(\clubsuit 3)\text{相乘積} = (\clubsuit 2)\text{相乘積} \pmod{30}$$

即：

$$(\clubsuit 2)\text{相乘積} * 7^8 = (\clubsuit 2)\text{相乘積} \pmod{30}$$

由同餘數相除原理，

$$7^8 = 1 \pmod{30}$$

12.4 Euler 互質類數函數

【規約】

$\phi(1) := 1$。

【質冪時的公式】

若 p 為質數，則

$$\phi(p)=p-1$$
$$\phi(p^a)=p^a-p^{a-1}$$

【證】

$a>1$ 時，從 1 到 p^a 中，p 的倍數一共有 $\frac{p^a}{p}=p^{a-1}$ 個！

【乘性原理】

若 $a \perp b$，則

$$\phi(a*b)=\phi(a)*\phi(b)$$

【證】

在 $0 \le x < m$ 的條件下，有哪些 x 與 m 互質？其總個數就是 $\phi(m)$。現在令 $m=a*b$ 來計算。

例如說：$a=6$, $b=5$, $m=30$；現在我們畫一個格子矩形，長為 $a=6$ 格，高為 $b=5$ 格；長軸上邊註明 $x=0, 1, 2, 3, 4, 5$，高軸左邊註明 $y=0, 1, 2, 3, 4$；如下的左圖：

	$x=0$	1	2	3	4	5
$y=0$						
1						
2						
3						
4						

變成

	$x=0$	1	2	3	4	5
$y=0$	0	25	20	15	10	5
1	6	1	26	21	16	11
2	12	7	2	27	22	17
3	18	13	8	3	28	23
4	24	19	14	9	4	29

所以一共有 $6*5=30$ 個空格；我們將把 $0 \le z < 30=m$ 的這些數目 z 填進這些空格，於是得到右圖。辦法很簡單：我們計算「整餘」：

$$x=z \pmod 6,\ y=z \pmod 5$$

於是在對應的 (x, y) 那一格，填入 z。

因為 $5 \perp 6$，所以孫子定理說：不會重複！

我們在這些數z之中，把與$m=a*b=30$有公因數$\text{hcf}(z,m)>1$的畫掉！剩下的那些數（格子）就是與m互質的啦！

但是：$m=a*b=6*5$，$5 \perp 6$，所以$\text{hcf}(z,m)>1$的意思，就是：

$$\text{或者 hcf}(x,6)>1\text{，或者 hcf}(y,5)>1$$

也就是說：我們要畫掉$x=0, 2, 3, 4$這幾行，以及$y=0$這「幾」列；只剩下$x=1, 5$，共兩行$(\phi(6)=2)$，以及$y=1, 2, 3, 4$，共四列$(\phi(5)=4)$，因此剩下的格數是$\phi(6*5)=\phi(6)*\phi(5)$。

【一般公式】

若n的質因數分解為

$$n=p_1^{e_1}*p_2^{e_2}*\cdots p_k^{e_k} \qquad (12.1)$$

則：

$$\phi(n)=n*\left(1-\frac{1}{p_1}\right)*\left(1-\frac{1}{p_2}\right)*\cdots\left(1-\frac{1}{p_k}\right)$$

註（Kummer 由此證明）質數無限：否則，取全部質數

$$p_1=2, p_2=3, p_3=5, \cdots, p_w=K$$

之積

$$N=p_1*p_2*p_3*\cdots*p_w$$

則N以下，與N互質的自然數之個數

$$\phi(N)=1$$

但依公式

$$\phi(N)=N*\left(1-\frac{1}{p_1}\right)*\left(1-\frac{1}{p_2}\right)*\cdots\left(1-\frac{1}{p_w}\right)$$
$$=(2-1)*(3-1)*(5-1)*\cdots(p_w-1)>1$$

矛盾矣！

例題 1 $\phi(210)=\phi(7)*\phi(5)*\phi(3)*\phi(2)=6*4*2*1=48$

例題 2 $\phi(60)=\phi(2^2*3*5)=60*\left(1-\frac{1}{2}\right)*\left(1-\frac{1}{3}\right)*\left(1-\frac{1}{5}\right)=16$

12.5 幾個算術函數的乘性

【因數數函數】

對於 $n \in \mathbb{N}$，我們用 $\tau(n)$ 表示它所有正因數的個數；這 τ 叫做因數數函數。

【乘性原理】

若 $a \perp b$，則

$$\tau(a*b) = \tau(a)*\tau(b)$$

【證明】

例如說：$a=63,\ b=40,\ m=63*40=2520$；此時 $\tau(a)=6;\ \tau(b)=8$；因為 $a=63$ 的因數有：$x=1, 3, 7, 9, 21, 63$；而 $b=40$ 的因數有：$y=1, 2, 4, 5, 8, 10, 20, 40$。

現在我們畫一個格子矩形，長為 $a=6$ 格，高為 $b=8$ 格。長軸上邊註明 $x=1, 3, 7, 9, 21, 63$，高軸左邊註明 $y=1, 2, 4, 5, 8, 10, 20, 40$。一共有：$\tau(a)*\tau(b)=6*8=48$ 格。

我們只要將 $z=x*y$ 填進對應的空格，於是得到下圖：

	$x=1$	3	7	9	21	63
$y=1$	1	3	7	9	21	63
2	2	6	14	18	42	126
4	4	12	28	36	84	252
5	5	15	35	45	105	315
8	8	24	56	72	168	504
10	10	30	70	90	210	630
20	20	60	140	180	420	1260
40	20	120	280	360	840	2520

如此 $a*b$ 的所有正因數，都在此矩形中出現，而且不會重覆！

因此 $\tau(a*b)=\tau(a)*\tau(b)$。

【定理】

對於 $n \notin \mathbb{N}$（如（12.1）式之質因數分解者），它的因數數就是：

$$\tau(n) = (e_1+1)*(e_2+1)*\cdots*(e_k+1)$$

【證明】

對於質冪 p^e，其因數數就是：$\tau(p^e) = e+1$；因為它的因數就是：

$$p^0 = 1, p^1 = p, p^2, \cdots, p^e$$

例題 1 $\tau(100) = 9; \tau(6) = 4$。

【因數和函數】

對於自然數 $n \in \mathbb{N}$，它的所有正因數的和就記作：$\sigma(n)$。

【乘性原理】

若 $a \perp\!\!\!\perp b$，則

$$\sigma(a*b) = \sigma(a)*\sigma(b)$$

【證明】

例如說：$a=63, b=40, m=63*40=2520$；在剛剛的定理之證明中，我們已經在各格子內填上因數 $x*y$；因此，$\sigma(a*b)$ 就是所有這些格子內的數 $z=x*y$ 的和；這裡，x 是 $a=63$ 的因數，y 是 $b=40$ 的因數；一共有 $v(a*b)=v(a)*v(b)$ 項相加！

我們把相同 x 的項（一共有 $v(b)=8$ 項！）先括起來，那麼就得到：

$$x*(1+2+4+5+\cdots+40) = x*\sigma(40) = x*\sigma(b)$$

都有相同的因數 $\sigma(b)$，括出之後，然後再把 x 加起來，就得到

$$\sigma(a*b) = \sigma(b)*(1+3+7+\cdots+63) = \sigma(b)*\sigma(a)$$

對於質冪 p^e，因為它的因數就是：

$$p^0 = 1, p^1 = p, p^2, \cdots, p^e$$

所以：

$$\sigma(p^e) = \frac{p^{e+1}-1}{p-1}$$

【定理】

對於$n \in \mathbb{N}$（有（12.1）式之質因數分解者），它的因數和就是：

$$\sigma(n) = \sigma(p_1^{e_1}) * \sigma(p_2^{e_2}) * \cdots * \sigma(p_k^{e_k})$$

例題2 $\sigma(100) = 217$，$\sigma(18) = 39$。

【真因數和函數】

n的『真因數』只有$\nu(n)-1$個，因為n本身不算！所以我們記

$$\sigma_*(n) := \sigma(n) - n$$

【Möbius 奇偶排斥性函數】

對於$n \in \mathbb{N}$（有（12.1）式之質因數分解者），Möbius定義了n的一種「奇偶排斥性」μ，如下：

(1)如果有某個指數$e_j > 1$，即：n含有某平方數因數p_j^2，則（由於「p_j自己抵消！」，）$\mu = 0$。

(2)如果所有指數$e_j = 1$，即：n不含有任何平方數做因數，則記n的「質因數個數」為k，而n的「奇偶排斥性」（函數值）就是：

$$\mu(n) := (-1)^k$$

換句話說：k為奇，即$\mu = -1$；k為偶，則$\mu = 1$。

顯然，μ也有乘性：

若$a \perp\!\!\!\perp b$，則$\mu(a*b) = \mu(a)*\mu(b)$

例題3 $\mu(20) = 0$；$\mu(21) = 1$；$\mu(42) = -1$。

註 Maple 的句式：

Euler 互質類數函數ϕ，用 phi

因數和函數 σ，用 sigma

因數數函數 τ，用 tau

Möbius 奇偶排斥性函數 μ 用 mobius

【乘性函數】

以上這四個函數 g，都具有乘性：

$$若\ a \perp\!\!\!\perp b，則\ g(a*b)=g(a)*g(b)$$

一個乘性函數 g 對於一個自然數 $n \in \mathbb{N}$（有（12.1）式之質因數分解者），函數值就是：

$$g(n)=g(p_1^{e_1})*g(p_2^{e_2})*\cdots*g(p_k^{e_k})$$

【恆壹函數 $\hat{1}$】

這是相當無聊的乘性函數：永遠取函數值 $\hat{1}(x) \coloneqq 1$。

【恆等函數 ι】

這是取函數值 $\iota(x) \coloneqq x$。當然也具有乘性！

12.6 Euclid-Euler 序列

【Euclid-Euler 序列】

對於 $a \in \mathbb{N}$，我們可以計算序列：

$$\Omega(a): a_0 \coloneqq a,\ a_1 \coloneqq \sigma_*(a_0),\ a_2 \coloneqq \sigma_*(a_1),\ \cdots,\ a_{n+1} \coloneqq \sigma_*(a_n),\cdots$$

例題 1 夭壽：$a=12$，則其 Euclid-Euler 序列為：

$$12, 16, 15, 9, 4, 3, 1$$

【完美數】

如果 $\sigma_*(a)=a$，則稱為完美數（perfect number）。例如：

$$6=1+2+3;\ 28=1+2+4+7+14$$

$$496=1+2+4+8+16+31+62+124+248;\ 8128$$

例題2 $a=25$，則其 Euclid-Euler 序列為

$$25, 6, 6, 6, 6, \cdots$$

【哥倆好數】

即 amicable number，例如這樣子 Euclid-Euler 序列：

$$220, 284, 220, 284,\cdots$$

這樣子是週期 2；（因此兩數是「哥倆好」。）

1866 年，（16 歲的）Paganini 找到一個：1184, 1210。

【小圈圈的數】

若 Euclid-Euler 序列是一般的週期，則這些數為小圈圈的數（sociable numbers），例如：

$$12496, 14288, 15472, 14536, 14264, 12496,\cdots$$

1991 年，找到一個週期 9 的小圈圈：

$$805984760, 1268997640, 1803863720$$

$$2308845400, 3059220620, 3367978564$$

$$2525983930, 2301481286, 1611969514$$

【一大堆問題】

- 有奇完美數否？
- 完美數無窮乎？
- 哥倆好數無窮乎？
- 小圈圈的數，週期有否限制？
- 有長壽的「非小圈圈的數」嗎？

【Euclid 完美數定理】

如果 2^p-1 是 Mersenne 質數，則 $2^{p-1}(2^p-1)$是完美數！

【Euler 完美數定理】

如果n是偶完美數，則必為Euclid完美數，換句話說，必有$p\in\mathbb{N}$，使2^p-1是質數，而$n=2^{p-1}(2^p-1)$。

【證明】

先把偶數n的質冪因數2^a括出：

$$n=2^a*b, b=1(\text{mod } 2), a\geq 1$$

於是：

$$\sigma(n)=\sigma(2^a)*\sigma(b)=(2^{a+1}-1)*\sigma(b)=2*n=2^{a+1}*b$$

但是　$(2^{a+1}-1)\perp\!\!\!\perp 2^{a+1}$，所以：

$$\sigma(b)=2^{a+1}*c\ (c\in\mathbb{N}), b=(2^{a+1}-1)*c$$

$$\text{故 } b+c=2^{a+1}*c=\sigma(b)$$

現在必須$c=1$。否則：b最少有不同的三個因數$1, c, b$，使得因數和

$$\sigma(b)\geq 1+b+c=1+\sigma(b)$$

如此證明了：

$$b=2^{a+1}-1; \sigma(b)=2^{a+1}=b+1\text{，故 } b\in\mathcal{P}$$

那麼$(a+1)=p\in\mathcal{P}$，於是證明完畢！

12.7 乘性函數的累和

【乘性的算術函數的累和】

假設g是一個乘性的算術函數，那麼，我們可以由此出發得到它的累和，我們記作$g\Sigma$；它對於$n\in\mathbb{N}$的函數值，就是：

先寫出所有的n的因數x，

把對應的函數值$g(x)$算出來；

再把這些函數值全部加起來！

【定理】

這個乘性的算術函數的累和 $g\Sigma$ 也具有乘性！

$$g\Sigma\ (a*b)=g\Sigma\ (a)*g\Sigma\ (b)$$

【證明】

例如說：$a=63$, $b=40$, $m=63*40=2520$（前此已經討論過！）；而且畫出一個格子矩形，長為 $a=6$ 格，高為 $b=8$ 格。

長軸上邊註明 $x=1, 3, 7, 9, 21, 63$，高軸左邊註明 $y=1, 2, 4, 5, 8, 10, 20, 40$。

（一共有：$\tau(a)*\tau(b)=6*8=48$ 格。）

前此，我們是在各格子內填上 m 的因數 $z=x*y$，其中，x 是 $a=63$ 的因數，y 是 $b=40$ 的因數。

現在我們改為：填上函數值 $g(z)=g(x*y)=g(x)*g(y)$，然後全部加起來，就得到 $g\Sigma(m)$。

但是，在做加法時，我們可以先一行一行加（相同的 x，不同的 y），那麼可以先括出因數 $g(x)$，得到該行的（$\phi(40)=$）8 項之和：

$$g(x)*\ (g(1)+g(2)+g(4)+g(5)+g(8)+g(10)+g(20)+g(40))$$

照定義，大括弧內就是 $g\Sigma(40)$；於是：

$$g(m)=\ (g(1)+g(3)+g(7)+g(9)+g(21)+g(63))*g\Sigma(40)$$

照定義，大括弧內就是 $g\Sigma(63)$，因此證明了：

$$g\Sigma(63*40)=g\Sigma(63)*g\Sigma(40)$$

例題

恆壹函數的累和就是：因數數函數 $\tau=\hat{1}^{\Sigma}$

恆等函數的累和就是：因數和函數 $\sigma=\iota^{\Sigma}$

【Gauss 定理】

Euler 互質類數函數的累和，就是恆等函數！

對 $n\in\mathbb{N}$，對於 n 的一切因數 $d\prec n$，把 $\phi(d)$ 加起來，就是 n，換句話說：

$$\phi^{\Sigma}(n)=n$$

【證明】

我們已經知道：互質類數函數的累和 ϕ^{Σ} 具有乘性！

但是，對於質數冪 $z=p^k$，它的因數恰是：$d^j,(j=0,1,2,\cdots,k)$

因而 $\phi(p^j)=p^j-p^{j-1},(j>0),\ \phi(p^0)=1$。

於是：對於質數冪 $z=p^k,\phi\Sigma(z)=$

$$\phi(p^0)+\phi(p)+\phi(p^2)+\cdots+\phi(p^k)$$

$$=1+(p-1)+(p^2-p)+\cdots+(p^k-p^{k-1})=p^k=z=\imath(z)$$

由 ϕ^{Σ} 與 $\imath$ 的乘性，既然對於質數冪 $z=p^k$ 兩者相等，那麼，兩者恆等！

【驗證】

$n=56$, Divisor $(56)=\{1,2,4,7,8,14,28,56\}$；於是：

$$\phi(1)=1,\phi(2)=1,\phi(4)=2,\phi(7)=6,\phi(8)=4$$

$$\phi(14)=6,\phi(28)=12,\phi(56)=24$$

12.8 插值原理

我們寫 $f(x)\in\mathbb{Z}_p[x]$ 的意思是：

多項式 $f(x)=c_0+c_1x+\cdots+c_nx^n$ 的係數，都有 $c_j\in\mathbb{Z}_p$。

因為在 $\mathbb{Z}_p$ 中，除了 $0=[0]_p$ 之外，所有的元都可逆！因此：

【定理】

多項式 $f(x),g(x)\in\mathbb{Z}_p[x]$ 的「帶餘除法」行得通！

【證】

今若 $\deg(f)<\deg(g)$，則（無事可做）：

商 $q(x)=0$，餘式 $r(x)=f(x)$，而有

$$f(x)=q(x)*g(x)+r(x)$$

若 $\deg(f) \geq \deg(g)$，例如：$p=7$

$$f(x)=[5]_7*x^4-[3]_7*x^2+[2]_7*x+[4]_7;\ g(x)=[2]_7*x^2-[4]_7*x-[3]_7$$

則我們在做「長除法」！要記住：$[2]_7*[4]_7=[1]_7$

也就是說：用$[2]_7$去除，等於用$[4]_7$去乘！

商的第一項是：

$$([5]\div[2]_7)*x^{4-2}=[5]_7*[4]_7*x^2=[20]_7*x^2=[-1]_7*x^2$$

（用$[-1]_7$比用$[6]_7$好！）所以長除式（分離係數法！）就成了：

					−1		
2	−4	−3	5	+0	−3	+2	+4
			−2	+4	+3		
				3	+1	+2	+4

（我們把框框略去！切記：此處是 mod 7，故 $4*5=20=6=-1$）

那麼商的下一項就是$[4]_7*[3]_7*x=[5]_7*x$，長除法接著寫，就是：

					−1	+5	+0
2	−4	−3	5	+0	−3	+2	+4
			−2	+4	+3		
				3	+1	+2	+4
				10	−20	−15	
						3	+4

（餘下 1 次式，商的下一項是　$0*x^0$）

因此，商是$q(x)=[6]_7*x^2+5*x$，餘式是$r(x)=[3]_7*x+4$；而：

$$f(x)=q(x)*g(x)+r(x);\ \deg(r(x))<\deg(g(x))$$

【餘式定理】

多項式$f(x)\in\mathbb{Z}_p[x]$被一次式$x-\alpha$除，所得的餘式是：

將$\alpha\in\mathbb{Z}_p$代入f的函數值$f(\alpha)$。

【因式定理】

「多項式$f(x)\in\mathbb{Z}_p[x]$有一次式$x-\alpha$做為因式」的條件就是：

$\alpha \in \mathbb{Z}_p$ 為方程式$f(x)=0$的根！

【推論】

於$\mathbb{Z}_p$中，n次方程式最多有n個不同的根！

【證明】

若$f(x)=0$ 有n個不同的根$\alpha_1, \alpha_2, \cdots, \alpha_n$，則$f(x)=(x-\alpha_1)*(x-\alpha_2)*\cdots*(x-\alpha_n)*g(x)$，因此 $\deg(f(x)) \geq n$。

【插值原理】

一個式子$f(x)=g(x)$的左右次數均$\leq n$，而有超過n個不同的「根」$\alpha_0, \alpha_1, \alpha_2, \cdots, \alpha_n$，代入之後都成立：

$$f(\alpha_j)=g(\alpha_j), (j=0, 1, 2, \cdots, n)$$

那麼這個式子$f(x)=g(x)$（不是「方程式」！而）是個「恆等式」！

例題1 Wilson 定理的另證：由 Fermat 定理，對

$$x=1, 2, \cdots, p-1$$

均有：

$$x^{p-1}-1=0 \text{ 於 } \mathbb{Z}_p$$

同樣也有：

$$(x-1)(x-2)\cdots(x-(p-1))=0 \text{ 於 } \mathbb{Z}_p$$

故（外表上為$(p-2)$次的！）

$$x^{p-1}-1-(x-1)(x-2)\cdots(x-(p-1))=0 \text{ 於 } \mathbb{Z}_p$$

對$x=1, 2, \cdots, p-1$（共$p-1$個）都成立！因此這是恆等式！

於是在$x=0$時也成立！即（Wilson 定理）

$$(p-1)!+1 \equiv 0 (\text{mod } p)$$

【應用於高次的同餘方程式】

前面說過：對於一些高次的同餘方程，Euler-Fermat 小定理常可用來降低

次數！

於$\mathbb{Z}_p$中，可以把次數降到$<p-1$；但是這還不夠！

例題2 高次同餘方程式：於$\mathbb{Z}_7$中，解

$$f(x)=x^5-x^4+4x^3+5x^2-2x-1=0$$

依$f(0)\neq 0$，故根都在

$$\mathbb{Z}_7^{\times}=\{1, 2, \cdots, 6\}(\text{mod } 7)$$

之中！亦即$f(x)$與

$$F(x)=x^6-1$$

有公因子！

今用輾轉相除法！

$$F(x)-(x+1)f(x)=-3x^4-9x^3-3x^2+3x=-3x\,(x^3+3x^2+x-1)$$

但$-3x$與hcf互質！故試　$g(x)=(x^3+3x^2+x-1)$：

$$f(x)-(x^2-4x+1)*g(x)=7x^3+7x^2-7x\equiv 0(\text{mod } 7)$$

有公因子

$$\begin{aligned}g(x)&=(x^3+3x^2+x-1)=(x+1)(x^2+2x-1)\\&=(x+1)\,((x+1)^2-2)\equiv(x+1)\,((x+1)^2-9)\\&=(x+1)\,((x+1)+3)((x+1)-3)\\&=(x-6)(x-3)(x-2)(\text{mod } 7)\end{aligned}$$

答：根為$[6]_7, [3]_7, [2]_7$

$f(x)=x^2+1$與$F(x)=x^{p-1}-1$（於$\mathbb{Z}_p$中）欲有公因子，需為$p=4*n+1$型！

【定理】

割圓方程式

$$f(x)=x^m-1=0$$

（於$\mathbb{Z}_p$中）有$d=\text{hcf}\,(m,p-1)$個不同的根！

【證】

$$\text{hcf}\,(f(x), F(x)) = D(x) = x^d - 1$$

註 Maple的句式：(m = modular = 法餘的；solve = 解；root = 根；sqrt = square-root = 開平方；unit = 單元 = 1)

msolve = 法餘的解方程式，例如：

msolve ($x^5 - x^4 + 4*x^3 + 5*x^2 - 2*x - 1, 7$)；（答：$\{x=2\}, \{x=3\}, \{x=6\}$）

mroot = 法餘的開 k 次方根，由(x, k, m)，求 $y, y^k = x \pmod{m}$

例如：mroot(5, 11, 13)；（答 8，因為 $8^{11} = 5 \pmod{13}$）

msqrt = 法餘的開平方，例如：msqrt(3, 11)；（答 5，因為 $5^2 = 3 \pmod{11}$）

rootsunity (k, m)是 1 之 k 次方根，例如：rootsunity(5, 11)；（答 1, 3, 4, 5, 9，因為 $3^5 = 1 \pmod{11}$，等等）

CHAPTER 13

整數論中的對數

13.1 指階數

今設 $a \perp m$，於是$[a]_m$為$\mathbb{Z}_m$中的可逆元！於是$[a^2]_m = [a]_m * [a]_m$，也是可逆元！$[a^3]_m, \cdots$, 也是可逆元！這些叫做$[a]_m$的「冪列」。

$$\mho([a]_m) := (a^n (\text{mod } m) : n \in \mathbb{Z}) \subseteq \mathbb{Z}_m^{\times}$$

例題1 $m = 13, a = 5$，則其冪列為

$$\mho([5]_{13}) = ([5]_{13}, [12]_{13}, [8]_{13}, [1]_{13}, [5]_{13}, \cdots)$$

出現了$[1]_{13}$之後，就一定是一再循環！

例題2 $m = 21, a = 4$，則其冪列為

$$\mho([4]_{21}) = ([4]_{21}, [16]_{21}, [1]_{21}, \cdots)$$

【定理與定義：指階數】

若 $a \perp m$，則有　$f \in \mathbb{N}$，使得

$$a^f = 1 (\text{mod } m)$$

事實上，可以找到最小的這種自然數f，稱為 a 對 m 的指階數；我們記之為　$f = \text{order}_m(a)$；它一定是$\phi(m)$ 的因數！

【證明】

我們已經知道：

$$[a^{\phi(m)}]_m=[1]_m$$

但是又知道：這冪列一定是早晚要重覆！即是

$$[a^i]_m=[a^j]_m；0\le i<j\le\phi(m)$$

因為可除，故得：

$$[a^{j-i}]_m=[1]_m$$

換句話說，我們可以設：$i=0<j=f\le\phi(m)$，而

$$[a^f]_m=[1]_m=[a^{\phi(m)}]$$

但是，若 $d=\text{hcf}\ (\phi(m),f)\le f$，則上面這兩個式子，就得到$[a^d]_m=1$，因此 $d=f$，$f\prec\phi(m)$。

註 Maple 的句式：**指階數**＝order。**例如** order(13, 100)；（答：20）

例題3 $\text{order}_{13}(5)=4$，$\text{order}_{21}(4)=3$，$\text{order}_m(1)=1$，$\text{order}_4(3)=2$，

於是有：

$$a^g=1(\text{mod } m)\text{等於 } \text{order}_m(a)\prec g$$

例題4 $m=21, a=4$，則 $\text{order}_{13}(4)=3$。

【定理】

若 m_1, m_2, a 兩兩互質，則

$$\text{order}_{m_1*m_2}(a)=\text{lcm}(\text{order}_{m_1}(a), \text{order}_{m_2}(a))$$

【證明】

因為：若 $\text{order}_{m_j}(a)=d_j, (j=1,2)$，則$(a^n=1(\text{mod } m_j)$等於 $d_j\prec n)$

而 $a^n=1(\text{mod }(m_1*m_2))$等於

$$a^n=1(\text{mod } m_j),\ \forall_j=1,2$$

亦即是

$$d_j \prec n, j=1,2\text{，換言之 } \mathrm{lcm}\,(d_1,d_2) \prec n$$

13.2 對於質數的原始根

本節取定一個質數 $p>2$。

【定理 1】

存在一個數 $a \perp p$，（稱為對 p 的原始根，）使得：

$$\mathrm{order}_p\,(a)=p-1$$

例題 1 $p=13, p-1=12, \mathrm{Divisor}(12)=\{1, 2, 3, 4, 6, 12\}$

我們可以慢慢試，找出所有的原始根：2, 6, 11, 7

實際上我們將列出一個「冪列表」（或矩陣）T，它的第 i 列第 j 行，是 t_{ij}；第 i 列的首領是 t_{i1}，於是這列的第 j 行，就是它的 j 次方！但是要對 m 取餘數：$t_{ij}=(t_{i1})^j(\mathrm{mod}\ 13)$

注意到：一出現 $t_{id}=1$，以下就是以週期 d 循環出現！

指數 $j=$	1	2	3	4	5	6	7	8	9	10	11	12
$(d=1)$	1	1	1	1	1	1	1	1	1	1	1	1
$(d=2)$	12	1	12	1	12	1	12	1	12	1	12	1
$(d=3)$	3	9	1	3	9	1	3	9	1	3	9	1
	9	3	1	9	3	1	9	3	1	9	3	1
$(d=4)$	5	12	8	1	5	12	8	1	5	12	8	1
	8	12	5	1	8	12	5	1	8	12	5	1
$(d=6)$	4	3	12	9	10	1	4	3	12	9	10	1
	10	9	12	3	4	1	10	9	12	3	4	1
$(d=12)$	2	4	8	3	6	12	11	9	5	10	7	1
	6	10	8	9	2	12	7	3	5	4	11	1
	11	4	5	3	7	12	2	9	8	10	6	1
	7	10	5	9	11	12	6	3	8	4	2	1

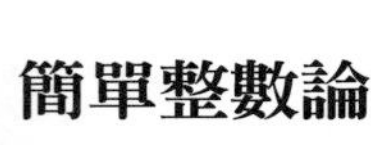

【觀察】

對於上面$p=13$這個例子，我們以指階數由小到大來思考！

$d=1$只有$[1]_p$一個！

$d=2$的$[x]_p$，其冪列週期是2，而且每一個都必須滿足$x^2=1(\text{mod } p)$，這二次方程式最多只有兩個相異根！因此恰恰就是$[1]_p, [-1]_p=[12]_p$；前者，因為指階數是1（是2的真因數！），因此必須是舊東西；而後者的指階數就必然真的是2，這才是新東西，因此有新的一列！

$d=3$的$[x]_p$，其冪列週期是3，而且每一個都必須滿足$x^3=1(\text{mod } p)$，這三次方程式最多只有三個相異根！其中之一必定是$[1]_p$（是3的真因數！），因此必須是舊東西；另外兩個，一定是新東西，此處是$[3]_p$, $[9]_p$；它們的冪列，其實只是循環的順序不同而已！

$d=4$的$[x]_p$，其冪列週期是4，而且每一個都必須滿足$x^4=1(\text{mod } p)$，這四次方程式最多只有四個相異根！四個相異根之中的兩個，一定是$x^2=1(\text{mod } p)$的兩個根！（2是4的真因數！）必定是$[1]_p$, $[12]_p$，這是舊東西；另外兩個，一定是新東西，此處是$[5]_p$, $[8]_p$；它們的冪列，就含有這四根，兩冪列其實一樣，只是循環的順序不同而已！

$d=6$的$[x]_p$，其冪列週期是6，而且每一個都必須滿足$x^6=1(\text{mod } p)$，這六次方程式最多只有六個相異根！六個相異根之中有兩個，是$x^2=1(\text{mod } p)$的兩個根（$[1]_p$, $[12]_p$）（2是6的真因數！）有三個是$x^3=1(\text{mod } p)$的三個相異根（$[3]_p$, $[9]_p$, $[1]_p$）（3是6的真因數！）$[1]_p$是重複，於是另外還有兩個，一定是新東西，此處是$[4]_p$, $[10]_p$；它們的冪列，就含有這六元，兩冪列其實一樣，只是循環的順序不同而已！

最後是$d=12$的$[x]_p$，其冪列週期是$12=p-1$，因此是全部的可逆元！（而每一個都必須滿足$x^{12}=1(\text{mod } p)$，這方程式（『最多』！廢話）！）只有十二個相異根！

十二個相異根之中，有兩個是$x^2=1(\text{mod } p)$的兩個根！（2是12的真因數！），即是$[1]_p$, $[12]_p$；有三個是$x^3=1(\text{mod } p)$的三個根！（3是12的真因數！）亦即$[3]_p$, $[9]_p$, $[1]_p$；有四個是$x^4=1(9\text{ mod } p)$的四個根！（4是12的真因數！）亦

即$[5]_p, [12]_p, [8]_p, [1]_p$；有六個是$x^6=1 \pmod p$的六個根！（6是12的真因數！）亦即$[4]_p, [3]_p, [12]_p, [9]_p, [10]_p, [1]_p$。

這裡有許多重複！

於是另外還有四個新東西，此處是$[2]_p, [6]_p, [11]_p, [7]_p$；它們的冪列，就含有這十二元，兩冪列其實一樣！只是循環的順序不同而已！

我們就這個$p=13$的情形，好好計算週期d的元素之個數：

週期$d=1$的元素之個數$=\phi(1)=1$

週期$d=2$的元素之個數$=\phi(2)=1$

週期$d=3$的元素之個數$=\phi(3)=2$

週期$d=4$的元素之個數$=\phi(4)=2$

週期$d=6$的元素之個數$=\phi(6)=2$

週期$d=12$的元素之個數$=\phi(12)=4$

【證明】

現在考慮一般的質數$p>2$。我們只要做出類似於如上的『矩陣』就好了：將$\phi(p)=p-1$的因數d，由小到大來考慮！

對於每個$d \prec (p-1)$，我們問：有無一個指階數$=d$的$x \perp\!\!\!\perp p$？

也許沒有！

如果有一個$b \perp\!\!\!\perp p$，$\text{order}_p(b)=d$，則我們可以寫出其冪列！

$$[b], [b^2],\cdots,[b^{d-1}], [b^d]=[1]；以下重覆！$$

因為是週期d，這d項都不同！而且都是方程式（於$\mathbb{Z}_p$中的）

$$x^d=1$$

的根！但是（於$\mathbb{Z}_p$中）這個d次方程式最多只有d個相異根！所以就恰恰是這個冪列中循環出現的東西！

可否有別的$c \perp\!\!\!\perp p$，$\text{order}_p(c)=d=\text{order}_p(b)$?

因為b, c，它們的冪列出現的東西完全一樣！（只是順序不同！）

因此　$c=b^j \pmod p$；所以其冪列是

$$[b^j], [b^{2*j}], [b^{3*j}],\cdots, [b^{d*j}]；以下重覆！$$

注意到：$[b^j]=[b^k]$的條件就是：$i=k \pmod d$，那麼，$\text{order}_p(c)=d=\text{order}_p(b)$

的條件，就是：這兩系

$$j, 2*j, 3*j, \cdots, d*j$$

$$與 \quad 1, 2, 3, \cdots, d$$

對於 d 而言，都是同餘的完全代表系；亦即 $j \perp\!\!\!\perp d$。

所以，對於任何 $d \prec (p-1)$：

要嘛就沒有任何元素 b 具有這個指階數 d，此時記 $\epsilon(d)=0$。

要嘛就是恰恰有 $\phi(d)$ 個，此時記 $\epsilon(d)=1$。

那麼，全部這些 $[1]_p, [2]_p, \cdots, [p-1]_p$，個數應該是：

$$\sum \phi(d) * \epsilon(d) = p-1$$

但依照 Euler 函數的總和公式：

$$p-1 = \sum \phi(d)$$

因此，

$$\sum \phi(d) * (1-\epsilon(d)) = 0$$

故：所有的 $\epsilon(d)=1$。

於是：一定存在對 p 的原始根，而且一定有 $\phi(p-1)$ 個！

註 Maple 的句式：原始（=primitive）根（=root）

故用：primroot(41)；（答：6）

若用：primroot(8, 41)；（答：11，這是 8 之後的原始根）

13.3 法餘對數

【定義】

若取定一個對 p 的原始根 g，然則：

對任何 $b \in \mathbb{Z}_p^{\times}$，就有 $n \in \mathbb{Z}_{p-1}$（叫標數，或法餘對數），使得

$$b = g^n \pmod p$$

我們記之為

$$n = \log_{g \bmod p}(b)$$

例題1 對 $p=13$，取原始根 $g=2$，於是：

b	1	2	3	4	5	6	7	8	9	10	11	12
$\log_{2 \bmod 13}(b)$	0	1	4	2	9	5	11	3	8	10	7	6

【定理】

對 $a, b \in \mathbb{Z}_p^{\times}$，有

$$\log_{g \bmod p}(a*b)=\log_{g \bmod p}(a)+\log_{g \bmod p}(b); (\text{mod } (p-1))$$

例題2 Diophantus 方程

$$72*x=43(\text{mod } 13)$$

即 $7*x=4(\text{mod } 13)$

$\log_{2 \bmod 13}(x)=\lg(4)-\lg(7)=-9(\text{mod } 12)=3(\text{mod } 12)=\log_{2 \bmod 13}(8)$

故 $x=8 \bmod 13$

註 這個法餘對數的函數值是

$$\mathbb{Z}_{p-1}:=\{[0]_{p-1}, [1]_{p-1}, \cdots, [p-2]_{p-1}\}$$

【問】

若 m 為合成數，如何定義對 m 的原始根 g？

註 當然希望

$$\min\{n \in \mathbb{N}: g^n \equiv 1(\text{mod } m)\}=\phi(m)$$

但 $m=21$ 就沒有原始根！事實上，

當且只當 m 呈 $p, p^k, 2*p^k, 4$ 之型時，才有原始根！

例題3

$$p=5; m=25, \phi(m)=20=\phi(50)$$

$$g=2, g^{10}=1024 \equiv -1(\text{mod } 25)$$

$$m=50=2*p^2, g=25-2=23; g^{10}=41426511213649=-1(\text{mod } 50)$$

註 Maple 的句式：法餘的（=modular），因此：

mlog(9, 4, 11)；答：$3 = \log_{4 \bmod 11} 9$

【標數表（擬對數表）】

p	r	2	3	5	7	11	13	17	19	23	29	31	37	41	43	47
3	2	1	–													
5	2	1	3	–												
7	3	2	1	5	–											
11	2	1	8	4	7	–										
13	2	1	4	9	11	7	–									
17	3	14	1	5	11	7	4	–								
19	2	1	13	16	6	12	5	10	–							
23	5	2	16	1	19	9	14	7	15	–						
29	2	1	5	22	12	25	18	21	9	20	–					
31	3	24	1	20	28	23	11	7	4	27	9	–				
37	2	1	26	23	32	30	11	7	35	15	21	9	–			
41	7	14	25	18	1	37	9	7	31	4	33	12	8	–		
43	3	27	1	25	35	30	32	38	19	16	41	34	7	6	–	
47	5	18	20	1	32	7	11	16	45	5	35	3	42	15	13	–
53	2	1	17	47	14	6	24	10	37	39	46	33	30	45	22	44
59	2	1	50	6	18	25	45	40	38	15	28	49	55	14	33	23
61	2	1	6	22	49	15	40	47	26	57	35	59	39	54	43	20
67	2	1	39	15	23	59	19	64	10	28	44	47	22	53	9	50
71	7	6	26	28	1	31	39	49	16	15	68	11	20	25	48	9
73	5	8	6	1	33	55	59	21	62	46	35	11	64	4	51	31
79	3	4	1	62	53	68	34	21	32	26	11	56	19	75	49	59
83	2	1	72	27	8	24	77	56	47	60	12	38	20	40	71	23
89	3	16	1	70	81	84	23	6	35	57	59	31	11	21	29	54
97	5	34	70	1	31	86	25	89	81	77	13	46	91	85	4	84

CHAPTER 14

平方餘數

14.1 Legendre 記號

固定了 $m\in\mathbb{N}$以及任取 $b\in\mathbb{Z}_m$，在 $\mathbb{Z}_m$ 中，同餘方程式

$$x^2\equiv b(\text{mod } m)$$

有沒有解？若有，我們就說 b 是一個（對 m 的）平方餘數，否則，我們就說 b 是個（對 m 的）非平方餘數。

對 $m=15$，平方餘數有　0, 1, 4, 6, 9, 10

非平方餘數有　2, 3, 5, 7, 8, 11, 12, 13, 14

下表給出 3 到 23 之間所有質數的平方餘數（+）與否（−）：

$p=$	3	5	7	11	13	17	19	23
1	+	+	+	+	+	+	+	+
2	−	−	+	−	−	+	−	+
3		−	−	+	+	−	−	+
4		+	+	+	+	+	+	+
5			−	+	−	−	+	−
6			−	−	−	−	+	+
7				−	−	−	+	−
8				−	−	+	−	+
9				+	+	+	+	+

$p=$	3	5	7	11	13	17	19	23
10				−	+	−	−	−
11					−	−	+	−
12					+	−	−	+
13						+	−	+
14						−	−	−
15						+	−	−
16						+	+	+
17							+	−
18							−	+
19								−
20								−
21								−
22								−

當然，若 $b \neq 0$ 是一個平方餘數，同餘方程式 $x^2 = b \pmod m$ 就有正負兩個解！因此 $\mathbb{Z}_m$ 中，最多有 $\frac{m}{2}+1$ 個平方餘數，最少有 $\frac{m}{2}-1$ 個非平方餘數。以下固定了質數 $p>2$ 來討論！於是有下面定理：

【定理】

在 $\mathbb{Z}_p^{\times}$ 中，平方餘數與非平方餘數，各有其半！

【證明】

對 $x=1, 2, 3, \ldots, \frac{p-1}{2}$ 計算 $x^2 \pmod p$；它們互異！

【記號】

Legendre 用記號

$$\left(\frac{a}{p}\right)=+1 \quad \text{表示 } a \text{ 為對 } p \text{ 的平方餘數}$$

$$\left(\frac{a}{p}\right)=-1 \quad \text{表示 } a \text{ 為對 } p \text{ 的非平方餘數}$$

但我們寧可用

$$\mathrm{lgdr}_p(a) = +1 \text{ 或 } -1$$

註 Maple 的句式：當然用 legendre (a, p)。

例題2 $\mathrm{lgdr}_{19}(7) = +1$，$\mathrm{lgdr}_{17}(3) = -1$

【Euler 判定法】

對質數 $p > 2$ 及 $a \perp p$

$$\mathrm{lgdr}_p(a) = a^{\frac{p-1}{2}} \mod p$$

【證明】

若 $c^2 \equiv a(\mathrm{mod}\ p)$，則

$$a^{\frac{p-1}{2}} = c^{p-1} = 1(\mathrm{mod}\ p)$$

故 a 滿足方程式

$$x^{\frac{p-1}{2}} = 1(\mathrm{mod}\ p)$$

共有 $\frac{p-1}{2}$ 個平方餘數滿足此方程式；而此為 $\frac{p-1}{2}$ 次方程式，故其他有 $\frac{p-1}{2}$ 個非平方餘數不滿足此方程式；而實際上它們滿足 $\left(\frac{p-1}{2}\text{次}\right)$ 方程式：

$$x^{\frac{p-1}{2}} = -1(\mathrm{mod}\ p)$$

此乃因為依 Fermat 而恆有：

$$x^{p-1} - 1 = \left(x^{\frac{p-1}{2}} - 1\right)\left(x^{\frac{p-1}{2}} + 1\right) = 0(\mathrm{mod}\ p)$$

例題3 $\mathrm{lgdr}_5(2) = -1$，$\mathrm{lgdr}_7(3) = -1$，$\mathrm{lgdr}_7(2) = 1$，$\mathrm{lgdr}_{11}(6) = -1$

解

$2^{\frac{5-1}{2}} = 4 = -1(\mathrm{mod}\ 5)$

$3^{\frac{7-1}{2}} = 27 = -1(\mathrm{mod}\ 7)$

$2^{\frac{7-1}{2}} = 8 = 1(\mathrm{mod}\ 7)$

$6^{\frac{11-1}{2}} = 36^2 * 6 = -1(\mathrm{mod}\ 11)$

【系理】

對質數 $p>2$，及 $a, b \perp\!\!\!\perp p$

$$\mathrm{lgdr}_p(a) * \mathrm{lgdr}_p(b) = \mathrm{lgdr}_p(a * b)$$

【法餘對數的判定法】

對於質數 $p>2$，以及其一原始根 g，當 $b \neq 0 (\mathrm{mod}\, p)$時，可以定出法餘對數 $n = \log_{g \bmod p}(b) \in \mathbb{Z}_{p-1}$，使得 $b = g^n (\mathrm{mod}\ p)$；因此 b 為平方餘數的條件就是：n 是偶數！

$$\mathrm{lgdr}_p(b) = 1 = (-1)^{\log_{g \bmod p}(b)}$$

例題4

$\mathrm{lgdr}_{23}(8) = +1$，$\mathrm{lgdr}_{23}(11) = -1$，$\mathrm{lgdr}_{23}(14) = -1$，$\mathrm{lgdr}_{23}(18) = +1$

$\mathrm{lgdr}_{23}(8) * \mathrm{lgdr}_{23}(18) = +1 = \mathrm{lgdr}_{23}(8 * 18) = \mathrm{lgdr}_{23}(144) = \mathrm{lgdr}_{23}(6) = +1$

例題5 對質數 $p>2$

$$\mathrm{lgdr}_p(-1) = (-1)^{\frac{p-1}{2}} (\mathrm{mod}\, p)$$

因此 -1 對 p 為平方餘數之條件為：

$$p = 4k+1 \text{ 之形}$$

14.2 互逆律

【Gauss 方餘補題】

（仍取定質數 $p>2$）若 $a \perp\!\!\!\perp p$，則做其倍數序列前半：

$$a, 2a, 3a, \cdots, \frac{p-1}{2}a$$

然後取其等「對 p 的」（Gauss 型）餘數：

$$a\ (g \bmod p), 2a\ (g \bmod p), \cdots, (\frac{p-1}{2} * a)(g \bmod p)$$

若此列中有 b 個為負，則

$$\mathrm{lgdr}_p(a)=(-1)^b$$

註 $r=a\ (g \bmod p)$表示

$$a=p*b+r\ ;\ b\in\mathbb{Z},\ |r|<\frac{p}{2}$$

註 可以用到 $a=2, 3$，（然後用 Euler 判定法，）則有

$$\mathrm{lgdr}_p(2)=\begin{cases}1 & \text{當 } p=8*m\pm1\\ -1 & \text{當 } p=8*m\pm3\end{cases}$$

$$\mathrm{lgdr}_p(-2)=\begin{cases}1 & \text{當 } p=8*m+1,8*m+3\\ -1 & \text{當 } p=8*m-1,8*m-3\end{cases}$$

$$\mathrm{lgdr}_p(3)=\begin{cases}1 & \text{當 } p=12*m\pm1\\ -1 & \text{當 } p=12*m\pm5\end{cases}$$

$$\mathrm{lgdr}_p(-3)=\begin{cases}1 & \text{當 } p=6*m+1\\ -1 & \text{當 } p=6*m-1\end{cases}$$

【Gass-Legendre 定理】

設 p, q 為互異奇質數，則有

$$\mathrm{lgdr}_p(q)*\mathrm{lgdr}_q(p)=(-1)^{\frac{p-1}{2}*\frac{q-1}{2}}$$

例題 1 取 $q=5$，$\frac{5-1}{2}=2$ 為偶，故：

$\mathrm{lgdr}_p(5)=\mathrm{lgdr}_5(p)$；而 $\mathrm{lgdr}_5(2)=\mathrm{lgdr}_5(3)=-1$，$\mathrm{lgdr}_5(1)=\mathrm{lgdr}_5(4)=1$

於是：

若質數 p 為 $10*m\pm1$ 型，則 5 為$(\bmod p)$的平方餘數

若質數 p 為 $10*m\pm3$ 型，則 5 非$(\bmod p)$的平方餘數

例題 2 求 $\mathrm{lgdr}_{1847}(1087)$。

解

$$\begin{aligned}\mathrm{lgdr}_{1847}(1087)&=-\mathrm{lgdr}_{1087}(1847)=-\mathrm{lgdr}_{1087}(760)\\&=-\mathrm{lgdr}_{1087}(2)*\mathrm{lgdr}_{1087}(4)*\mathrm{lgdr}_{1087}(5)*\mathrm{lgdr}_{1087}(19)\\&=+\mathrm{lgdr}_5(1087)*\mathrm{lgdr}_{19}(1087)=\mathrm{lgdr}_5(2)*\mathrm{lgdr}_{19}(4)=-1\end{aligned}$$

答：$\mathrm{lgdr}_{1847}(1087)=-1$

14.3 其他的平方剩餘

【法 p^α，而 p 是奇質數】

如下方程式是否可解？（$a \perp p$）

$$x^2=a(\mathrm{mod}\ (p^\alpha))$$

必要條件是：$\mathrm{lgdr}_p\,(a)=1$，但其實也是充分條件！

我們只需要對 $\alpha \geq 1$ 遞迴！

例如：$p=11, a=3, x^2=a(\mathrm{mod}\ p)$有一個解答是 $x_1=6$，我們要找：

$x^2=a(\mathrm{mod}\ p^2)$ 的解答 x_2，當然是令：

$$x_2=x_1+p*\gamma\text{；此處}\quad x_2=6+11*\gamma$$

於是

$$x_2^2=36+12*\gamma*11+11^2*\gamma^2\text{；}x_2^2-3=11*(3+12*\gamma)+11^2*\gamma^2$$

我們須要

$$x_2^2-3=0(\mathrm{mod}\ 11^2)\text{；即}(3+12*\gamma)=0(\mathrm{mod}\ 11)$$

或者　$3+\gamma=0(\mathrm{mod}\ 11)$，$\gamma=8(\mathrm{mod}\ 11)$，$\gamma=8$ 就是一解！

故取 $x_2=94$，或者 $x_2=-94(\mathrm{mod}\ 121)=27(\mathrm{mod}\ 11^2)$

若要解：$x^2=3(\mathrm{mod}\ 11^3)$，我們就令：$x_3=x_2+\gamma*p^2=27+\gamma*11^2$，於是：

$$x_3^2=(3+11^2*6)+54*\gamma*11^2+11^4*\gamma^2$$

我們要求

$$x_3^2-3=11^2*(6+54*\gamma)+11^4*\gamma^2=0(\mathrm{mod}\ 11^3)$$

亦即：

$$6+54*\gamma=0(\mathrm{mod}\ 11)\text{；}\gamma=-5(\mathrm{mod}\ 11)$$

$x_3=-578(\mathrm{mod}\ 11^3)$；或者，毋寧取 578；依此類推！

【法 2^α】

如下方程式是否可解？（$a \perp 2$）

$$x^2 \equiv a(\mathrm{mod}\ (2^\alpha))$$

註 這時候情形稍有不同於奇質數 p（這是因為 $(X+Y)^2 = X^2 + 2*X*Y + Y^2$，交叉項多了因數 2）

$\alpha = 1$，則條件為 $a = 1(\mathrm{mod}\ 2)$，而只一個解答為 $x = 2*k+1 = 1(\mathrm{mod}\ 2)$

$\alpha = 2$，則條件為 $a = 1(\mathrm{mod}\ 2^2)$，而兩個解答為 $x = 2*k+1 = \pm 1(\mathrm{mod}\ 4)$

但因為此時

$$x^2 - 1 = 4*k^2 + 4*k = 4*k*(k+1) = 0(\mathrm{mod}\ (8))$$

因此，若 $\alpha > 2$，則 $x^2 = a(\mathrm{mod}\ 2^\alpha)$ 可解的必要條件是

$$a = 1(\mathrm{mod}\ 8)$$

其實這條件也是充分的！

在 $\alpha = 3$ 時，顯然四個解答為：$x = 1, 3, 5, 7(\mathrm{mod}\ 8)$

若 $\alpha = 4$，$a = 1(\mathrm{mod}\ 8)$，則令 $x_4 = 4*m+1$，可知：

$m = \dfrac{a-1}{8}(\mathrm{mod}\ 2)$ 時，x_4 是一個解答！從而有四個解：$\pm x_4, 8 \pm x_4(\mathrm{mod}\ 2^4)$；以下可以遞推：只要有 $x^2 = a(\mathrm{mod}\ 2^\alpha)$ 的一解 x_α，則令 $x_{\alpha+1} = x_\alpha + 2^{\alpha-1}*m$，只要取 m 使下式成立就好了！

$$m*x_\alpha = \frac{a - x_\alpha^2}{2^\alpha}(\mathrm{mod}\ 2^\alpha)$$

於是有四解：$\pm x_{\alpha+1}(\mathrm{mod}\ 2^\alpha)$

利用孫子定理可知：

【定理】

做質因數分解 $m = p_1^{e_1} * p_2^{e_2} * \cdots$；而 $a \perp m$，然則 $x^2 = a(\mathrm{mod}\ m)$ 可解的條件就是：$x^2 = a(\mathrm{mod}\ p_i^{e_i})$ 可解。

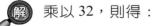

解 $2x^2 + 5x - 12 = 0$（mod 63）。

乘以 32，則得：

$64x^2 + 160*x - 384 = 0(\mathrm{mod}\ 63) = x^2 + 34*x - 6 = 0(\mathrm{mod}\ 63)$

或者配方，成：

$$u^2 = 295 = 43(\mathrm{mod}\ 63)\ (u = x+17)$$

$u^2=43(\text{mod } 9)=16(\text{mod } 9)$，$u=4, 5(\text{mod } 9)$

$u^2=43(\text{mod } 7)=1(\text{mod } 7)$，$u=1, 6(\text{mod } 7)$

因此聯立而得：

$$u=22, 50, 13, 41$$

$$x=u-17=5, 24, 33, 59(\text{mod } 63)$$

14.4 平方和問題

註 本節只是敘述一些有趣的結果！

【定理】

一個奇質數 p

若是 $p=1(\text{mod } 4)$，則可以表現為兩個整數的平方和：$p=x^2+y^2$

若是 $p=3(\text{mod } 4)$，則不能表現為兩個整數的平方和：$p\neq x^2+y^2$

3, 7, 11, 19, 23, 31 都不行！但是：

$$5=1^2+2^2;\ 13=3^2+2^2;\ 17=4^2+1^1;\ 29=5^2+2^2$$

註 如 $25=4^2+3^2=5^2+0^2$；可見寫法不是唯一的！

註 ：Maple 的句式：sum2sqr (n)，即是「將 n 表為兩平方和」。

那麼合成數又如何？

【公式：兩個「兩平方和」之積】

若 n_1, n_2 都可表為兩平方和，則其乘積 n_1*n_2 亦然！

$$(x_1^2+y_1^2)*(x_2^2+y_2^2)=(x_1*x_2-y_1*y_2)^2+(x_1*y_2+x_2*y_1)^2$$

註 事實上，對於一個複數 $z=x+iy$（$i=\sqrt{-1}$），我們規定其絕對值（或「範數」）為

$$\text{abs}(z)=|x+i*y|=\sqrt{x^2+y^2}=z*\bar{z}$$

其中，$\bar{z}$ 乃是 z 的共軛：

$$\bar{z}=x-iy$$

因此，其範方為：

$$|z|^2=(\text{abs }(z))^2=|x+i*y|^2=x^2+y^2$$

於是，上述兩個「兩平方和」之積的公式，就成了下面定理：

【定理】

複數 z_1、z_2 之積的範數＝範數之積！

$$|z_1*z_2|=|z_1|*|z_2|$$

【Legendre 定理（1798 年）】

若

$$n=4^m*(8*k+7)\ (m, k\in\mathbb{N}_0)$$

則 n 不能表示為三個平方數之和！

【Euler-Lagrange 定理】

任何自然數 n 都可表為四個平方之和

$$n=x^2+y^2+z^2+u^2$$

註 Euler 公式：若 n_1, n_2 都可表為四平方之和，則其乘積 n_1*n_2 亦然！

$$(x_1^2+y_1^2+z_1^2+u_1^2)*(x_2^2+y_2^2+z_2^2+u_2^2)=(u_1*u_2-x_1*x_2-y_1*y_2-z_1*z_2)^2+\cdots$$

註 事實上，Hamilton 定義了所謂四元數

$$q=\mathbf{i}*x+\mathbf{j}*y+\mathbf{k}*z+u\ (x, y, z, u \text{ 是實數})$$

又規定其絕對值平方（或「範方」）為

$$(\text{abs }(q))^2=|q|^2=x^2+y^2+z^2+u^2=q*\overline{q}$$

其中，$\overline{q}$ 乃是 q 的共軛：

$$\overline{q}=u-\mathbf{i}*x-\mathbf{j}*y-\mathbf{k}*z$$

於是，Euler 公式只是：

【定理】

兩個四元數 q_1, q_2 之積的範數＝範數之積！

【四元數之積】

兩個四元數的 q_1, q_2 之積 $q_1 * q_2$ 須滿足可締律、分配律，但不滿足可換律！四單位之間的乘法為：

$$1 * \mathbf{i} = \mathbf{i};\ \mathbf{i} * \mathbf{i} = -1;\ \mathbf{i} * \mathbf{j} = \mathbf{k};\ \mathbf{j} * \mathbf{i} = -\mathbf{k}\ （\cdots\cdots，輪換！）$$

因此：對於 $q_j = u_j + \mathbf{i} * x_j + \mathbf{j} * y_j + \mathbf{k} * z_j\ (j = 1, 2)$

$$\begin{aligned} q_1 * q_2 = & (u_1 * u_2 - x_1 * x_2 - y_1 * y_2 - z_1 * z_2) \\ & + \mathbf{i} * (u_1 * x_2 + x_1 * u_2 + y_1 * z_2 - y_2 * z_1) \\ & + \mathbf{j} * (u_1 * y_2 + y_1 * u_2 + z_1 * x_2 - z_2 * x_1) \\ & + \mathbf{k} * (u_1 * z_2 + z_1 * u_2 + x_1 * y_2 - x_2 * y_1) \end{aligned}$$

【Waring 問題】

改平方為立方，又如何？四次方？一般的冪方？

改為立方時 9 個就夠！改為 4 次方時 19 個就夠！……。

CHAPTER 15

整數與整式

整式就是多項式，本章我們特別要拿整數與整式做對比。

我想：整數與整式的相似性，即使初中生也會覺察到一些：

$$11^2=121 \quad (x+1)^2=x^2+2x+1$$

$$12^2=144 \quad (x+2)^2=x^2+4x+4$$

$$13^2=169 \quad (x+3)^2=x^2+6x+9$$

$$11^3=1331 \quad (x+1)^3=x^3+3x^2+3x+1$$

$$11^4=1331 \quad (x+1)^4=x^4+4x^3+6x^2+4x+1$$

$$12\cdot 13=156 \quad (x+2)(x+3)=x^2+5x+6$$

我們不列 $14^2=196$，因為$(x+4)^2=x^2+8x+16$，故 $14^2=$「一百，八十，加十六」，而我們通用的十進位制影響了式子！（12^3 也仿此！）

15.1 數與式

【式，函數，與方程式】

在電腦軟體中，式，函數，與方程式；三者是有區別的！例如，我寫：

$$\mathbf{f}:=2*x^2-2*x-12$$

$$f(x):=2*x^2-2*x-12$$

$$eq:=2*x^2-2*x-12=0$$

那麼 **f** 是一個多項式，f 是一個函數，eq 是一個方程式；本章的主角是多項式的體系，即是 $\mathcal{R}$。

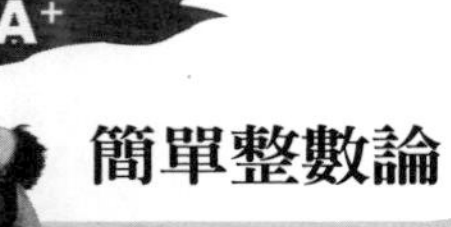

【函數】

在這個例子中，函數（的名字）是f；「函數」的意義是「機器」功能，所以，當我們寫$f(4)$時，意思就是將這個函數（機器）施用在（自變數=）4的身上，從而得到函數值（產品）$f(4)=12$。

【多項式環】

首先我們約定一下：以下我們只討論單一個文字的多項式，這個文字，依照慣例，就固定用x；至於其係數，我們可以限定是在有理數系$\mathbb{Q}$，或者實數系$\mathbb{R}$，或者在複數系$\mathbb{C}$中。

我們用$\mathbb{Q}[x]$表示所有有理係數的含x的多項式全體。換句話說，我們寫$\mathbf{f}\in\mathbb{Q}[x]$，意思就是：「**f**是一個有理係數多項式」。$\mathbb{R}[x], \mathbb{C}[x]$仿此定義！

因為：有理係數多項式當然是實係數多項式，實係數多項式當然是複係數多項式，我們就寫成：

$$\mathbb{Q}[x]\subset\mathbb{R}[x]；\mathbb{R}[x]\subset\mathbb{C}[x]$$

註 在大部分情形下三者沒有區別！在有區別處，我們會特別指明！

因此以下就用$\mathcal{R}$代表三者之一；那三個數系以$\mathbb{Q}, \mathbb{R}$或$\mathbb{C}$，就叫做底基體，記作K，從而記 $\mathcal{R}=K[x]$。前面我們已經討論了一些 $\mathcal{R}=\mathbb{Z}_p[x]$的情形，它的底基體是$K=\mathbb{Z}_p$，我們假定了：$p\in\mathcal{P}$，使得$\mathbb{Z}_p$有除法！這才使得：這四個「多項式環」$K[x]$，有許多相同的性質！

其實我們有時也可以限定**f**是整數係數多項式，那就寫$\mathbf{f}\in\mathbb{Z}[x]$，整數係數多項式當然是有理係數多項式，因此我們寫成：$\mathbb{Z}[x]\subset\mathbb{Q}[x]$。

【環】

以上我們提到了五種多項式的體系（統以$\mathcal{R}$表示），都叫做環，因為：$\mathcal{R}$中，允許加減乘三則運算，這情形和$\mathbb{Z}$一樣！

在環$\mathcal{R}$中，有一個特別的東西，就是零多項式$\mathbf{0}$；因為

$$\mathbf{f}+\mathbf{0}=\mathbf{f}；\mathbf{f}*\mathbf{0}=\mathbf{0}$$

所以它相當於$\mathbb{Z}$中的0。

【整域】

事實上，

$$若\ \mathbf{f}*\mathbf{g}=\mathbf{0}，則\ \mathbf{f}=\mathbf{0}\ 或\ \mathbf{g}=\mathbf{0}$$

這情形與$\mathbb{Z}$相同：

$$若\ m*n=0，則\ m=0\ 或\ n=0$$

【么元】

另外，$\mathcal{R}$中，還有一個特別的東西，就是多項式（「壹」）1；因為

$$1*\mathbf{f}=\mathbf{f}$$

所以它相當於$\mathbb{Z}$中的 1。

【次數】

實際上，若多項式 $\mathbf{f}\neq 0$（$\mathbf{f}$ 不是「零多項式」），則 $\mathbf{f}$ 可以整理成降冪式

$$\mathbf{f}=a_n x^n+a_{n-1}x^{n-1}+\cdots+a_0$$

其中 a_n*x^n 是領導項，領導項係數 $a_n\neq 0$；而 $n\in\mathbb{N}_0\equiv\{0, 1, 2, \cdots\}$就是 $\mathbf{f}$ 之「真次數」，我們記成 $\deg(\mathbf{f})=n$，當然 $a_0\in K$ ，就叫做常數項。

【乘法原理】

對於任意兩個多項式 $\mathbf{f}\neq\mathbf{0}, \mathbf{g}\neq\mathbf{0}$，

$$\deg(\mathbf{f}*\mathbf{g})=\deg(\mathbf{f})+\deg(\mathbf{g})$$

於是有如下的推論（乘積次數增加的原理）：

$$\deg(\mathbf{f})\leq\deg(\mathbf{f}*\mathbf{g})；等號表示\ \deg(\mathbf{g})=0（即\ \mathbf{g}\ 為非零常數）$$

【加法原理】

對於任意兩個多項式 $\mathbf{f}\neq\mathbf{0}, \mathbf{g}\neq\mathbf{0}$，

$$若\ \deg(\mathbf{f})<\deg(\mathbf{g})；則\ \deg(\mathbf{f}+\mathbf{g})=\deg(\mathbf{g})$$

$$若\ \deg(\mathbf{f})=\deg(\mathbf{g})；則\ \deg(\mathbf{f}+\mathbf{g})\leq\deg(\mathbf{g})$$

【規約：零多項式之次數】

我們規定零多項式之次數為正負無限大：

$$\deg(\mathbf{0}) := \pm\infty$$

我們做此規定，那麼次數之乘法原理就說得通！因為：「正負無限大」與任何（實數或）整數 n 相加，還是同樣的「正負無限大」。

我們應該規定：對於任何（實數或）整數 n，「正無限大」大於 n，而 n 大於「負無限大」：

$$-\infty < n < +\infty$$

那麼在乘法原理（尤其乘積次數增加的原理）中，應該規定：

$$\deg(\mathbf{0}) = +\infty$$

但是，在加法原理中的第二款，若是

$$\mathbf{f} = -\mathbf{g}，\mathbf{f} + \mathbf{g} = \mathbf{0}$$

我們就應該規定：

$$\deg(\mathbf{0}) = -\infty$$

所以我們寧可規定：對於 $\mathbf{f} \neq \mathbf{0}$，

$\deg(\mathbf{f}) < \deg(\mathbf{0}), \deg(\mathbf{f}) > \deg(\mathbf{0})$，都算對！

特別是：對於 $\mathbf{f} \neq \mathbf{0}$，

若 $\deg(\mathbf{f}) \leq \deg(\mathbf{g})$，且 $\deg(\mathbf{f}) \geq \deg(\mathbf{g})$，則 $\mathbf{g} = \mathbf{0}$

15.2 hcf

【帶餘除法】

$\mathbb{Z}$與 $\mathcal{R}$的相似性，最重要的乃在於加減乘三則運算之外的另一「則」，即「除法」。

$\mathbb{Z}$與$\mathbb{Q}, \mathbb{R}, \mathbb{C}$不一樣的地方，本來就在於：即使 $a \neq 0$, $b \div a$ 也不一定行得通！（因為 $\frac{b}{a}$ 不一定是整數！）在 $\mathcal{R}$中，情形也一樣：即使 $\mathbf{f} \neq \mathbf{0}$, $\mathbf{g} \div \mathbf{f}$ 也不一定行得通！

但是它們都有一則替代品，叫做「帶餘除法」：

定理：若 $a, b \in \mathbb{N}, a < b$，則有 $q \in \mathbb{N}, r \in \mathbb{N}_0$，使得 $0 \le r < a$，且 $b = q * a + r$，此種「整商」q 及整餘 r 為唯一！

定理：若 $\mathbf{f} \in \mathcal{R}, \mathbf{g} \in \mathcal{R}, \deg g(x) \ge \deg f(x) > 0$，則有多項式 $\mathbf{q} \in \mathcal{R}$ 及 $\mathbf{r} \in \mathcal{R}$，使得：

$$\mathbf{g} = \mathbf{q} * \mathbf{f} + \mathbf{r}，且 \deg(\mathbf{r}) < \deg(\mathbf{f})$$

特別注意到：我們的規約允許：$\mathbf{r} = \mathbf{0}$（零多項式）

註 當然我們應該注意到：在 $\mathbb{Z}[x]$ 中，沒有這種「帶餘除法」！（這是消極的一面！）

（但是有積極的一面！）當然我們更應該注重到：在 $\mathbb{Z}[x]$ 中，有一種限制性的「帶餘除法」！我們只要限制：「**f** 是么領的」，就好了！

註 領導項係數 $a_n = 1$ 的多項式，叫做么領多項式，若 **f** 為整係數么領多項式，**g** 為整數係數多項式，則有整商 **q** 與整餘 **r** 都是整數係數多項式；可是，**r** 不一定是么領！因此無法「輾轉」。

【可逆元】

若 $a * b = 1, a \in \mathbb{Z}, b \in \mathbb{Z}$，則 a 稱為 $\mathbb{Z}$ 中的可逆元。

相同地，若 $\mathbf{f} * \mathbf{g} = 1, \mathbf{f} \in \mathcal{R}, \mathbf{g} \in \mathcal{R}$，則 **f** 稱為 $\mathcal{R}$ 中的可逆元。

但是有不同：$\mathbb{Z}$ 中的可逆元，唯二：$1, -1$。

$\mathcal{R}$ 中的可逆元，恰恰是所有的非零常數多項式。

【問】

$\mathbb{Z}[x]$ 中的可逆元？也唯二：$1, -1$。

【因式倍式】

若 $\mathbf{f} = \mathbf{g} * \mathbf{h}$，則 **g** 是 **f** 的因式，**f** 是 **g** 的倍式；情形和 $\mathbb{Z}$ 一樣！

因此，**0** 是任何 $\mathbf{g} \in \mathcal{R}$ 的倍式；而且也只有 **0** 是如此！情形和 $\mathbb{Z}$ 一樣！

可逆元是任何 $\mathbf{f} \in \mathcal{R}$ 的因式；而且也只有可逆元是如此！情形和 $\mathbb{Z}$ 一樣！

【因倍相伴】

若 $\mathbf{f}$ 是 $\mathbf{g}$ 的因式，而 $\mathbf{g}$ 也是 $\mathbf{f}$ 的因式，則稱兩者是因倍相伴的；那麼 $\mathbf{0}$ 只跟自己因倍相伴！

如果 $\mathbf{f}, \mathbf{g}$ 因倍相伴，而且不是 $\mathbf{0}$，那麼：$\frac{\mathbf{f}}{\mathbf{g}}$ 一定是個可逆元，即非零的常數 $c \in K$；於是 $\mathbf{f} = c * \mathbf{g}$（因而兩者的次數也一定相同！）反過來說，$\mathbf{f}$ 與 $c * \mathbf{f}$（$c \in K, c \neq 0$）一定是因倍相伴！

所有的非零常數（即可逆元）因倍相伴；$\mathbb{Z}$的情形也類似，但是：可逆元只有 ± 1 兩個，因此，任何數 $n \in \mathbb{Z}$ 只跟 $\pm n$ 因倍相伴！（若 $n \neq 0$，則有兩個，若 $n = 0$，則 $\pm 0 = 0$，只有一個！）

【最高公因式 hcf，與最低公倍式 lcm】

設有許多多項式 $\mathbf{g}_1, \mathbf{g}_2, \cdots, \mathbf{g}_k, \mathbf{f}, \mathbf{h} \in \mathcal{R}$；

如果：$\mathbf{f}$ 是所有這些 $\mathbf{g}_1, \cdots, \mathbf{g}_k$ 的倍式，那就叫做它們的公倍式。

如果：$\mathbf{h}$ 是所有這些 $\mathbf{g}_1, \cdots, \mathbf{g}_k$ 的因式，那就叫做它們的公因式。

我們說：$\mathbf{f}$ 是所有這些 $\mathbf{g}_1, \cdots, \mathbf{g}_k$ 的最低公倍式，

$$\mathbf{f} = \mathrm{lcm}(\mathbf{g}_1, \mathbf{g}_2, \cdots, \mathbf{g}_k)$$

意思是：一方面，$\mathbf{f}$ 是它們的公倍式，另一方面，若它們有另一個公倍式 $\mathbf{f}'$，那麼：$\mathbf{f}'$ 是 $\mathbf{f}$ 的倍式。

我們說：$\mathbf{h}$ 是所有這些 $\mathbf{g}_1, \cdots, \mathbf{g}_k$ 的最高公因式，

$$\mathbf{h} = \mathrm{hcf}(\mathbf{g}_1, \mathbf{g}_2, \cdots, \mathbf{g}_k)$$

意思是：一方面，$\mathbf{h}$ 是它們的公因式，另一方面，若它們有另一個公因式 $\mathbf{h}'$，那麼：$\mathbf{h}'$ 是 $\mathbf{h}$ 的因式。

在$\mathbb{Z}$的情形也完全一樣：只要把整式改為整數！

例題

在 $\mathcal{R}$ 中，對於 $\mathbf{f} = (2 * x + 4), \mathbf{g} = (6 * x^2 - 6 * x - 36)$，可以看出有 $\mathrm{hcf} = x + 2$；當然你也可以寫 $\mathrm{hcf} = 2 * x + 4$，兩者是因倍相伴的！再令 $\mathbf{h} = 3 * x^3 - 27$，則

有：lcm $= x^3+2*x^2-9*x-18$；當然你也可以寫：lcm $= 6*x^3+12*x^2-54*x-108$；兩者是因倍相伴的！

【規範化】

以上的定義只有一點點麻煩：hcf, lcm 都不唯一！

因為你如果找到了 $\mathbf{f}=\text{lcm}(\mathbf{g}_1, \mathbf{g}_2, \cdots, \mathbf{g}_k)$，我可以隨便乘上一個可逆元 α，仍然是 $\alpha*\mathbf{f}=\text{lcm}(\mathbf{g}_1, \mathbf{g}_2, \cdots, \mathbf{g}_k)$；你如果找到了 $\mathbf{h}=\text{hcf}(\mathbf{g}_1, \mathbf{g}_2, \cdots, \mathbf{g}_k)$，我可以隨便乘上一個可逆元 α，仍然是 $\alpha*\mathbf{h}=\text{hcf}(\mathbf{g}_1, \mathbf{g}_2, \cdots, \mathbf{g}_k)$。

在$\mathbb{Z}$的情形，也完全一樣！但是可逆元只有 ± 1 兩個，因此，hcf, lcm 最多只是差了一個正負號！如果我們規定：hcf, lcm 都「必須為正」，答案就唯一了！在 $\mathcal{R}$的情形，如果我們規定：hcf, lcm 都「必須為么領多項式」，答案就唯一了！換句話說：我們必須把算出的答案，除以領導項係數！（這叫做規範化！）

【注意：零元】

hcf, lcm的計算是可換可締的，如果牽涉到零元，我們把它放在最後，於是：

$$\text{lcm}(\mathbf{g}_1, \mathbf{g}_2, \cdots, \mathbf{g}_k, \mathbf{0})=\mathbf{0}$$

$$\text{hcf}(\mathbf{g}_1, \mathbf{g}_2, \cdots, \mathbf{g}_k, \mathbf{0})=\text{hcf}(\mathbf{g}_1, \mathbf{g}_2, \cdots, \mathbf{g}_k)$$

在$\mathbb{Z}$的情形完全一樣！

【定理】

輾轉相除法在 $\mathcal{R}$ 中，行得通！和在$\mathbb{Z}$中的情形完全一樣！但是，在$\mathbb{Z}[x]$中，似乎行不通！

習題1 求hcf：

1. $x^4+x^3-3x^2-4x-1,\ x^3+x^2-x-1$
2. $x^6-7x^4+8x^3-7x+7,\ 3x^5-7x^3+3x^2-7$

【整數組合定理】

在ℤ中，若 hcf $(a, b)=h$，則可找到整數 c, d 使得：

$$h=c*a+d*b$$

此式右邊叫做 a, b 的整數組合；前已說過，且證明過！我們是用輾轉相除法來講的！現在改為在 $\mathcal{R}$中。

【整式組合定理】

在 $\mathcal{R}$中，若 hcf$(\mathbf{f}, \mathbf{g})=\mathbf{h}$，則可找到整式 $\mathbf{u}, \mathbf{v}$ 使得：

$$\mathbf{h}=\mathbf{u}*\mathbf{f}+\mathbf{v}*\mathbf{g}$$

此式右邊叫做 $\mathbf{f}, \mathbf{g}$ 的整式組合。

【證明】

例如：$\mathbf{f}=x^3+2*x^2-9*x-18, \mathbf{g}=x^3+5*x^2+2*x-8$，則做帶餘除法：

$$\mathbf{g}=\mathbf{f}+\mathbf{r}_1; \mathbf{r}_1=3*x^2+11*x+10$$

於是

$$9*\mathbf{f}=9*x^3+18*x^2-81*x-162=\mathbf{q}_2*\mathbf{r}_1+\mathbf{r}_2$$

$$\mathbf{q}_2=3*x-5; \mathbf{r}_2=-56*x-112=-56*(x+2)$$

$$\mathbf{r}_1=\mathbf{q}_3*(x+2)$$

於是得到 hcf$(\mathbf{f}, \mathbf{g})=\mathbf{h}=x+2=\frac{-1}{56}*\mathbf{r}_2$。

我們只要把輾轉相除法反向進行，就可以找出所要的整式組合了：

$$\mathbf{r}_2=9*\mathbf{f}-\mathbf{q}_2*\mathbf{r}_1$$

$$\mathbf{r}_1=\mathbf{g}-\mathbf{f}$$

於是 $\mathbf{r}_2=9*\mathbf{f}-\mathbf{q}_2*\mathbf{r}_1=9*\mathbf{f}-\mathbf{q}_2*(\mathbf{g}-\mathbf{f})$

$$=(9+\mathbf{q}_2)*\mathbf{f}-\mathbf{q}_2*\mathbf{g}$$

所以，所求的 hcf 是

$$-56*(x+2)=\mathbf{r}_2=(3*x+4)*\mathbf{f}+(-3*x+5)*\mathbf{g}$$

習題2

對於前此的 **f, g**，求 $\mathbf{h}=\text{hcf}(\mathbf{f}, \mathbf{g})$及 **u, v** 使 $\mathbf{u}*\mathbf{f}+\mathbf{v}*\mathbf{g}=\mathbf{h}$。另外，加一題：
$\mathbf{f}=x^5+3x^4+x^3+x^2+3x+1, \mathbf{g}=x^4+2x^3+x+1$。

15.3 因式定理

【餘式定理】

多項式$\mathbf{g}=g(x)\in\mathcal{R}$被么領一次式$x-b$除的整餘$r$，就是「函數值」$g(b)$（常數）。（此處$b\in K$）

【證明】

設整商為$\mathbf{q}=q(x)$，整餘為r，則：r為常數

因為必須$\deg(r)<\deg(x-b)$，即：$\deg(r)\le 0$

（我們允許$r=0, \deg(r)=-\infty<0$）

於是：

$$g(x)=(x-b)*q(x)+r$$

於是，將x用b代入，就得到：$g(b)=r$

【因式定理】

若多項式$\mathbf{g}=g(x)\in\mathcal{R}$，而方程式$g(x)=0$有根$b\in K$，則 **g** 有因式$(x-b)$。

【推廣的因式定理】

若多項式方程式$g(x)=0$有$n+1$個不同的根$b_1, b_2, \cdots, b_{n+1}\in K$，則：
多項式$\mathbf{g}=g(x)$有因式$(x-b_1)*(x-b_2)*\cdots*(x-b_{n+1})$。

【證明】

今b_1為一根，則由因式定理，**g** 有因式$(x-b_1)$，於是：

$$\mathbf{g}=(x-b_1)*\mathbf{g}_1;\ \mathbf{g}_1=g_1(x)$$

於是，因為：b_2 為 $g(x)=0$ 的一根，故

$$g(b_2)=(b_2-b_1)*g_1(b_2)=0$$

因此 $g_1(b_2)=0$。（因為 $b_1\neq b_2, (b_2-b_1)\neq 0$）

再用一次因式定理，則：

$$\mathbf{g}_1=(x-b_2)*\mathbf{g}_2;\ \mathbf{g}_2=\mathrm{g}_2(x)\in\mathcal{R}$$

於是：$g(x)=(x-b_1)*(x-b_2)*g_2(x)$

而因為：b_3 為 $g(x)=0$ 的一根，故

$$g(b_3)=(b_3-b_2)*(b_3-b_1)*g_2(b_3)=0\text{；因此 }g_2(b_3)=0$$

再用一次因式定理，則：$g_2(x)=(x-b_3)*g_3(x), \mathbf{g}_3=g_3(x)$

$$\mathbf{g}=g(x)=(x-b_1)*(x-b_2)*(x-b_3)*g_3(x)$$

一直下去，最後得到：

$$\mathbf{g}=g(x)=(x-b_1)*(x-b_2)*\cdots*(x-b_n)(x-b_{n+1})*g_{n+1}(x)$$

$$\mathbf{g}_{n+1}=g_{n+1}(x)\in\mathcal{R}$$

【定理】

若多項式 $\mathbf{g}=g(x)\in\mathcal{R}$，$\deg(\mathbf{g})=n\in\mathbb{N}$，則方程式 $g(x)=0$ 在 K 中，最多只有 n 個不同的根 $b_1, b_2, \cdots, b_n$。

【注意】

這些個定理，在 $\mathcal{R}=\mathbb{Z}[x], K=\mathbb{Z}$時，也成立！

註 本節的「數」，指$K=\mathbb{Q}, \mathbb{R}$或$\mathbb{C}$的元素，即有理數，實數，或複數。

【插值問題】

已給 $n+1$ 個不同的數 $b_1, b_2, \cdots, b_n$ 以及相伴的一列數 $c_1, c_2, \cdots, c_{n+1}$（可同可異），那麼可以找到一個，而且只有一個多項式 $\mathbf{f}=f(x)$，使得 $\deg(\mathbf{f})\leq n$，而且函數 f 施用到 b_j 會得到 $c_j=f(b_j)$。

【唯一性的證明】

如果找到兩個多項式 $\mathbf{f}_1:=f_1(x), \mathbf{f}_2:=f_2(x)$，使得：

$$c_j = f_1(b_j) = f_2(b_j) \ (j = 1, 2, 3, \cdots, n+1)$$

我們就令：

$$\mathbf{g} := g(x) = \mathbf{f}_1 - \mathbf{f}_2 = f_1(x) - f_2(x)$$

結果就有：

$$g(b_j) = 0 \ (j = 1, 2, \cdots, n+1)$$

亦即：b_j（$j = 1, 2, \cdots, n+1$）是方程式 $g(x) = 0$ 的根，於是 $\mathbf{g} = 0$ 才行！

【存在性的證明】

我們用 Newton（建構式）的證明！

思考$(n+1)$個問題：

$$♣(j): f(b_j) = c_j \ (j = 1, 2, 3, \cdots, n+1)$$

然後，對於每個 $j = 1, 2, \cdots, (n+1)$，求一個 f_j 使得它可以解決前面的 j 個問題♣ (i)（$i = 1, 2, \cdots, j$）。

【例證】

假設 $n = 3, b_1 = 2, b_2 = 3, b_3 = 4; c_1 = 7, c_2 = -3, c_3 = 6; j = 1$ 時，問題是：

$$♣(1): f(b_1) = c_1$$

我們只要取 $f =$ 常數 1，就可以滿足了！實際上，解答不止一個，一般的解答一定是這種樣子：

$$f(x) = c_1 + h_1(x) * (x - b_1) = 7 + h_1(x) * (x - 2)$$

其中 $h_1(x)$ 可以是任何多項式。

進一步，考慮不止♣(1)，還要：

$$♣(2): f(b_2) = c_2$$

將剛得到的 $f(x)$ 代入，所以：

$$7 + h_1(b_2) * (b_2 - 2) = -3; h_1(3) * (3 - 2) = -3 - 7 = -10; h_1(3) = -10$$

我們只要取 $h_1 =$（常數）-10，就可以滿足了！實際上，解答不止一個，一般的解答一定是這種樣子：

$$h_1(x) = -10 + h_2(x) * (x - 3)$$

故問題♣$(1-2)$一般的解答一定是這種樣子：

$$f(x)=7+h_1(x)*(x-2)=7+(-10+h_2(x)*(x-3))*(x-2)$$
$$=27-10*x+h_2(x)*(x-2)*(x-3)$$

進一步，考慮不止♣(1－2)，還要：

$$♣(3)：f(b_3)=c_3$$

將剛得到的$f(x)$代入，所以

$$c_3=f(b_3);\ 6=f(4)=27-10*4+h_2(4)*(4-2)*(4-3)$$

亦即

$$2*h_2(4)=19；h_2(4)=\frac{19}{2}$$

因此，我們只要取 h_2＝常數$\frac{19}{2}$，就可以滿足了！那麼：

$$f(x)=27-10*x+\frac{19}{2}*(x-2)*(x-3)=\frac{19}{2}x^2-\frac{105}{2}x+84$$

實際上，解答不止一個，一般的解答一定是這種樣子：

$$f(x)=\frac{19}{2}x^2-\frac{105}{2}x+84+h_3(x)*(x-2)(x-3)(x-4)$$

當然，在 $\deg(\mathbf{f})<3$ 的限制下，只有一個答案！

【注意】

這個插值定理（的存在性），在 $\mathcal{R}=\mathbb{Z}[x]$ 中，不成立！在計算中會出現除法！（如本例）係數可能非整數！

15.4 質因式分解

【質因式分解】

我們已經學過$\mathbb{N}$中的質因式分解；那麼在$\mathbb{Z}$中，質因式分解就非常容易了。

零元 0 很特別：它是任何元素的倍數！另外，將它寫成兩元的乘積時，其中一定有一個因數是 0 本身！

任何整數 $n\in\mathbb{Z}$，可否寫（＝分解）成

$$n=a_0*n_1*n_2*\cdots*n_k，n_j\neq\pm1\ (j=1,2,\cdots,k)$$

這裡要求：$n_j\neq\pm1$，也就是禁止無聊的分解！

所謂「最澈底的分解」，就是「個數k要盡量大」！這個最大的個數就是n的質因總權重；零元的質因總權重＝無限大（∞）。

例　$n=-5040$，則質因總權重＝8；事實上：

$$n=(-2)*(-7)*(-3)*2*(-3)*2*(-2)*(5)$$
$$=7*(-3)*(-2)*2*3*(-5)*(-2)*(-2)=\cdots$$

寫的方法五花八門！標準的寫法是：把可能的負號寫在最前面！

如果$n\neq 0$，則令：$\alpha_0=\mathrm{signum}(n)$，（換句話說：$n>0$，則$\alpha_0=1$；$n<0$，則$\alpha_0=-1$）於是$n*\alpha_0=|n|\in\mathbb{N}$，可以做質因數分解，即把$n$寫成：

$$n=\alpha_0*n_1*n_2*\cdots*n_k\text{，而}\alpha_0=\pm 1;\ n_j\in\mathcal{P}\ (j=1,2,\cdots,k)$$

在$\mathcal{R}$中的質因式分解，我們也做同樣的解釋：

對於多項式$\mathbf{f}\in\mathcal{R}$，我們想要將之寫成：

$$\mathbf{f}=\alpha_0*\mathbf{g}_1*\mathbf{g}_2*\mathbf{g}_3*\cdots*\mathbf{g}_k$$

但是要求：$\mathbf{g}_j$都不是可逆元：$\deg(\mathbf{g}_j)>0$，並且要求：「個數k要盡量大」！這個最大的個數就是$\mathbf{f}$的質因總權重。

零元$\mathbf{0}$的質因總權重＝無限大（∞）。

【可逆元】

如果$\mathbf{f}$是可逆元，則當$\mathbf{f}=\mathbf{g}*\mathbf{h}$時，$\mathbf{g}, \mathbf{h}$必定也都是可逆元！換句話說：「可逆元」就是「質因總權重為0」。$\mathbb{Z}$的情形也對，但是有點無聊！

（有一種說法是：$\mathbb{Z}$的可逆元，就是「只有兩個因數的東西」！）

【既約元】

在$\mathbb{Z}$中，如果$n\in\mathbb{Z}$的「質因總權重為1」，它只能是正或負的質數

$$n=\alpha_0*p\text{，}p\in\mathcal{P}\ (\alpha_0=\pm 1)$$

（有一種說法是：$\mathbb{Z}$的既約元n，就是「只有四個因數$\pm 1, \pm n$的東西」！）

同樣地，在$\mathcal{R}$中，如果$\mathbf{f}$不是可逆元，而且當$\mathbf{f}=\mathbf{g}*\mathbf{h}$時，$\mathbf{g}, \mathbf{h}$之中，必定：有一個是可逆元，有一個不是可逆元，那麼$\mathbf{f}$叫做既約多項式；換句話說：既約多項式就是「質因總權重為1」（所以這相當於正或負的質數$\pm p$），

我們令 α_0 為 $\mathbf{f}$ 的領導項係數，於是：$\frac{1}{\alpha_0}*\mathbf{f}$ 就成了幺領的既約多項式，這相當於$\mathbb{Z}$中的正質數$p \in \mathcal{P}$：有的人就把既約多項式稱為質式，有的人所說的質式只限於幺領的既約多項式。

【質因式分解定理】

每個多項式 $\mathbf{f} \neq \mathbf{0}$，都可以做質因式分解，而寫成：

$$\mathbf{f} = \alpha_0 * \mathbf{p}_1 * \mathbf{p}_2 * \cdots * \mathbf{p}_k$$

其中：α_0 為非零常數（可逆！），諸$\mathbf{p}_j$ 都是幺領的既約多項式；這種寫法其實是唯一的，了不起只是順序不同！

【質式定理】

若 $\mathbf{p}$ 是既約多項式，而 $\mathbf{f}*\mathbf{g}$ 是 $\mathbf{p}$ 的倍式，則 $\mathbf{f}, \mathbf{g}$ 二者之一，為 $\mathbf{p}$ 的倍式。與$\mathbb{Z}$中的情形相同！

15.5 既約多項式

【定理】

在 $\mathcal{R}$中，真正的一次式 $\mathbf{f} \in \mathcal{R}$都是既約多項式。

【證明】

若 $\mathbf{f} = \mathbf{g}*\mathbf{h}$，則 $\deg(\mathbf{f}) = \deg(\mathbf{g}) + \deg(\mathbf{h}) = 1$，可見：$\mathbf{g}, \mathbf{h}$ 兩者之一是 0 次的，即可逆！

以下不同的係數體，「各有不同的立場」！

‧複係數

【Gauss 代數學根本定理】

複係數的多項式 $\mathbf{f} = f(x) \in \mathbb{C}[x]$，若次數為正，則方程式$f(x) = 0$，最少有一個根$\gamma \in \mathbb{C}$；$f(\gamma) = 0$。

【定理】

在 $\mathcal{R}=\mathbb{C}[x]$ 中，既約多項式都是真正的一次式。

・實係數：假設有實多項式 $\mathbf{f}=f(x)\in\mathbb{R}[x]$，當然它可以看成是$\mathbb{C}[x]$的元素；於是既約性與可約性有兩種解釋！

⑴如果它做為複係數的多項式是既約的，那麼它在$\mathbb{R}[x]$中，也一定是既約的！此時 $\deg(\mathbf{f})=1$。

⑵但是，反過來說：如果 $\mathbf{f}$ 在$\mathbb{R}[x]$中是既約的，它做為複係數的多項式不一定是既約的！

【定理】

二次式 $\mathbf{f}=a*x^2+b*x+c$（$a, b, c\in\mathbb{R}$），如果「判別值」$b^2-4*a*c\geq 0$（非負），就是可分解的！

【證明】

此時，方程式 $\mathbf{f}=0$ 有兩個實根 α, β，於是：$\mathbf{f}=a*(x-\alpha)*(x-\beta)$。

當然，反過來說也對：若此二次式的「判別值」$b^2-4*a*c<0$（為負），則為既約！

【證明】

若 $\mathbf{f}$ 有「有聊的分解」：$\mathbf{f}=\mathbf{g}*\mathbf{h}$，則

$\deg(\mathbf{g})=1=\deg(\mathbf{h})$，即：$\mathbf{g}=a_1*x+b_1, \mathbf{h}=a_2*x+b_2$（$a_1\neq 0, a_2\neq 0$）

於是：$\mathbf{f}=0$ 就有實根 $\frac{-b_1}{a_1}, \frac{-b_2}{a_2}$。

【定理】

在 $\mathcal{R}=\mathbb{R}[x]$ 中，既約多項式只有一次式，或二次式；真正的一次式必然是既約多項式；二次式

$$\mathbf{f}=a*x^2+b*x+c\ (a, b, c\in\mathbb{R})$$

為既約的條件就是：「判別值」$b^2-4*a*c<0$（為負）。

(3)但是，hcf只有一種解釋！如果$\mathbf{f}\in\mathbb{R}[x],\mathbf{g}\in\mathbb{R}[x]$，它們都是$\mathbb{C}[x]$內的東西，但是無所謂「在$\mathbb{C}[x]$中，進行輾轉相除法」，只要出發的多項式$\mathbf{f}$, $\mathbf{g}$是實係數，計算的過程與結果一直是實係數！故$\text{hcf}(\mathbf{f},\mathbf{g})\in\mathbb{R}[x]$。現在證明：沒有更高次的既約多項式！

今設有既約的實係數的多項式 $\mathbf{f}=f(x)\in\mathbb{R}[x]$, $\deg(\mathbf{f})\geq 2$，因為$f(x)=0$最少有一個複數根α，在$\mathbb{C}[x]$的立場，$\mathbf{f}$ 是$(x-\alpha)$的倍式！因此，α不會是實數！（否則 $\frac{\mathrm{f}}{(x-\alpha)}\in\mathbb{R}[x]$，$\mathbf{f}$就會是「在$\mathbb{R}[x]$中」可約的了！）

如果記：$\alpha=r+\mathbf{i}*s, r\in\mathbb{R}, s\in\mathbb{R}$，那麼$\alpha$的共軛是$\beta=r-\mathbf{i}*s$，那麼，令二次式

$$\mathbf{g}:=(x-\alpha)*(x-\beta)=x^2-2*r*x+r^2+s^2\in\mathbb{R}[x]$$

當然它是既約的！那麼我們用輾轉相除法可以求出其（么領）最高公因式$\mathbf{h}=\text{hcf}(\mathbf{f},\mathbf{g})$，只有兩擇：$\mathbf{h}=\mathbf{g}$或$\mathbf{h}=1$，後者表示：$\mathbf{f},\mathbf{g}$兩者互質！$\deg(\mathbf{h})=0$。

可是，在$\mathbb{C}[x]$的立場，$\mathbf{f}$ 與 $\mathbf{g}$ 有公因式$(x-\alpha)$，不可能互質，故在$\mathbb{C}[x]$中算出的 $\mathbf{h}=\text{hcf}(\mathbf{f},\mathbf{g})$，次數$>0$；因此不可能 $\deg(\mathbf{h})=0$，只好 $\mathbf{h}=\mathbf{g}$，所以：既約的$\mathbf{f}$有因式$\mathbf{g}$，意思就是：$\mathbf{f}$與$\mathbf{g}$只差一個非零實數的倍數。

・**有理係數**：考慮一個有理係數多項式

$$\mathbf{f}=f(x)=c_n*x^n+\cdots+c_0\in\mathbb{Q}[x]$$

的因式分解問題，當然$\mathbf{f}$可以看成是$\mathcal{R}[x]$的元素；於是既約性與可約性也有兩種解釋！

(1)如果它在$\mathbb{R}[x]$中（做為實係數的多項式！）是既約的，那麼它在$\mathbb{Q}[x]$中，也一定是既約的！例如：x^2+2。

(2)但是，反過來說：如果$\mathbf{f}$在$\mathbb{Q}[x]$中是既約的，它在$\mathbb{R}[x]$中不一定是既約的！

例如：x^2-2 在 $\mathcal{R}[x]$ 中，它有唯一的分解

$$x^2-2=(x-\sqrt{2})*(x+\sqrt{2})$$

而無理數$\sqrt{2}\notin\mathbb{Q}$，即：$(x\pm\sqrt{2})\notin\mathbb{Q}[x]$

所以，x^2-2 在$\mathbb{Q}[x]$中是既約的！

總之：在$\mathbb{Q}[x]$中的因式分解問題，更有趣更困難！

・整係數：考慮一個整係數多項式

$$\mathbf{f}=f(x)=c_n*x^n+\cdots+c_0\in\mathbb{Z}[x]$$

的因式分解問題，當然**f**也可以看成是 $\mathbb{Q}[x]$ 的元素；於是既約性與可約性也可能有兩種解釋！（但是以下我們會看出：實際上只有一種解釋！）

首先，在 $\mathbb{Q}[x]$ 中，任何非零常數都是可逆元，但是，在 $\mathbb{Z}[x]$ 中，可逆元只有常數 ±1。所以，在 $\mathbb{Z}[x]$ 中，任何非零整係數多項式的因倍相伴元，狹義地說，只有兩個！於是，例如 $4*x+10$ 與 $6*x+15$，狹義地說，就不是因倍相伴了！但是，在 $\mathbb{Q}[x]$ 中，它們是因倍相伴的！所以我們應該說兩者是「廣義地因倍相伴」。

如果有一個有理係數多項式

$$\mathbf{g}=a_n*x^n+\cdots+a_0\in\mathbb{Q}[x]$$

把係數寫成既約分數 $a_j=\frac{c_j}{b_j}$，算出諸分母 b_j 的最小公倍數 $b:=\text{lcm}\ (b_n,b_{n-1},\cdots,b_0)$；於 $b*\mathbf{g}\in\mathbb{Z}[x]$ 就成了整係數多項式，而且與**g**在 $\mathbb{Q}[x]$ 中，因倍相伴！於是計算 $b*\mathbf{g}$ 的諸係數 $b*a_j=c_j*\frac{b}{b_j}$ 的最大公約數 c，那麼：$\frac{b}{c}*\mathbf{g}=\mathbf{f}$ 與 **g** 在 $\mathbb{Q}[x]$ 中，因倍相伴！

【樸式】

一個整係數多項式

$$\mathbf{f}=f(x)=c_n*x^n+\cdots+c_0\in\mathbb{Z}[x]$$

稱為樸式，若是它的係數互質：$\text{hcf}\,(c_n,c_{n-1},\cdots,c_1,c_0)=1$，我們還可以要求：樸式有正的領導項係數！（而我們已經證明。）

【補題】

任何一個有理係數多項式 $\mathbf{g}\neq\mathbf{0}$，都與唯一的一個（整係數多項式！）樸式 $\hat{\mathbf{g}}$，在 $\mathbb{Q}[x]$ 中，因倍相伴！

$$\mathbf{g}=\alpha*\hat{\mathbf{g}}\ ;\ \alpha\in\mathbb{Q}\ (\alpha\neq0)$$

樸式 $\hat{\mathbf{g}}$ 當然叫做 **g** 的相伴樸式，而 α 叫做 **g** 的內含。

【Gauss 補題】

若有兩個樸式

$$\mathbf{f} = a_m * x^m + a_{m-1} * x^{m-1} + \cdots + a_0$$

$$\mathbf{g} = b_n * x^n + b_{n-1} * x^{n-1} + \cdots + b_0$$

則相乘積

$$\mathbf{h} = c_{m+n} * x^{m+n} + c_{m+n-1} * x^{m+n-1} + \cdots + c_0$$

也是樸式！

【證明】

此處已假定 $a_m \in \mathbb{N}, b_n \in \mathbb{N}$，故 $c_{m+n} = a_m * b_n \in \mathbb{N}$

我們已假定互質性：

$$\text{hcf}\,(a_m, a_{m-1}, \cdots, a_0) = 1 = \text{hcf}\,(b_n, b_{n-1}, \cdots, b_0)$$

要證明互質性：

$$\text{hcf}\,(c_{m+n}, c_{m+n-1}, \cdots, c_0) = 1$$

我們的辦法是歸謬法！若不互質，則有共同的某個質因數 p：

$$c_{m+n} = a_m * b_n = 0 (\text{mod } p)$$

$$c_{m+n-1} = a_{m-1} * b_n + a_m * b_{n-1} = 0 (\text{mod } p)$$

$$\cdots = \cdots = 0 (\text{mod } p)$$

$$c_0 = a_0 * b_0 = 0 (\text{mod } p)$$

但 p 不是 $a_0, a_1, \cdots, a_{m-1}, a_m$ 的公因數，也不是 $b_0, b_1, \cdots, b_{n-1}, b_n$ 的公因數，因此，可以找到最小的足碼 i 與最小的足碼 j，使得：

$$a_i \neq 0 (\text{mod } p), b_j \neq 0 (\text{mod } p)$$

舉例來說，如果 $i = 2, j = 3$，意思就是：

$$a_0 = 0 = a_1 (\text{mod } p);\ b_0 = 0 = b_1 = b_2 (\text{mod } p)$$

但是這一來，就和

$$c_{2+3} = a_0 * b_5 + a_1 * b_4 + a_2 * b_3 + a_3 * b_2 + a_4 * b_1 + a_5 * b_0 = 0 (\text{mod } p)$$

相矛盾！這是因為單單 $a_2 * b_3 \neq 0 (\text{mod } p)$。

【補題】

任何兩個非零有理係數多項式 $\mathbf{g}_1, \mathbf{g}_2$，其相乘積的含樸分解，就是各別含樸分解的相乘積：

$$\mathbf{g}_1 = \alpha_1 * \hat{\mathbf{g}}_1 ; \mathbf{g}_2 = \alpha_2 * \hat{\mathbf{g}}_2 \text{；則 } \mathbf{g}_1 * \mathbf{g}_2 = (\alpha_1 * \alpha_2) * (\hat{\mathbf{g}}_1 * \hat{\mathbf{g}}_2)$$

【定理】

一個有理係數多項式 $\mathbf{g}$ 的因式分解問題，就等於其同伴樸式 $\hat{\mathbf{g}}$ 在 $\mathbb{Z}[x]$ 中的因式分解問題！

【Newton 有理根定理】

若一個樸式 $\mathbf{f} = f(x) = c_n * x^n + \cdots + c_0 \in \mathbb{Z}[x]$；有一次樸式 $a * x + b$ 為因式，則 $a \prec c_n$，$b \prec c_0$。

【Eisenstein 定理】

對於整係數多項式

$$\mathbf{f} = a_n * x^n + a_{n-1} * x^{n-1} + \cdots + a_0$$

如果領導項係數 a_n 與質數 p 互質，其它係數盡為 p 之倍數，但常數項 a_0 非 p^2 之倍數，則 $\mathbf{f}$ 為既約於 $\mathbb{Q}[x]$。

【證明】

（這其實和 Gauss 補題的證明一樣！）例如：

$$\mathbf{f} = 5 * x^5 - 12 * x^4 + 6 * x^3 - 9 * x^2 - 21$$

領導項係數 5 與 3 互質，其它係數盡為 3 之倍數，但常數項 21 非 $3^2 = 9$ 之倍數！

今若 $\mathbf{f}$ 可以寫成 $\mathbf{f} = \mathbf{g} * \mathbf{h}$，$\mathbf{g}, \mathbf{h} \in \mathbb{Z}[x]$，$\deg(\mathbf{g}) > 0$，$\deg(\mathbf{h}) > 0$，則

$$\mathbf{g} = a_0 + a_1 * x + \cdots \text{；} \mathbf{h} = b_0 + b_1 * x + \cdots$$

那麼：$a_0 * b_0 = -21$，於是 a_0, b_0 兩者之中，有一個含有因數 3，而另一個鐵定與 3 互質！我們選 $a_0 = 0 (\bmod 3)$，$b_0 \neq 0 (\bmod 3)$。

$\deg(\mathbf{g})=k$（次數），最少是 1，最多是 4，我們現在證明：所有的係數 $a_j=0 \pmod 3$。

已經假定了 $a_0=0 \pmod 3$，現在看 1 次項係數：

$$0=a_0*b_1+a_1*b_0=0 \pmod 3$$

但是由剛剛得到的結論：$a_0=0 \pmod 3$，因此 $a_1*b_0=0 \pmod 3$，但 $b_0 \neq 0 \pmod 3$，可知：$a_1=0 \pmod 3$。

（如果 $k=1$，則已經結束！否則）再看 2 次項係數：

$$-9=a_0*b_2+a_1*b_1+a_2*b_0=0 \pmod 3$$

但是 $0 \pmod 3)=a_0=a_1$，$b_0 \perp\!\!\!\perp 3$，可知 $a_2=0 \pmod 3$。

（如果 $k=2$，則已經結束！否則）再看 3 次項係數，

$$6=0 \pmod 3=\cdots+a_3*b_0$$

可知 $a_3=0 \pmod 3$（如果 $k=3$，則已經結束！否則）再看 4 次項係數：

$$-12=0 \pmod 3=\cdots+a_4*b_0$$

可知 $a_4=0 \pmod 3$。

總之：$\mathbf{g}$ 所有的係數 $a_j=0 \pmod 3$；這和 $\mathbf{f}=\mathbf{g}*\mathbf{h}$ 的領導項係數 $5 \perp\!\!\!\perp 3$ 相矛盾！

註 **（升冪的）Eisenstein 定理：對於整係數多項式**

$$\mathbf{f}=a_0+a_1*x+\cdots+a_n*x^n$$

如果：常數項 a_0 與質數 p 互質，其它係數盡為 p 之倍數，但領導項係數 a_n 非 p^2 之倍數，則 $\mathbf{f}$ 為既約於 $\mathbb{Q}[x]$。

CHAPTER 16

集合與映射

這一章以下是採用代數的講法！（抽象層次較高！）

16.1 集合

【集合】

近代數學的一個重要概念就是集合（set），意思是把許多東西集合起來，做為一個東西；前面已經介紹了最重要的幾個集合$\mathbb{N}$, $\mathbb{N}_0$, $\mathbb{Z}$這些都是無窮集！

註 偶而也用到有理數系$\mathbb{Q}$以及實數系$\mathbb{R}$。

數學講究抽象，故集合的元素可以很抽象。例如，我們令「天」，「地」，「人」三元素合成一集，做三才，寫成：

三才＝{天，地，人}

一般地說，集若是個「有限集」（finite set），它的元素只有有限個，我們可以列舉它的一切元素，外加紐括號$\{\}$來表示它。例如$\{\alpha, \beta\}$是含二元α, β的集，這種寫法叫做枚舉法。

【不計重複規約】

請注意！我們規定：寫重複了，也只算一個，即

$$\{\alpha, \beta, \alpha\} := \{\alpha, \beta\}$$

其實，集合這個概念是非常廣泛，例如：

天干＝{甲，乙，丙，丁，戊，己，庚，辛，壬，癸}

地支＝{子，丑，寅，卯，辰，巳，午，未，申，酉，戌，亥}

這就是兩個有窮的集合，各有 10 個與 12 個元素（element），就是寫在紐

括號之內的那些！

【數碼系】

我們前面也已經介紹了數碼系，如

$$D_2=\{0, 1\}；D_3=\{0, 1, 2\}；D_7=\{0, 1, 2, 3, 4, 5, 6\}；\cdots$$

註 以上這些式子，右邊是利用紐括號造出一個集合（這是沒有名字的集合），左邊就是給以名字！

【屬性描述法】

小於 100 的自然數全體構成一個集合，但是要用枚舉法是太煩了！不如改用屬性描述法：

$$\{n\in\mathbb{N}：n<100\}$$

再看這例子：

$$A=\{x^2+1：x\text{ 為整數}\}$$

這表示：A 是一集，其元素恰恰就是 1, 2, 5, 10, 17, ……等等，一切呈現為 (x^2+1)的 數，其中 x 為整數者。

註 我建議這樣子讀：「A 等於由 x^2+1 這樣子的東西構成的集合，其中 x 為整數者」。在集合記號{}內的冒號，有的人（或書），使用長縱線「|」，你一定得把這種屬性描述法搞懂，而且要會讀，讀得慣，並且切記：「重複寫，並不會增加元素！」

例如，$B=\{(-1)^n：n\text{ 是整數}\}$，請用枚舉法表達之！

【注意】

用心思考！一方面說：屬性描述法對「無窮集」（infinite set）是絕對必要的，因為無窮集的意思就是「不勝枚舉」，故枚舉法行不通。

另一方面說：「集合」與「屬性」是一物之兩面！當枚舉法行得通的時候，就在定義一集 A 的同時，也描述了集 A 的屬性！

這是我們經常使用的直接法教學之基礎：如何教一個小孩子「藍色」？

如果有許多小球（設有 127 個），塗了各（7）種顏色，這 127 個小球的集合Ω，就是此時的宇集，而其中，藍色（設有 27 個）小球的集合 Blue，就是

「藍色」！

$$\text{Blue} = \{\omega \in \Omega：\omega \text{ 的顏色為 Blue}\}！$$

我們尚未定義藍色（或其它顏色），我們尚未定義一球的顏色，我們只要讓這一個小孩子看到這一集 Blue，這 27 個小球是「同色的」！這集合的元的共同特徵是藍色！而一集合就等於其抽象特徵的具體化！

【明確性】

如果我們需要考慮由某些東西所成的一個團體，這團體我們就叫做一個集（合）（於是可以給它一個名字），而那些東西就叫做集的元（素），那麼可否使用：

$$MGF = \{\text{我的好朋友}\}$$

？Yes and No！如果你有很明確的判認，你就可以使用這個概念與記號 MGF，因為你能夠確定如下兩者之一：

$$\text{張三} \in MGF；\text{張三} \notin MGF$$

換句話說，當我們說 A 是一個集合時，我們就有辦法明確判定任何一個東西，x，是否為 A 的一元。

【空集】

我們現在定義一個集合如下：這個集合不含任何元素，我們稱之為空集（empty set），而以 $\varnothing$ 表示之。

註 許多人搞不清楚何以 $\varnothing$ 是個集合。

我們把一些東西集合在一起，談到這堆東西時，這就是個集合。我在籃中放了一個大蘋果，一個小蘋果，一個梨子及一個橘子，如此，我可以用 A 代表「這籃子內的東西所成之集合（其基數為 4，「基數」是「元素個數」）。

現在拿走大蘋果與小蘋果，我再說：「用 B 代表籃子裡的東西所成之集合」，於是 B 的基數為 2。好，現在又拿走梨子，我再說：「用 C 代表籃子裡的東西所成之集合」，於是 C 的基數為 1。

最後把橘子也拿掉，再說：「籃子裡的東西所成之集合」，那就是 $\varnothing$。

【子集與父集】

設 A, B 為兩個集，而 B 的元（如果有的話）必定也是 A 的元，則稱集 B 是集 A 的子集（subset），集 A 是集 B 的父集（superset）或擴張（extension），以 $B \subseteq A$ 或 $A \supseteq B$ 表示之，所以在剛剛的例中：

$$A \supset B \supset C \supset \varnothing$$

如果 $B \subset A$ 而且 $B \neq A$，我們就說 B 是 A 的真子集；進一步，若又不空，則為有聊子集；因為 A 與 $\varnothing$ 都是 A 的無聊子集！

【基數】

集合 X 的「基數」（cardinal number），就是「其元素個數」，如剛剛的例子中：card $(A)=4$，card $(B)=2$；如果 card $(X)=1$，X 就是個獨身集（singleton set）。當然 card $(X)=0$ 表示 $X=\varnothing$。

對於有窮集 X，其基數 card $(X) \in \mathbb{N}_0$：一定是自然數或者零！

註 **那麼，對於無窮集 X，我們就說其基數為無窮，記為** card $(X)=\infty$。
例如 card$(\mathbb{N})=\infty$，card$(\mathbb{Z})=\infty$。

16.2 兩集的種種運作

【差集】

設 A, B 為兩個集，則集：

$$A \setminus B \coloneqq \{x : x \in A \text{ 且 } x \notin B\}$$

就是一切「屬於 A 而又不屬於 B 的元」的全體所成的集合，稱為 A 減掉 B 得到的差集（difference set）。若 B 又是 A 的子集，則可稱為：「B 對 A 的補集」（complement of B relative to A），這才是真減法！

【交截】

對集 A 及 B，我們取它們共同的元素的全體：以

$$A \cap B \coloneqq \{x : x \in A \text{ 且 } x \in B\}$$

表之；叫做集A和集B的交集，這操作叫做交截（intersection）。

若$A\cap B=\varnothing$，則A與B互斥。

【併聯】

對集A, B，我們取A的元及B的元的全體，以

$$A\cup B \coloneqq \{x : x\in A \text{ 或 } x\in B\}$$

表之；叫做集A及集B的聯集（union），這操作叫做併聯。

如果我們記$A\sqcup B$，意思就是互斥併聯。

無形中要求$A\cap B=\varnothing$，而$A\sqcup B=A\cup B$。

註 以上兩個操作可以擴廣到更多個集合的情形！而且注意到可換與可締性！

習題 考慮

$$A=\{n\in\mathbb{N} : n<100\}=\{1, 2, 3, \cdots, 99, 100\}$$

令：$B_1=\{n\in A : 2\prec n\}$；$B_2=\{n\in A : 3\prec n\}$

$B_3=\{n\in A : 5\prec n\}$；$B_4=\{n : 7\prec n\}$；$B_0=\{2, 3, 5, 7\}$

試求：$A\setminus(B_1\cup B_2\cup B_3\cup B_4)\cup B_0$。

【積集】

如果A, B為兩個不空集，取A的一元x和B的一元y，考慮這一「配對」（x, y），這種配對的全體，稱為集A乘以集B的積集（product set），記作$A\times B$（或者$A\otimes B$），A, B各為第一及第二因子集。

「作直積」=「作積集」，又叫做「作Cartes（笛卡爾）的積」（Cartesian product）。

註 最常見的例子是取A, B都是實數系$\mathbb{R}$，x和y各自代表橫坐標和縱坐標，則（x, y）表示平面上的一點，這種辦法可以用來圖解積集。就是為了紀念 Descartes，才有這種稱呼。

【平方集】

在$A=B$時，我們當然定義：

$$A^2 = A \times A$$

【注意】

點(x, y)和(u, v)在$A \times B$中，只當$x = u, y = v$同時成立時，才代表同一元！尤其在$A = B$時，這是容易弄錯的所在！

【例：六十甲子】

我們作「天干」與「地支」的直積，那麼就有 120 個元素！例如：（甲子），（甲丑），（乙子），（乙丑）都是元素！（我們不用逗號，是因為不至於混淆！）

但是漢文明卻拿出它的子集：

「六十甲子」$=\{$甲子，乙丑，丙寅，丁卯，…，癸亥$\}\subset$天干$\times$地支

來做為年份的順序！這就是所謂的「六十甲子」！

【更多個集合的直積】

如果A, B, C為三個不空集，我們可以做$(A \times B) \times C$與$A \times (B \times C)$，那麼它們的元素將各是這種形狀：$((x, y), z), (x, (y, z))$而$x \in A, y \in B, z \in C$；我們當然可以認為不須要區別它們，於是就可以寫成$(x, y, z)$，那麼，集合的直積也可以單單寫做：

$$A \times B \times C = \{(x, y, z) : x \in A, y \in B, z \in C\}$$

【乘方集】

若$A = B = C$，則我們就寫成A^3，這是立方集；我們當然可以推廣成一般的乘方集！

註 $(x, y) \in \mathcal{R}^2$ 常常解釋為平面上的一點（的橫坐標和縱坐標），則集合$\mathcal{R}^2$本身，常常就叫做平面；同理，集合$\mathcal{R}^3$本身，常常就叫做立體空間！當然我們還可以定義更高維的算術空間。

習題 考慮集合$P_3(10) = \{(x, y, z) : x, y, z \in \mathcal{D}_{10}$, 且互異$\}$，請問：$\text{card}(P_3(10)) = ?$

【指數集】

一集 A 的一切子集（例如 $\varnothing$）其全體是 A 的指數集

$$2^A \coloneqq \{B : B \subseteq A\}$$

我想，$\boxed{2}^A$ 也許是更好的記號！這裡，$\boxed{2}$ 是兩元集合：

$$\boxed{2} \coloneqq \{要，不要\}$$

事實上，如何確定一個子集 $X \subseteq A$，當然是：對於 $a \in A$，X 就是選擇「要不要 a」。

【定理】

如果 card $(X)=n$，則 card$(\boxed{2}^X)=2^n$。

如果 $X=\{a, b, c\}$，card $(X)=3$，A 有哪些子集？

$$\varnothing, \{c\}, \{b\}, \{b, c\}, \{a\}, \{a, c\}, \{a, b\}, \{a, b, c\}$$

有 $8=2^3$ 個，以上寫出這些集合，我們的辦法是：

依順序問三個小問題：「要不要 a？要不要 b？要不要 c？」，每個小問題都有兩種可能的答案！於是有 $2*2*2=2^3$ 種子集。

16.3 映射

【例 1】

「函數 $x \mapsto 2x^2+3*x+1$」，這個詞句，意思是：

你隨便給一個實數，例如 3，我就算出 28；隨便給一個實數，例如 -2.5，我就算出 10；你隨便給一個實數 x，我就算出 $2x^2+3x+1$ 當作它的函數值。

【映射，函數】

一般地說，如果 X, Y 是兩個不空集合，各自表示「變量」x, y 可以變動的範圍，而且，在我們的觀察中，當 x 在 X 中取了一值時，y 在 Y 中，必然地也取了一值，且只取一值，當然這裡的 y 是隨 x 而變的。（註：「不變」是「變」

的特例！）我們說「y是x的函數」，這個函數（function）指的是由x「得」y的規則，又稱為映射（mapping）；而這個函數「定義於X上」，「到Y內」，或者說這個函數是從X到Y；如果這函數用Φ來表示：

X是Φ之定義域（domain of definition）（「定義的範圍」）或源集。

Y是Φ之值域（range）（「取值的範圍」）或靶集。

而$y=\Phi(x)$稱為x在Φ之下的像（影，或影像）（image of x under Φ）。

【讀法】

$\Phi(x)$讀作 phi of x；圓括弧＝of，表示Φ被施用到x來！

我們強調，當我們定義了一個映射Φ時，我們必須明確了：

1. 定義域X
2. 值域Y（即可以取值的範圍）
3. 取影之法，即是：給你$x\in X$，如何取得其影$\Phi(x)\in B$

前面兩點，常寫成：

$$\begin{cases}\Phi\in Y^X\\ X=Dom(\Phi),\ Y=CoDom(\Phi)\\ \Phi：X\rightarrowtail Y\\ \text{或 } X\rightarrowtail Y\end{cases}$$

例題2 後繼者映射

Peano想到：在自然數系中，我們可以定義$n\in\mathbb{N}$的後繼者為$n+1$，這叫做後繼者映射，暫以Φ表示：$\Phi(n)=n+1$。於是他提出一套自然數系的公理系：

- (甲)$1\in\mathbb{N}$（因而不空！）
- (乙)$\Phi：\mathbb{N}\rightarrowtail\mathbb{N}$
- (丙)$\Phi：\mathbb{N}\rightarrowtail\mathbb{N}$必須是「嵌射」：若$\Phi(a)=\Phi(b)$，則$a=b$。
- (丁)Φ必須不是「蓋射」：1不是任何數的影！
- (戊)「遞迴原理」：若$A\subset\mathbb{N}$滿足如下兩條件，則$A=\mathbb{N}$。

(i)$1\in A$

(ii)若 $x\in A$，則 $\Phi(x)\in A$。

【影集】

設 Φ：$X\rightarrowtail Y$，而 $A\subset X, B\subset Y$，我們就寫：

$$\Phi_{\vdash}(A)=\{\Phi(x): x\in A\}\subseteq Y$$

$$\Phi^{\dashv}(B)=\{x\in X: \Phi(x)\in B\}$$

前者稱做 A 對 Φ 的影集；後者稱做 B 對 Φ 的反影集。

註 似乎記號並不統一，點 $x\in X$ 的影，是一點 $\Phi(x)\in Y$；集 $A\subseteq X$ 的「影集」是一集 $\Phi_{\vdash}(A)\subseteq Y$；有的書就是寫成 $\Phi(A)$；我們覺得暫時加以分辨是好主意！

【注意】

若有 Φ：$X\rightarrowtail Y$，則得到 $\Phi_{\vdash}$：$\boxed{2}^X\rightarrowtail\boxed{2}^Y$，以及 $\Phi^{\dashv}$：$\boxed{2}^Y\rightarrowtail\boxed{2}^X$。

用這種記號，則 Peano 的（丁）是說：1（的獨身集！）的反影為空集。

若 Φ：$\mathbb{Z}\rightarrowtail\mathbb{Z}$是平方映射 $\Phi(x)=x^2$，問：$A=\{n: -100<n<100\}$的影集與反影集為何？

解 $\Phi_{\vdash}(A)=\{0, 1, 4, 9, 25, \cdots, 9801\}$，$\Phi^{\dashv}(A)=\{0, 1, 2, 3, \cdots, 9\}$

【局限及延拓】

設 Φ：$X\rightarrowtail Y$；ψ：$X_1\rightarrowtail Y_1$ 為兩個映射，且 $X_1\subseteq X, Y_1\subseteq Y$，而對一切 $x\in X_1$，$\Phi(x)=\psi(x)$均成立，則 ψ 稱為 Φ 的局限（restriction）（於 X_1 者），而 Φ 為 ψ 的延拓（extension）（於 A 者）。

註 通常值域較次要，而設 $Y=Y_1$ ，故不必提、

註 當我們說「函數 $x\mapsto 2x^2+3*x+1$」時，這是個「無名」函數；這樣子很不方便！當我們說「函數$f(x)\coloneqq 2x^2+3*x+1$」時，它就有名字了！名字是f（不 是$f(x)$），現 在$f(x)=2x^2+3*x+1$，f $(asaburu)=2asaburu^2+3*asaburu+1$。當然，在中學，定義域（與值域）通常都是實數系 $\mathcal{R}$ 或者

扣除一些無法定義的點，因此如上的函數f，定義域與值域都是實數系$\mathcal{R}$而不需要講！同樣，講「函數$f(x) := \frac{2+x}{x+1}$」時，定義域是$\mathcal{R} \setminus \{-1\}$。

【蓋射，嵌射，對射】

如果有映射$\Phi : X \mapsto Y$，我們說：

⑴Φ為：從X到Y上的<u>蓋射</u>，表示：

對一切$y \in Y$，必有$x \in X$，使得：$\Phi(x) = y$。

⑵當Φ有如此性質：

「$\Phi(x) = \Phi(x')$必$x = x'$」，則Φ為<u>嵌射</u>。

⑶若Φ為嵌射，且為蓋射，則為<u>對射</u>（bijection）。

註 如果X, Y（兩者之一）是有窮集，則在此三種情形下，分別有：

$$\text{card}(X) \geq \text{card}(Y)\text{；}\text{card}(X) \leq \text{card}(Y)\text{；}\text{card}(X) = \text{card}(Y)$$

【基數】

以上我們已經引入一個函數 card，定義域是

{所有的有窮集}

而值域是$\mathbb{N}_0$。

註 我們需要 0，因為 card$(\varnothing) = 0$。

註 如果我們要延拓 card 到

{所有的集合}

我們只需要把值域$\mathbb{N}_0$擴張為

$$\mathbb{N}_0 \cup \{\infty\}$$

然後，對於無窮集A，規定 card$(A) = \infty$。

當然，我們這裡所講的「基數」，是最最粗糙的說法！換句話說，此處所說的基數：談到 card$(A) =$ card(B)，或 card$(A) >$ card(B)時，必須限定：A, B其中之一為有窮集！如果有此限制，那麼有以下定理：

【定理】

若 card $(A)=$ card (B)，則一定有一個對射，從 A 到 B；

若 $A\subset B$，$A\neq B$，則必 card $(A)<$ card (B)。

16.4 列

【sequence, series, progression】

英文裡的這三個字，使用到數學中大概都可能譯為數列。現在 progression 已經成為「罕用字」，只用於三個略寫：

$A.P.=$ 算術數列，例如：3, 7, 11, 15, 19, 23,⋯

$G.P.=$ 幾何數列，例如：2, 6, 18, 54, 162, 486,⋯

$H.P.=$ 調和數列，例如：$\frac{2}{3}, \frac{2}{7}, \frac{2}{11}, \frac{2}{15},\cdots$

series 一字，如果是出現在經濟或股票的討論中，大概是「time series」，確實是數列，其它的情形，大概是級數，例如說：

$$\text{無窮等比級數 } \frac{1}{2}+\frac{1}{4}+\frac{1}{8}+\frac{1}{16}+\cdots \text{的和為 } 1$$

隨便寫幾個數（其間應該用逗號分隔開）就叫做純列，例如：

$$2.3, 4.1, -8.5$$

但是，我們經常遇到的是：

（框）列[2.3, 4.1, − 8.5]；或者（括弧）列（2.3, 4.1, − 8.5）

雖然都一樣是長度 3 的數列，但是我通常有不同的用法：

前者用來表示立體空間的一向量，那三個數，依序分別為其 $x\,y\,z$ 成分；後者用來表示立體空間的一點，這裡的三個數，依序分別為其 $x\,y\,z$ 座標。

【問】

如果你遇到的是：

（框）列[2.3, 4.1]；或者（括弧）列（2.3, 4.1）

那是什麼意思？

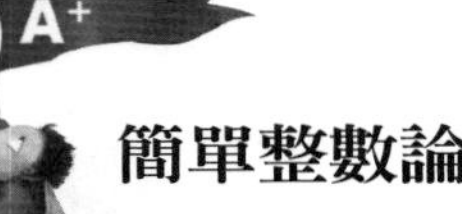

【答】

前者用來表示平面上的一向量，這兩個數，依序分別為其x, y成分。

後者用來表示平面上的一點，這兩個數，依序分別為其x, y座標。

註 **書上寫：「點$P(2.3, 4.1)$」，我不很喜歡！我以為這時候（通常）是要寫成「點$P=(2.3, 4.1)$」比較好！比較像是一個述句。**

意思是：我令「點$P=(2.3, 4.1)$」

或者是：我算出答案，「點$P=(2.3, 4.1)$」

長度為n的有窮列，通常代表n維算術空間的一個向量或一點！

就剛剛這例子，點P的x座標是$P_x=2.3$，點P的y座標是$P_y=4.1$，當然也有人用第一第二座標的說法，而且改用小寫：$p_1=2.3, p_2=4.1$。

「列」是函數！因此$(2.3, 4.1)$是一個函數！但這是無名函數！

當我們寫「點$P=(2.3, 4.1)$」時，我們已經給了它一個名字，就是P。

於是「p_1」讀作「p sub 1」，sub 其實是「phi of 1」中的 of，只不過現在不用圓括孤，改用足碼！所以 sub 的功能是「引用函數」！

【數列】

如果$\psi:\mathbb{N}\rightarrowtail\mathcal{R}$，我們就說：$\psi$是一個列（＝數列），這是最狹義的無窮數列。

例題 1 平方數列，就寫成：

$$\Phi=(n^2: n\in\mathbb{N})\text{；因而 }\Phi_n=n^2,\ \Phi_5=25$$

那麼「立方數列」，就寫成$(n^3: n\in\mathbb{N})$；這樣寫，意思就是一個函數，定義域就是$\mathbb{N}$，這裡n叫做啞巴變數，因為，把它改為任何一個文字記號都可以！寫成$(m^3: m\in\mathbb{N})$，意思完全一樣！

註 **數學書上大概把整數系中的變數寫為n, m, l等等（而實數系中的變數，寫成x, y, z等等），所以定義域就不用標示了！**

數列(n^2)＝數列$(n^2: n\in\mathbb{N})$

【無盡小數】

如果把$\alpha \in [0..1]$叫做「小數」，那麼其十進位表達是

$$\alpha = 0.a_1a_2\cdots\text{（例如}\pi - 3 = 0.1415926\cdots\text{）}$$

這樣我們得到一個函數：$n \in \mathbb{N} \mapsto a_n \in \mathcal{D}_{10}$，例如剛剛的$\alpha = \pi - 3$，我們得到一個數列

$$1 \mapsto 2,\ 2 \mapsto 4,\ 3 \mapsto 1,\ 4 \mapsto 5$$

這裡的定義域是$\mathbb{N}$，值域是$\mathrm{D}_{10} = \{0, 1, 2\cdots, 9\}$。

【列之推廣的定義】

稍做推廣：我們可以用$\mathbb{N}_0$代替$\mathbb{N}$做定義域，這是很方便的！唯一的彆扭是說「第零項」$\psi(0)$。另外一方面，如果你認為以$\mathbb{N}_0$做定義域的「數列」，要比以$\mathbb{N}$做定義域的「數列」更常見，那麼前者的定義域不用標示，而後者的定義域就必須標示了！

【列之值域】

如果有映射

$$\psi : \mathbb{N} \rightarrowtail Y$$

我們就說：ψ是「Y中的一列」；$\psi(n)$就是此列的第n項。

【集合列】

如果$\psi : \mathbb{N} \rightarrowtail 2^K$，我們就說：$\psi$是$K$中一個的「集合列」；$\psi(n)$就是此列的第$n$項，所以這裡的「集合」兩字是形容詞，是在說：「函數值為一（子）集合」。（數列的「數」一字是形容詞，是在說「函數值為一數」。）

例題2 若$(A_n : n \in \mathbb{N})$是一個「集列」，則可以定義

$$\cup_{n=1}^{\infty} A_n = \{x : \exists n \in \mathbb{N}\text{，使 } x \in A_n\}$$

$$\cap_{n=1}^{\infty} A_n = \{x : \forall n\text{，} x \in A_n\}$$

註 $\exists n$讀作：「存在某個n」；「$\forall n$」讀作：「對於一切n」。

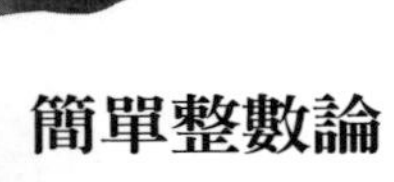

【有窮列】

在電腦時代，又經常出現有窮列：這就是把定義域改為任意的一個有窮集。最常見的就是「一直到 m 為止的自然數之集」。所以，說：「ψ 是取值於 Y，長度 m 的有窮列」，意思其實是：ψ 是映射

$$\psi：\{1, 2, \cdots, m\} \rightarrowtail Y$$

如果我們用 sub 代替 of，那麼我們只須寫出

$$\psi = (\psi_1, \psi_2, \cdots, \psi_m)$$

就決定了 ψ，當然上式的右邊其實是 B^m 的一個元素！

換句話說：要說 ψ 是「Y 中長度 m 的列」，或者說：ψ 是從 $K = \{1, 2, \cdots, m\}$ 到 Y 的一個映射，我們可以寫：$\psi \in Y^m$。

這就建議我們：不論 K 是何種集合，我們都把從 K 到 Y 的一個映射，記成 $\psi \in Y^K$。

【向量】

前面已經說過：通常說（「算術的」）三維向量$[a_1, a_2, a_3]$，意思就是「函數」（＝有窮列）a，它的定義域是$\{1, 2, 3\}$，而 a 對 1 的函數值是 a_1,⋯等等。一般的 m 維向量，定義域是$\{1, 2, \cdots, m\}$，通常是由 1 開始，但是我們也才提過：「由零開始」其實也有好處而且也常見！

【小整數】

在八位元微電腦的時期，用到「小整數」，意思是：從 0 到 255 之間的一切整數。對於這樣的小整數 n，我們都可以用「二進位」表達之為：

$$n = d_0 * 2^7 + d_1 * 2^6 + \cdots + d_6 * 2^1 + d_7 * 2^0 = [d_0 d_1 d_2 \cdots d_7]_2；(d_j \in \mathbf{D}_2)$$

這裡 $\mathbf{D}_2$是二進數碼集$\{0, 1\}$（例如，$154 = [10011010]_2$）。所以，這裡的函數 d，它的定義域是$[0 \cdots 7]_{\mathbb{N}} = \{0, 1, 2, 3, 4, 5, 6, 7\}$，而值域是 $\mathbf{D}_2$。（例如，剛剛的 d，$d(4) = d_4 = 1, d(5) = d_5 = 0$）

每個小整數，都可以用一個二進（「小」）數列（＝「函數」）表達！

換句話說：二進位表達，就提供了一個對射，

$$n \in \mathbf{D}_{2^8} \mapsto d \in \mathbf{D}_2^{\mathbf{D}_8}$$

$$d = (d_0, d_1, \cdots, d_7) \in \mathbf{D}_2^{\mathbf{D}_8} \mapsto n = [d_0 d_1 d_2 \cdots d_7]_2 \in \mathbf{D}_{2^8}$$

總之，每個小整數都有其二進位表達，這是$\mathbf{D}_2^{\mathbf{D}_8}$的元素！也就是一個長度 8 取值於$\mathbf{D}_2$的「列」（＝函數）！只是我們不是說「第一項」，「第二項」，一直到「第八項」，而是說「第零項」，「第一項」，一直到「第七項」！自變數是從零到七，列是函數，「第零項」是函數在「自變數是零」時的函數值！

【有號小整數】

在八位元微電腦的時期，也用到「有號小整數」，意思是：從-128到 127 之間的一切整數。這時候，$d_1, d_2, \cdots, d_7 \in \mathbf{D}_2 = \{0, 1\}$，但是規定：符號位元

$$d_0 \in \{0, -1\}$$

所以，在這裡，有號小整數的集合，其實是用 8 個集合的直積

$$\{0, -1\} \times \mathbf{D}_2 \times \mathbf{D}_2 \times \mathbf{D}_2 \times \mathbf{D}_2 \times \mathbf{D}_2 \times \mathbf{D}_2 \times \mathbf{D}_2$$

來代表！而開頭的叫做第零成分，與第一到第七成分的意義不相同！

【有窮十進位小數】

暫時稱呼$x \in [0 \cdots 1)$為「小數」，而「有窮十進位小數」當然是指：

$$x = 0.d_1 d_2 d_3 \cdots d_l = \frac{d_1}{10} + \frac{d_2}{10^2} + \cdots + \frac{d_l}{10^l}$$

l是x的「位數」，而除了$x=0$的位數是 0 之外，$x>0$時，位數$l \in \mathbb{N}$（$d_l > 0$）。

註 **那麼有幾個「二位的有窮十進位小數」呢？有人說是一共 90 個：**

0.01, 0.02, ⋯, 0.09, 0.11, 0.12, ⋯, 0.19, 0.21, ⋯, 0.89, 0.91, ⋯, 0.99

他的意思是：0.20＝0.2 是一位小數，「不是」二位小數！

我想：這樣的陷阱只是咬文嚼字！如果考試的題目是「求$\frac{1+1}{19+3}$的近似值到三位小數！」他怎麼辦？「拒絕做答，因為題目錯了！」？

註 **事實上，當人家問$a*x^2+b*x+c$是幾次的時候，我回答「2」，意思是「2 次以下」！蓋因為：若$a=0, b \neq 0$，則它是「真 1 次的」！若$a=0=b$，$c \neq 0$，則它是「真 0 次的」！若$a=0=b=c$，則它是「真$-\infty$次的」！**

前此的問題，比較好的答案是$10^2=100$個！

$$0.00, 0.01, 0.02, \cdots, 0.10, 0.11, 0.12, \cdots, 0.99$$

這是因為：我們最好把這裡的「二位的」（有窮十進位小數），解釋為「位數不大於 2 的」。

註 照規定：

$$0.304299999999\cdots \doteqdot 0.3043$$

左邊的外表是「無盡十進位小數」，其實是有窮十進位小數。所以我們應該規定：「假的無盡十進位小數」，只准許用有窮表達！

而真正的「無盡十進位小數」之「位數」為無窮大 $=\infty$。

於是，對於每個「有窮十進位小數」x，都有一個（而且只有一個！）有窮十進位表達（如上）。換句話說，對於每個「有窮十進位小數」x，都對應到一個數列

$$d=(d_1, d_2, d_3, \cdots) \in \mathbf{D}_{10}^{<\mathbb{N}}$$

這裡的記號，意思是：$d_k \neq 0$ 的那種 k，「為數有限」！

如 $x=0.3043$，則：$d_k=0,\ \forall k>4$。這正是「有窮（小數）位」的本義：從某個 l 之後的位上，都是 0！

【簡直都是 0 的無窮數列】

上面這例子恰好提供了一個很有用的概念：簡直都是 0 的無窮數列。

如果有映射

$$\psi: \mathbb{N} \rightarrowtail Y$$

我們就說：ψ 是「Y 中的一個狹義的（無窮）列」；但是在上例中，$Y=\mathbf{D}_{10}$（十進數碼集）有一個特別的元素，就是 0，而我們說 ψ 是：簡直都是 0 的（無窮）數列。

【質因數分解】

任何一個自然數 $n \in \mathbb{N}$，都可以做質因數分解，例如：

$$54=2^1*3^3；48=2^4*3^1；因此\ 54*48=2^{4+1}*3^{3+1}$$

乘法時，只需要把對應的指數加起來。

可是：$54*14$ 該如何？當然是寫：

$$54=2^1*3^3*7^0；14=2^1*3^0*7^1；故\ 54*14=2^{1+1}*3^{3+0}*7^1$$

那麼比較好一點的辦法是：把所有的質數由小到大排列：

$$\mathcal{P}:=(p_1, p_2, p_3, \cdots), (p_1=2, p_2=3, p_3=5, p_4=7, p_5=11, \cdots)$$

那麼，任意一個自然數 $n\in\mathbb{N}$，都有其質因數分解：

$$n=p_1^{w_1}*p_2^{w_2}*\cdots$$

這就得到一個冪權列：

$$w=(w_1, w_2, w_3, \cdots)$$

例如：

$$621=23*27=2^0*3^3*5^0*7^0*11^0*13^0*17^0*19^0*23^1$$

因而其冪權列為

$$(0, 3, 0, 0, 0, 0, 0, 0, 1, 0, \cdots)$$

這不是最好的辦法！（我被迫要慢慢數！算出 $p_9=23$，才知道：第二項是 $w_2=3$，第九項是 $w_9=1$（其它都是 0）。考試的時候，我花在質因數分解的時間很少，大部分的時間花在點數「第幾個質數」，何況稍一不小心就數錯了！）

最好的辦法是改變冪權列的定義！我們把 $\mathcal{P}$ 解釋為集合，而非數列：

$$\mathcal{P}:=\{2, 3, 5, 7, 11, \cdots\}$$

（因此我不必管 23 是第幾個！）然後把冪權列解釋為：定義域 $=\mathcal{P}$，值域 $=\mathbb{N}_0$ 的函數！因此：$621=23*27=3^3*23^1$ 的冪權列為：

$$w_3=3，\ w_{23}=1，其他項=0$$

我寧可說 w 的「第 3 項」$=3$，「第 23 項」$=1$，「其他項」$=0$。

這不是漢文，不是英文，是「數學文」！「第 j 項」是指 w_j；同樣地，2450 的冪權列，寧可說是：$w_2=1, w_3=0, w_5=2, w_{11}=0=\cdots$。

因此，冪權列 w 是個：簡直都是 0 的無窮數列！

【簡直都是 1 的無窮數列】

在上述這個例子中，以質因數分解的立場，我們應該寫：

$$2450=2^1*3^0*5^2*7^2*11^0*\cdots$$

那麼 2450 的「質因冪列」是

$$2\mapsto 2^1, 3\mapsto 3^0, 5\mapsto 5^2, 7\mapsto 7^2, 11\mapsto 11^0, \cdots$$

一般地說：任何一個自然數n都有其質因數分解

$$n=\prod_{p\in\mathcal{P}} p^{w_p} \tag{16.1}$$

於是出現了兩個「列」：

冪權列：$(w_2, w_3, w_5, w_7, \cdots)$

質因冪列：$(2^{w_2}, 3^{w_3}, 5^{w_5}, 7^{w_7}, \cdots)$

冪權列w：$p\mapsto w_p$簡直都是0！

質因冪列：$p\mapsto p^{w_p}$簡直都是1！

【外表上的無窮和與無窮乘積】

對於簡直都是 0 的無窮數列ψ，我們可以把這個無窮數列的「每一項」$\psi(n)$都加起來！事實上我們只要把非零的項全部加起來就好了！我們記這個和為$\Sigma_{n\in\mathbb{N}}\psi(n)$。

對於簡直都是 1 的無窮數列ψ，我們可以把這個無窮數列的「每一項」$\psi(n)$都乘起來！事實上我們只要把非零壹的項全部乘起來就好了！我們記這個乘積為$\Pi_{n\in\mathbb{N}}\psi(n)$。

【列之普遍的定義】

列就是函數$f: K\rightarrowtail Y$；只要（通常）$K\subseteq\mathbb{Z}$，尤其是$K=\mathbb{N}, \mathbb{N}_0$或$\mathcal{P}$（無窮列的情形），或者$K$是$\mathbb{Z}$的一段，$\{h, h+1, h+2, h+3, \cdots, h+l\}$（有窮列的情形）。

習慣上寫成：$f=(f_k : k\in K)$（值域Y略去不提）。

當我們要說：「f是從K到Y的函數」時，我們也可以記作$f: K\rightarrowtail Y$，或者$f\in Y^K$；後者的意思就是把這種函數的全體記作Y^K。

如果Y中有個特別的元素$b\in Y$，而數列f中，不取這個值的項只有有窮個，我們就說f是「簡直都是b的（無窮）數列」。

而記$f\in Y^{<K}$（我們常常不提b，只說f是有窮項的（無窮）數列！）。以上我們已經看過$b=0$, $b=1$的兩種例子，尤其前者更常見！前此的冪權列就記作：$w\in\mathbb{N}_0^{<\mathcal{P}}$。

例題3

如果α是一個正有理數，而且既約的分母之質因數只有2與5，那麼可以寫：

$$\alpha=\sum_{n\in\mathbb{Z}}\frac{a_n}{10^n}\ ;\ (a_n\in \mathbf{D}_{10})$$

這裡就有一個「數列」a：

$$a: n\in\mathbb{Z}\mapsto a_n\in\mathbf{D}_{10}$$

例如

$$\alpha=\frac{23017}{125}=184.136=\frac{1}{10^{-2}}+\frac{8}{10^{-1}}+\frac{4}{10^{0}}+\frac{1}{10^{1}}+\frac{3}{10^{2}}+\frac{6}{10^{3}}$$

這個「數列」，由「第 -2 項」到第 3 項，實質上共有六項，其它項都是 0，因此 $a\in\mathbf{D}_{10}^{<\mathbb{Z}}$。

【集合列的直積】

以上我們已經定義了「集合列的可列乘冪」：

$$Y\times Y\times Y=Y^3=\{(b_1, b_2, b_3): b_j\in Y\}$$

Y^3 意思差不多就是 $Y^K, K=\{1, 2, 3\}$。而對於一般的 $K\subset\mathbb{Z}$，$f\in Y^K$ 恰好解釋為：f是從K到Y的一個映射，這是Y中的K上的一個無窮列f。

我們也可以把固定的不空集Y改為：隨著$n\in K$而變動的不空集 Y_n；於是就得到集合列 Y_n 的「直積」：

$$\prod_{n\in K} Y_n=\{\text{點列 }\Phi=(\Phi_n): \text{對於一切 }n\in K, \Phi_n\in Y_n\}$$

例題4

例如，對於每個$p\in\mathcal{P}$，我們令：

$$Y_p=\{1, p, p^2, \cdots\}$$

任何一個自然數 n 的質因冪列就是這個集合列的直積之元素！

而且「簡直都是 1」！

16.5 多變元映射

【多變數函數】

隨時隨地我們都會遇到多變數函數，例如：某氣體在攝氏溫度θ，壓力p時，體積為

$$V=\frac{\theta+273}{p}$$

那麼V是θ與p的函數！

【看成單變數映射】

其實只要利用積集合，多變數映射都可以看成「積集合」上的「單變數」映射！

【四則運算】

其實我們（在小學！）最先學到的函數就是多變數函數！這就是四則運算！

先說「加」與「乘」。剛開始，這兩則運算都是二元（函數或）映射：

$$\text{add}：\mathbb{N}\times\mathbb{N}\rightarrowtail\mathbb{N}；\text{add}\,(x,y)=x+y$$

$$\text{multiply}：\mathbb{N}\times\mathbb{N}\rightarrowtail\mathbb{N}；\text{multiply}\,(x,y)=x*y$$

註 整個要點只是：小學生的寫法，是「中置式的」，而寫成 add 則是「前置式的」，我們比較不習慣！

然後，這兩個函數又「延拓」（擴張定義）到$\mathbb{N}_0*\mathbb{N}_0$，到$\mathbb{Z}*\mathbb{Z}$。

當然，在小學，「減法」$x-y$起先是限定要在

$$(x,y)\in\mathbb{N}_0*\mathbb{N}_0：x\geq y\}$$

這個範圍內的，換句話說：定義域是「半角隅」！然後再延拓到$\mathbb{Z}*\mathbb{Z}$。

【集合的運算】

如果我們取定一個集合Ω，例如$\Omega=\mathbb{N}$，那麼考慮$\boxed{2}^{\Omega}$的兩個元素X, Y，亦即Ω的子集，我們就可以做它們的交截$\cap$，併聯$\cup$，扣減$\setminus$，結果還是在$\boxed{2}^{\Omega}$

內，因此這些都是$\boxed{2}^{\Omega}$中的二元函數（＝運算），我們尤其注意到：

- 可締律：$(X\cap Y)\cap Z=X\cap(Y\cap Z)$；$(X\cup Y)\cup Z=X\cup(Y\cup Z)$
- 可換律：$X\cap Y=Y\cap X$；$X\cup Y=Y\cup X$
- 具么律：$X\cap\Omega=X$；$X\cup\varnothing=X$

【Boole 值】

最有趣的是：「論理的思考」其實也是一種「運算」！這是思想家Leibniz提出來的觀點，而英國數學家 Boole 給以更清楚的解說：

數學上的語句，例如說：「$3<7$」，當然真＝對，「$3<2$」，當然假＝不對；也有人用T代表對（真，true），用F代表不對（假，false），但是我們將用$1\in\mathbb{D}_2$表示「真」，而$0\in\mathbb{D}_2$表示「假」；那麼，這兩個「值」叫做Boole值，或者「真假值」；這兩元素構成了一個集合：

$$\text{Boole}=\{1, 0\}=\{\text{真，假}\}；（\text{其實 Boole}=\boxed{2}）$$

Boole提出一些論理運算（或叫Boole運算）。最常見的是並且（「and」），以及或者（「or」）。Boole 說：兩個真假值x與y

$$x\text{ 並且 }y=x*y$$

$$x\text{ 或者 }y=x+y-x*y$$

註 這裡的「或者」，是數學家常用的「不排斥的或者」；通常人的「或者」常常帶有排斥性。（令：真 ≔ 1，假 ≔ 0）

$$x\text{ 排斥性的或者 }y=(x+y)\bmod 2$$

註 還有另一種單項運算是否定（negation）：「真」變成「假」，「假」變成「真」：

$$x\mapsto(1-x)$$

【左右順序】

數學上的真假值語句，常常出現於「左右順序」。例如：「$3<7$」這個句子，和$3-7$這樣的式子，很相似。

後者，我們說過是「中置式的寫法」，故$3-7=-4$；用「前置式的寫法」應該是：subtract(3, 7)$=-4$。

前者，也是「中置式的寫法」，故 $3<7$ =「真」；用「前置式的寫法」應該是：IsLessThan(3, 7) = 真。

同理，IsLessThan(7, 3) = 假，也就是說：「$7<3$」= 假。

這樣就有了一個映射：

$$\text{is less than}: \mathbb{N}\times\mathbb{N} \rightarrowtail \text{Boole}$$

只不過，我們習慣用「中置式的寫法」代替「前置式的寫法」，用「$3<7$」代替「islessthan(3, 7)」。

其他的 $>$, $\leq$, $\geq$ 也都可以類似地解釋！

【偏映射】

例如：$f(x,y)=3*x^2+2*x*y-y^2$，如果 x, y 可以一起變動，這是個二變數函數；但是如果我們固定 y，例如令 $y=4$，那麼就有個一變數函數：把 x 變為 $f(x,4)=3*x^2+8*x-16$。這個函數是那個二變數函數 f 的偏函數；同樣，把 y 變為 $f(1,y)=3+2*y-y^2$，這也是那個二變數函數 f 的偏函數。

【例：整質對數】

對於任何一個自然數 $n\in\mathbb{N}$，以及一個質數 $p\in\mathcal{P}$，我們用 $\text{zlog}\ (n; p)=\text{zlog}_p\ (n)$ 表示 n 中所含質因數 p 的冪權。

例如 $n=2450=2^1*3^0*5^2*7^2*11^0*\cdots$，於是

$$\text{zlog}_2(2450)=1;\ \text{zlog}_3(2450)=0,\ \text{zlog}_5(2450)=2,\ \text{zlog}_7(2450)=2;\ \text{zlog}_{11}(2450)=0$$

這個兩變元函數 zlog 叫做整質對數，那麼就有兩種偏函數，一種是比較沒有用的，就是固定 $p\in\mathcal{P}$，例如 $p=3$，於是得到數列：

$$(0, 0, 1, 0, 0, 1, 0, 0, 2, 0, 0, 1, 0, 0, 1, 0, 0, 2, 0, 0, 1, 0, 0, 1, 0, 0, 3, \cdots)$$

一種是比較有用的，就是固定 n，例如 $n=2450$，於是有它的冪權列，即是

$$w_2=1,\ w_3=0,\ w_5=2,\ w_7=2,\ w_{11}=0,\ \cdots$$

註 一般地說：對於自然數 n 與 $m>1$，我們定義：

$$\text{zlog}_m\ (n)=\min\ (k\in\mathbb{N}_0: m^k \prec n)$$

也就是：「使得 m^k 可以整除 n 的最大整數」！例如：

$\text{zlog}_4(96)=2$，因為 $96=4^2*6$；$\text{zlog}_6(144)=2$

對於質數p，恆有：

$$\mathrm{zlog}_p(n_1 * n_2) = \mathrm{zlog}_p(n_1) + \mathrm{zlog}_p(n_2)$$

對於合成數m，就不一定了！因此，以下我們還是限定：$\mathrm{zlog}_p(n)$的p必須是質數：$p \in \mathcal{P}$，那麼$n = 2450$的冪權列，就可以寫成：zlog(2450)。

【整數集的加與乘】

對於我們，整數系$\mathbb{Z}$是最重要的集合，而它的兩個運算，加與乘，也特別重要，於是我們特別引入如下的運算：

如果$A, B \subseteq \mathbb{Z}$是兩個不空的整數集，$c \in \mathbb{Z}$是一個整數，那麼：

$$A + B = \{x + y : x \in A, y \in B\}$$

$$A * B = \{x * y : x \in A, y \in B\}$$

$$B + c = c + B = \{c + x : x \in A\}$$

$$B * c = c * B = \{c * x : x \in A\}$$

註 前面我們提過記號的問題：對於映射$\Phi : X \rightarrowtail Y$，與集$A \subseteq X$，其「影集」是一集$\Phi_{\vdash}(A) \subseteq Y$；有許多的書就是寫成$\Phi(A)$。

此處，加法與乘法，拘謹的寫法是前置式的：

$$\mathrm{plus} : (\mathbb{Z} \times \mathbb{Z}) \rightarrowtail \mathbb{Z}；\mathrm{times} : (\mathbb{Z} \times \mathbb{Z}) \rightarrowtail \mathbb{Z}$$

換句話說：定義域是$X = \mathbb{Z} \times \mathbb{Z}$，值域是$Y = \mathbb{Z}$；然則，

我們所寫的$A + B$，應該寫做$\mathrm{plus}_{\vdash}(A \times B)$，

我們所寫的$A * B$，應該寫做$\mathrm{times}_{\vdash}(A \times B)$。

例題1 令：$A = \{2, 3, 4\}, B = \{3, 4, 5\}, C = \{2, 4, 6\}$

求：$A + B$，$B + A$，$A * B$，$B * A$，$(A + B) * C$，$(A * C) + (B * C)$

解 $A + B = \{5, 6, 7, 8, 9\} = B + A$

$A * B = \{6, 8, 9, 10, 12, 15, 16, 20\} = B * A$

$A * C = \{4, 6, 8, 12, 16, 18, 24\}$

$B * C = \{6, 8, 10, 12, 16, 18, 20, 24, 30\}$

$(A + B) * C = \{10, 12, 14, 16, 18, 20, 24, 28, 30, 32, 36, 42, 48, 54\}$

$(A * C) + (B * C) = \{10, 12, 14, 16, 18, 20, 22, 24, \underline{26}, 28, 30, 32, \underline{34}, 36, \cdots, 54\}$

分配律不成立！只有$(A+B)*C \subset (A * C) + (B * C)$

但是有可換律$A * B = B * A$與可締律$(A * B)*C = A* (B * C)$。

16.6 商集

【同類】

我們已經強調過：「集合」是數學最重要的概念；在數論裡面，最重要的當然是$\mathbb{N}, \mathbb{N}, \mathbb{N}_0, \mathcal{P}$ 等等這些集合。

很自然地，會發生「分類的問題」：我們會「就某一種性質」，而將「數」分類！

【例 1】

自然數可以分成奇偶兩類；數學上可以用集合的寫法，取

$$A = \{2, 4, 6, 8, \cdots\} = 2*\mathbb{N}$$

$$B = \{1, 3, 5, 7, \cdots\} = 2*\mathbb{N} - 1$$

那麼，所謂「分成奇偶兩類」的意思，就有很嚴謹的解釋：

$$A \cup B = \mathbb{N}；A \neq \varnothing, B \neq \varnothing, A \cap B = \varnothing$$

這裡的「類」，變成「（不空）子集」，「分成」，指的是：「這些子集互斥（不相交）而聯集就是全部」！數學上就說：這兩集構成了全集$\mathbb{N}$的一個「分割」。其實，奇偶分類不限於自然數，一般的整數也一樣，那麼我們應該寫：

$$A = \{0, 2, 4, 6, 8, \cdots, -2, -4, -6, \cdots\} = 2*\mathbb{Z} = [0]_2$$

$$B = \{1, 3, 5, 7, \cdots, -1, -3, -5, \cdots\} = 2*\mathbb{Z} - 1 = [1]_2$$

於是有

$$[0]_2 \cap [1]_2 = \varnothing；[0]_2 \neq \varnothing, [1]_2 \neq \varnothing，[0]_2 \cup [1]_2 = \mathbb{Z}$$

我們同樣說：兩元素的集合

$$\mathbb{Z}_2 = \{[0]_2, [1]_2\}$$

是集合$\mathbb{Z}$的一個「分割」！

以上這兩個例子，都是「就奇偶性來分類」，類是「子集」，17與25「同類」，意思是「被放在同一個子集（同為B）中」，17 與 24「不同類」，是指：奇偶性不同，不放在同一個子集中」：$17\in B$，$24\in A$。

【例 2】

整數系$\mathbb{Z}$可以依照「正負性」分成三類：「正」，「負」，或者「零」；「三類」是指三個子集（「正類」，「負類」或者「零類」）分別是：

$$\mathbb{N}=\{1, 2, 3, \cdots\}$$

$$-\mathbb{N}=\{-n : n\in\mathbb{N}\}$$

$\{0\}$ 是獨身集

心須注意到：各「類」個數不必一樣多！（此處有兩個無窮集！另一個是獨身集）但不允許空集！因為「分割」就是如此要求：

$$\mathbb{N}\neq\varnothing, (-\mathbb{N})\neq 0, \{0\}\neq\varnothing$$

$$(\mathbb{N}\cap(-\mathbb{N}))=\varnothing, (\{0\}\cup\mathbb{N})=\varnothing, ((-\mathbb{N})\cup\{0\})=\varnothing$$

$$\mathbb{N}\cup(-\mathbb{N})\cup\{0\}=\mathbb{Z}$$

【例 3】

我們可以把例 1 推廣：假定$m>2$（$m\in\mathbb{N}$），我們可以把整數依照它對於m的整除餘數來分類；「類」是子集，此處是指「同餘類」，則整數系$\mathbb{Z}$可以分割為m類，而得到$\mathbb{Z}$的一個「分割」：

$$\mathbb{Z}_m=\{[0]_m, [1]_m, [2]_m, \cdots, \quad [m-1]_m\}$$

「分割」的意思永遠是「把同類的放在一起」！此處的「同類」，是指「餘數相同」！

註 我們認為$\mathbb{Z}_m$乃是商集這個概念的典型！（$m=2$ 的情形是例 1）

【商集＝分割】

假設X是個不空集，諸A_j都是X的不空子集，互斥，而且併聯為X：

$$A_j\neq\varnothing；A_i\cap A_j=\varnothing，(i\neq j)\text{而}\cup A_j=X$$

我們就說：（集合的）集合

$$Y=\{A_j : j\}$$

是X的一個分割，也就是商集。

註 **「分割」，是由動詞轉為名詞；「商集」的感覺比較「靜態」；當我們講到「商集」時，這個商集的「元素」，當然本身是「集合」，但是我們在乎的是它是商集的一元！例如說：$[3]_7, [5]_7$ 是商集 $\mathbb{Z}_7$ 的元素，當然是集合：**

$$[3]_7=\{3, 10, 17, \cdots, -4, -11, -18, \cdots\}$$
$$[5]_7=\{5, 12, 19, \cdots, -2, -9, -16, \cdots\}$$

但是，在寫$[3]_7 * [5]_7=[1]_7$的時候，雖然如上一節所說的，有其解釋：「兩個集合各自任意取出一元素而相乘，如此得到的所有乘積，全部就是『除以 7 餘 1 的數』」。

但我們強調的，毋寧只是：做為$\mathbb{Z}_7$的「元素」，它們是「互逆的」！

【等價類】

我們強調：「商集＝分割」這個概念，其實是由於我們在討論一個集合X的時候，經常會專注於某種性質，而做分類，此時，「相同性質的」兩元素被歸為「同類」，換句話說：對於我們正在追究的問題而言，兩元素是「等價的」，而分割所得的一「類」一「類」，叫做一個「等價類」；當我們由集合X做出商集Y時，意思就是：我們打算採取「比較粗糙」的眼光來看X的元素！如果$x_1 \in X, x_2 \in X$，它們各自屬於某一類：$x_1 \in y_1 \in Y$，$x_2 \in y_2 \in Y$；那麼，我們的興趣，只在於：「$y_1=y_2$？」，而非「$x_1=x_2$？」。

只要$y_1=y_2$，對於我們正在思考的性質或問題而言，x_1, x_2就「差不多了」，因為它們「同類」或「等價」。

商集這個名稱，怎麼來的？用甚麼記號表達？我們應該說：Y是X「對於那個同類性質（或叫「等價關係」）的商集」。

在例 1，我們應該說：$\mathbb{Z}_2$是「$\mathbb{Z}$對於奇偶性的商集」。

在例 2，則是$\mathbb{Z}$對於「正負性」的商集。

在例 3，（若$m=7$）則$\mathbb{Z}_7$是$\mathbb{Z}$對於「法 7 的同餘性」的商集。

$\mathbb{Z}_m$是$\mathbb{Z}$對於「相差在$m*\mathbb{Z}$內」的商集，習慣上寫成：

$$\mathbb{Z}_m=\mathbb{Z} \bmod (m*\mathbb{Z})\text{；或者更精簡為}\mathbb{Z}(\text{mod } m)$$

【投影】

如上述，則當Y是X的商集，每個$x\in X$都被分類，歸類到某個$y\in Y, x\in y$ $(\subset X)$，於是有個映射：

$$x\in X\mapsto y\in Y, x\in y$$

這個映射叫做自然投影，通常記以$\pi：X\twoheadrightarrow Y$。當然它是個蓋射！

【截形或代表系】

假設$x\in y\in Y$，我們說：x是$y\in Y$的一個代表；例如：18 是$[4]_7$的一個代表。不過，通常不會單獨提到某一類的一個代表！通常都是：對每個$y\in Y$，都設法選出一個代表$s(y)\in y$，那麼所有被選出的代表之全體R，就稱做「一個完全的代表系」，它有一個特徵：

$$\text{對於任何}y\in Y，R\cap y\text{是獨身集}$$

那個獨身集就是$\{s(y)\}$；如此就定出

$$\text{映射}\quad s：y\in Y\mapsto s(y)\in X$$

$$\text{特徵是：}\pi(s(y))=y\text{；對於一切}y\in Y$$

這樣子的映射s就叫做此商集的一個截形。

【例 4】

在例 3$\mathbb{Z}_7$中，最常見的代表系就是$\{0, 1, 2, \cdots, 6\}$；另外一個是$\{1, 2, \cdots, 7\}$；Gauss 也常用一半是負數的代表系$\{-3, -2, -1, 0, 1, 2, 3\}$；另外，Gauss 取原始根 3，意思就是取代表系：

$$\{0, 3, 3^2, 3^3, 3^4, 3^5, 3^6\}$$

【例 5】

在例 2 中，

$$Y=\{m*\mathbb{N}：m=0, -1, +1\}$$

一個很自然的代表系就是$\{0, -1, +1\}$。

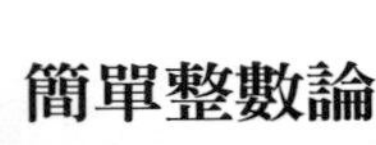

【抽象的子集】

如果有嵌射ψ：$X \rightarrowtail Y$，我們就說X是Y的抽象的子集！這是因為：我們經常可以把X的元素x，看成就是Y的元素$\psi(x)$！

【抽象的商集】

如果有蓋射π：$X \twoheadrightarrow Y$，我們就說Y是X的抽象的商集！事實上，這時候，對於X中的兩個元素x_1與x_2，當$\pi(x_1)=\pi(x_2)$時，它們是同影的！我們就把與x同影的元素全體，集合起來：

$$[x]=\{\xi \in X : \pi(\xi)=\pi(x)\}$$

這叫做：$x \in X$的等價類或者同影類！

這些同影類一個一個都是X的不空子集！我們做這些子集的全體：

$$X \bmod \pi=\{[x] : x \in X\} \subset \boxed{2}^X$$

這就成了一個具體的商集！

【例 6】

取絕對值函數 abs：$\mathbb{Z} \twoheadrightarrow \mathbb{N}_0$；那麼「同影」就是指「最多差個正負號」。

通常我們寫± 7，是有點含糊（「也許 7，也許 -7」），現在我們暫時規定

$$\pm n=\{n, -n\} \subset \mathbb{Z}$$

（當然$\pm 0=\{0\}$是獨身集！除此之外的都是雙元集）於是得到商集

$$\mathbb{Z} \bmod (\pm) := \{\pm n : n \in \mathbb{N}_0\}$$

【例 7：無聊的凝聚商集】

對於不空集X，我們令商集就只是獨身集$\{X\}$，這樣子相當無聊！這是凝聚（成一團！）的商集；若$X=\mathbb{Z}$，則這個無聊的凝聚商集就是：$\mathbb{Z}_1$。

【例 8：無聊的離散商集】

另外一個極端是：每個集合$y \in Y$都是X的獨身集！商集Y與X其實沒有區別，相當無聊！這是離散的商集。若$X=\mathbb{Z}$，則這個無聊的離散商集就是：$\mathbb{Z}_0$。

【注意】

如果 $m<n$，則分割$\mathbb{Z}_n$是分割$\mathbb{Z}_m$的細分！例如：

$$[1]_2=[1]_6\sqcup[3]_6\sqcup[5]_6\text{；}[0]_2=[0]_6\sqcup[2]_6\sqcup[4]_6$$

CHAPTER 17

[代數體系]

17.1 有序體

數學的研究對象叫做數學體系，都是一個不空集，配合上一些構造。

【有序體ℚ】

最簡單最常見的三、四個數學體系就是$\mathbb{N}, \mathbb{N}_0, \mathbb{Z}, \mathbb{Q}$。

以集合來說，當然是：

$$\mathbb{N} \subset \mathbb{N}_0 \subset \mathbb{Z} \subset \mathbb{Q}$$

那麼它們有何種構造呢？我們拿最大的這個集ℚ來看，它的「構造」有五樣：「加」、「減」、「乘」、「除」，與左右順序。

【四則運算】

「加」、「減」、「乘」，是「三則運算」，這裡的每一則（二元）運算都是二元（函數或）映射，換句話說，我們有三個映射：

$$\text{add}: \mathbb{Q} \times \mathbb{Q} \rightarrowtail \mathbb{Q};\ \text{add}\,(x, y) = x + y$$

$$\text{subtract}: \mathbb{Q} \times \mathbb{Q} \rightarrowtail \mathbb{Q};\ \text{subtract}\,(x, y) = x - y$$

$$\text{multiply}: \mathbb{Q} \times \mathbb{Q} \rightarrowtail \mathbb{Q};\ \text{multiply}\,(x, y) = x * y$$

「除」與「加」、「減」、「乘」最大的不同就在於 0 不可以是除數：

$$\text{divide}: \mathbb{Q} \times \mathbb{Q}^{\times} \rightarrowtail \mathbb{Q};\ \text{divide}\,(x, y) = x \div y$$

其中：

$$\mathbb{Q}^{\times} = \mathbb{Q} \setminus \{0\}$$

註 **整個要點只是：小學生的寫法是「中置式的」，而寫成 add，則是「前**

置式的」，我們比較不習慣！

【體】

假設：有一個不空集F，其中有兩個元素，幺元 1_F與零元 0_F，以及三個運算 add, subtract, multiply，都是$F\times F\rightarrowtail F$的映射；另外有一個運算

$$\text{divide}: F\times (F\setminus\{0_F\})\rightarrowtail F$$

而這些運算都具有「該有的性質」，那麼，這個體系（集合F及運算四則 add, subtract, multiply, divide）叫做一體。

【左右順序】

最有趣的是：「左右順序」其實也是一種「運算」！

例如說：$3<7$ 當然對，$3<2$ 當然不對；我們用 true 代表對（真，true），用 false 代表不對（假，false），那麼，這兩個「值」叫做 Boole 值，或者「真假值」，兩元構成了一個集合

$$\text{Boole}=\{真，假\}$$

這樣就有了一個映射：

$$\text{IsLessThan}: \mathbb{Q}\times\mathbb{Q}\rightarrowtail \text{Boole}$$

只不過，我們習慣：

用「$3<7$」，代替「IsLessThan(3, 7)＝真」；

用「$3\nless 7$」，代替「IsLessThan(3, 7)＝假」；

其他的$>$, $\leq$, $\geq$ 也都可以類似地解釋！

【全有序集】

假設：F是不空集，而有映射

$$\text{IsLessThan}: F\times F\rightarrowtail \text{Boole}$$

而這個映射具有下列「該有的性質」，那麼，這個體系（F及IsLessThan）叫做一個全有序集：

可遞律：若$x<y$且$y<z$，則$x<z$。

三分法：$x<y$，$y<x$，$x=y$三者之中，恰恰有一個對！

這裡 $x<y$ 的意思就是：IsLessThan (x, y) = 真(true)。

【有序體】

假設：不空集 F 具有四則運算而成一「體」，同時又具有左右順序，而成為全有序集；再又假定：運算與左右順序具有下列「該有的性質」，那麼，這個體系（F 及這五個運算構造）叫做一個有序體：

$$若\ 0_F<x，0_F<y，則\ 0_F<x+y，0_F<x*y$$

ℚ是有序體的原型，實數系也是一個有序體。

註 若 $0_F<x$，則 x 稱為「正」，若 $x<0_F$，則 x 稱為「負」，於是，「正」「負」與「零」，也是三分法！於是也有「負負得正」。

若 $x<0_F$，$y<0_F$，則 $0_F<(-x)$，$0_F<(-y)$

故 $0_F<(-x)*(-y)=x*y$

17.2 環與分配系

【環】

就集合來說，整數系ℤ是有理數系ℚ的子集。但是，在那五個「運算」構造之中，當局限到ℤ來討論時，除法當然有問題！

因為對於除法，ℤ不封閉！做為ℚ的元素，$3\div 6=\frac{1}{2}$ 有意義，但 $\frac{1}{2}\notin\mathbb{Z}$。

所以，我們這樣定義：任何的集合 R，只要 R 具有「加」、「減」、「乘」三則運算，而且這三則「運算」之間，具有一些「該有的性質」，那麼，這個體系（集合 R 及這三則「運算」）叫做一個環。

【有序環】

任何的集合 R，只要 R 具有「加」、「減」、「乘」三則運算，與一個「左右順序」，而且這四個「運算」構造之間，具有一些「該有的性質」，那麼，這個體系（R，這三則「運算」及「左右順序」）叫做一個有序環。

有理數系ℚ當然也是一個有序環，我們只要忽視其除法運算就好了！於是：整數系ℤ是有理數系ℚ的子有序環，而且是有序環的原型。

當然我們只要忽視「左右順序」，有序環就只是環；於是：整數系ℤ當然是環的原型（實際上$\mathbb{Z}_m$是環，但不可能是有序環）。

【自然數系ℕ】

就集合來說，自然數系ℕ是整數系ℤ的子集。但是，在那四個「運算」構造之中，當局限到ℕ來討論時，減法當然有問題！

因為對於減法，ℕ不封閉！做為ℤ的元素，$3-5=-2$有意義，但$-2\notin\mathbb{N}$。

【定理】

在自然數系ℕ中，減法$x-y$行得通的條件是：$y<x$。換句話說：$y<x$就相當於：有個$z\in\mathbb{N}$使得$y+z=x$。

以上這個定理告訴我們：自然數系ℕ有「加」、「乘」兩則運算，與「左右順序」，一共是三個「運算」，可是我們不必煩惱「左右順序」，因為它純粹由加法決定了！

【分配系】

那麼，我們只要把自然數系ℕ看成具有「加」和「乘」兩則運算的體系就好了！這兩個運算，互相之間有一個重要的關聯，這就是：

「加法對於乘法有分配性」：

$$x*(u+v)=x*u+x*v\text{；}(x+y)*u=x*u+y*u$$

因此，自然數系ℕ是一個分配系，它是分配系的原型。

註 注意到「加」、「乘」兩運算並不對稱！因為：

$$x+(u*v)\neq(x+u)*(x+v)$$

【Boole 環】

有趣的是：在一個集合Ω的子集間，兩個運算∪，∩是互相分配的：

$$A\cap(B\cup C)=(A\cap B)\cup(A\cap C)$$

$$A\cup(B\cap C)=(A\cup B)\cap(A\cup C)$$

這樣子的體系叫做 Boole 環。

17.3 半群

【加法半群與乘法半群】

現在我們將把自然數系ℕ看成具有「加」或「乘」的單一個運算的體系！

單獨考慮「加」或「乘」一個運算，最重要的性質是：

可締律：$(a+b)+c=a+(b+c)$；$(a*b)*c=a*(b*c)$

可換律（對稱律）：$a+b=b+a$；$a*b=b*a$

可消律：$a+b=a+c$，則 $b=c$；$a*b=a*c$，則 $b=c$

在此，可締律是最根本的！具有一個可締運算的體系，就叫做半群。其它兩個性質，就做為形容詞而附加，於是我們就說ℕ是一個加法（可換可消）半群或乘法（可換可消）半群。當然ℕ是（可換可消）半群的原型！

當然我們也可以不限制運算的性質，那麼，具有「加」或「乘」的單一個運算的體系，就叫做「加法系」或「乘法系」。

【具么性】

把ℕ看成是一個加法半群或看成是一個乘法半群，有何顯著的不同？

乘法有具么律：

$$a*1=1*a=a$$

加法呢？沒有（應該叫具零律）：

$$0+a=a+0=a\text{；因為 }0\notin\mathbb{N}$$

【加法半群$\mathbb{N}_0$與乘法半群$\mathbb{N}_{(1}$】

要讓加法與乘法更「相像」，有兩種辦法：我們可以扣去乘法半群ℕ 的么元，令

$$N_{(1}:=\mathbb{N}\setminus\{1\}=\{2,3,4,\cdots\}$$

這樣子當然也是一個乘法（可換可消）半群。但是就不具么！

我們也可以送進加法半群$\mathbb{N}$的零元，令

$$\mathbb{N}_0 := \mathbb{N} \cup \{0\} = \{0, 1, 2, 3, 4, \cdots\}$$

這樣子當然也是一個加法（可換可消）半群。但是就具（零）「么」！

註 **當然$\mathbb{N}_{(1}$也是一個（可換可消）加法半群！**

而$\mathbb{N}_0$也是一個（可換）乘法半群！

【乘法的黑洞】

但是$\mathbb{N}_0$不是一個可消的（可換）乘法半群！

這是因為其中有一個乘法的黑洞：

$$0 * x = 0 = x * 0$$

17.4 群

【可減與可負】

加法系$\mathbb{N}_0$比起$\mathbb{N}$是多了個零（「么」）元；但是減法照樣有問題！

加法系$\mathbb{Z}$與$\mathbb{N}$的最大的（最重要的）不同，是：「減法沒有問題！」

當然我們如道：因為

$$x - y = x + (-y)$$

「可減性」其實就是「可負性」。於是，$\mathbb{Z}$就是加法群的原型。

【加法群】

所謂「加法群」就是一個集合G，配合上單一個運算「加法」+，而且「加法」運算滿足如下的性質：

可締律：$(a+b)+c = a+(b+c)$

可換律（對稱律）：$a+b = b+a$

具零律：存在$0_G \in G$，使得$0_G + a = a + 0_G = a$

可負律：對a有$(-a)$，使得$a+(-a) = 0_G = (-a)+a$

由可負律就衍生出減法：

$$(a, b) \mapsto a - b = a + (-b)$$

註 乘法群：若我們把正有理數系 $\mathbb{Q}_+$ 看成具有「乘法」的單一個運算的體系！則有：

可締律：$(a*b)*c = a*(b*c)$

可換律（對稱律）：$a*b = b*a$

具么律：存在 $1_G \in G$，使得 $1_G*a = a*1_G = a$

可逆律：對 a，有 a^{-1} 使得 $a*\frac{1}{a} = 1_G = \frac{1}{a}*a$

所以，可換群的運算可以由加法改為乘法，從而負元改稱逆元，零元改稱么元；由可逆律就衍生出除法：

$$(a, b) \mapsto a \div b := a*(b^{-1})$$

雖然有的寫加減，有的為乘除，但是在代數上這些定律是同一回事！

這裡面，可締律是最根本的，有了它才稱為半群，其次是具么律與可逆律，於是就稱為群！

「可換」就做為形容詞而附加，於是我們就說$\mathbb{Z}$是一個加法（可換）群。

註 環與體：回到前面未完成的定義！

環 R 必須具有加、減、乘三則；其中的限制條件是：

(1) R 對於加、減，必須是一可換群。

(2) R 對於乘，必須是一半群。

(3)加法對於乘法有分配性。

體 F 必須具有加、減、乘、除四則；其中的限制條件是：

(1) F 對於加、減，必須是一可換群。

(2) $F \setminus \{0_F\}$ 對於乘、除，必須是一可換群。

(3)加法對於乘法有分配性。

例題 1

對於體 F，非零元的全體是一乘法群，可以記為 $F^\times$；例如$\mathbb{R}^\times, \mathbb{Q}^\times, \mathbb{C}^\times$ 都是乘法群！

當然這個概念可以推廣：具么環 R 的（乘法）可逆元全體，記作 $R^\times$，也

是一群！這是因為：若 x 有逆元 x^{-1}，y 有逆元 y^{-1}，則 $x*y$ 也可逆：

$$(x*y)^{-1}=y^{-1}*x^{-1}$$

17.5 體系的同態與同構

【同態共容性】

假設有 X 與 Y 兩個體系，它們之間可以有甚麼樣的關係？我們已經講過：（代數）體系就是集合配合上一些（運算）構造，現在就設想 X 與 Y 都具有一個（都同樣寫為乘法）的運算。

我們知道：集合之間有映射，這是兩個集合之間最重要的「交涉」！那麼，當有映射 $\Phi: X\mapsto Y$ 時，我們當然要思考：映射 Φ 與（X 與 Y 的）乘法運算有何關係？

最自然的想法就是要求映射與運算的「共容性」：

$$\forall x_1, x_2\in X,\ \Phi(x_1*x_2)=\Phi(x_1)*\Phi(x_2)$$

（當然，如果體系的構造不止有乘法，還有加法，那麼也要有相應的式子！）

有了這性質，映射 Φ 就稱為是個（代數體系之間的）同態，或者映型。

例題 1

$(\mathbb{N},+)$是個加法半群，同時，$(\mathbb{N},*)$是個乘法半群；那麼，任意取一個 $a\in\mathbb{N}$，考慮映射

$$\Phi: n\in\mathbb{N}\mapsto a^n\in\mathbb{N}$$

這是從加法半群$(\mathbb{N},+)$到乘法半群$(\mathbb{N},*)$的映型！

當然在這個例子中，我們可以把「源系」改為（延拓為）具零半群$\mathbb{N}_0$，而靶系不用改；但是若要延拓到$\mathbb{Z}$上，靶系最少要改為乘法群

$$a^{\mathbb{Z}}:=\{a^n: n\in\mathbb{Z}\}$$

【同構，嵌型，與蓋型】

集合間的映射 $\Phi: X \rightarrowtail Y$，在特別的情形下，會成為：對射，嵌射，或蓋射；如果集合 X, Y 都是代數的體系，具有運算，而映射 Φ 是個同態（與運算共容）那麼，對射同態叫做同構，嵌射同態叫做嵌型，蓋射同態叫做蓋型。

例題 2

例題 1 中，在 $a \in \mathbb{N}, a > 1$ 的情形下，就給出一個同構 $\Phi: \mathbb{Z} \rightarrowtail a^{\mathbb{Z}}$；但是，如果把靶系改為「正有理數系」，那就變成不是同構只是嵌型了！

【子系】

我們已經說過：若集合間的映射 $\Phi: X \rightarrowtail Y$ 是嵌射，則可以說 X 是 Y 的抽象的子集；因此，只要是 $\Phi: X \rightarrowtail Y$ 是嵌型，我們就可以說：X 是 Y 的抽象的子系；但要說：X 是 Y 的「具體的子系」，我們必須要求：

$X \subset Y$ 是「具體的子集」，而且：X 在 Y 的運算之下封閉！

例題 3 對於 $a \in \mathbb{Z}$，我們已經規定：

$$a * \mathbb{Z} \coloneqq \{a * z : z \in \mathbb{Z}\}$$

顯然這是加群 $\mathbb{Z}$ 的子群，因為它的兩個元素相加、相減，也還在這裡面，因此是封閉的。

【商系】

我們已經說過：若集合間的映射 $\Phi: X \rightarrowtail Y$ 是蓋射，則可以說 Y 是 X 的抽象的商集；因此，只要是 $\Phi: X \rightarrowtail Y$ 是蓋型，我們就可以說：X 是 Y 的抽象的商系；但要說：X 是（乘法系）Y 的「具體的商系」，首先我們必須要求：

Y 是 X 的「具體的商集」，因此，每個 $y \in Y$ 都是 X 的不空子集；而且

$$\text{若 } y_1 \neq y_2 \text{，則 } y_1 \cap y_2 = \varnothing \text{；} \cup (y : y \in Y) = X$$

其次，最重要的是共容性：

$$\text{若：} x_1 \in y_1, \xi_1 \in y_1, x_2 \in y_2, \xi_2 \in y_2 \text{，} x_1 * x_2 \in y_3 \text{，則：} \xi_1 * \xi_2 \in y_3$$

換句話說：若x_1與ξ_1同類，x_2與ξ_2同類，則$x_1 * x_2$與$\xi_1 * \xi_2$同類！

【直積系】

如果有兩個乘法系X與Y，我們在積集合$X \times Y$之中，當然可以定義乘法運算為（「逐成分的」）：

$$(x_1, y_1) * (x_2, y_2) := (x_1 * x_2, y_1 * y_2) ; (x_j \in X, y_j \in Y, j = 1, 2)$$

配備了如此的乘法，我們就得到兩個乘法系的直積系，記作$X \otimes Y$。

顯然，若在X與Y中，乘法都具有可締性、可換性，或具么性，或者進一步的可逆性，那麼：直積系$X \otimes Y$也就具有同樣的性質！（反之亦然！）

所以也就有直積半群、直積群的名稱！

【定理】

兩個自然投影$\pi_X : X \otimes Y \rightarrowtail X$，$\pi_Y : X \otimes Y \rightarrowtail Y$都是蓋型！

註 如果兩系X與Y的運算，不寫乘法而是寫成加法，那麼習慣上就說成直和系而不說直積系，記號就改用$X \oplus Y$。不過，集合本身還是寫$X \times Y$。

註 假設X, Y各具么元$1_X, 1_Y$，則$X \times Y$的么元就是

$$1_{X \otimes Y} = (1_X, 1_Y) = 1_X \otimes 1_Y$$

最後的等式是甚麼意思？

當X, Y都具么時，我們有兩個自然的嵌型：

$$\iota_X : X \otimes Y \rightarrowtail X ; \iota_X(x) = (x, 1_Y)$$

$$\iota_Y : X \otimes Y \rightarrowtail Y ; \iota_Y(y) = (1_X, y)$$

因此可以把X看成$X \otimes Y$的子系（換句話說：把$x \in X$看成$(x, 1_Y) \in X \otimes Y$），也可以把Y看成是$X \otimes Y$的子系（換句話說：把$y \in Y$看成$(1_X, y) \in X \otimes Y$），那麼$(x, y) \in X \otimes Y$，其實可以看成$x * y = y * x$（這裡的可換性並非有假定X, Y為可換的體系！），而(x, y)就記為$x \otimes y$。

【直積環】

如果這兩系X與Y都是同時有加法與乘法兩個運算，那麼我們在積集合$X \times Y$之中，當然也可以定義（「逐成分的」）加與乘兩個運算：

$$\begin{pmatrix}(x_1,y_1)*(x_2,y_2)=(x_1*x_2,y_1*y_2)\\(x_1,y_1)+(x_2,y_2)=(x_1+x_2,y_1+y_2)\end{pmatrix}(x_j\in X,y_j\in Y,j=1,2)$$

配備了如此的加法與乘法，就得到具有兩個運算的系，還是記作$X\otimes Y$。

顯然，若在X與Y中，加法對於乘法都具有分配性，那麼：直積系$X\otimes Y$也就具有同樣的分配性！

所以也就有直積環的名稱：如果這兩系X與Y都是環。

17.6 Möbius 反轉公式

【無限制的無窮個半群的直積】

假設有無窮個乘法半群M_α，各用足碼$\alpha\in I$來辨識，當然設足碼集I是無窮集！（但是我們只用到「可列的無窮」！）我們如何定義其直積系？

大概有兩種有用的方式：「無限制的」與「代數的」。

先定義無限制的集合直積$M=\overline{\Pi}_{\alpha\in I}M_\alpha$為如下「數列」$f$的全體：

$f: I\mapsto\cup_{\alpha\in I}M_\alpha$，但要求$f(\alpha)\in M_\alpha$

如此，對於兩個這樣的「數列」f與g，可以定義其乘積為逐項相乘：

$$f*g(\alpha)=f(\alpha)*g(\alpha)$$

於是我們得到了「無限制的」半群的直積$\otimes\overline{\Pi}_{\alpha\in I}M_\alpha$。

註 當且僅當：各個M_α為可換時，M為可換！

當且僅當：各個M_α具么時，M具么！

當且僅當：各個M_α為可逆時，M為可逆！

【代數的無窮個半群的直積】

假設這些乘法半群M_α，都各具么元1_{M_α}（其實可以就簡記為 1），於是：如果（$f\in\overline{\Pi}_{\alpha\in I}M_\alpha$）

$$\text{card}(\{\alpha\in I: f(\alpha)\neq 1_{M_\alpha}\})<\infty$$

我們就說：f「簡直都是么」，而記為

$$f\in\prod_{\alpha\in I}M_\alpha$$

註 若把乘法半群改為加法半群，也許把「直積」之名改為「直和」，
無限制的加法半群的直和記為$\oplus\overline{\Sigma}_{\alpha\in I}M_\alpha$。
代數的加法半群的直和記為$\oplus\Sigma_{\alpha\in I}M_\alpha$。

【例：質因數分解】

今對質數$p\in\mathcal{P}$，考慮可換具么半群

$$p^{\mathbb{N}_0}:=\{p^n : n\in\mathbb{N}_0\}$$

於是有代數的半群直積：$\otimes\Pi_{p\in\mathcal{P}}p^{\mathbb{N}_0}$；它的各個自然投影，記作$\pi_p$。

今對於$f\in\otimes\Pi_{p\in\mathcal{P}}p^{\mathbb{N}_0}$，當然$\pi_p(f)=f_p\in p^{\mathbb{N}_0}$；但是它們簡直都是么！因此有乘積：$\Pi_{p\in\mathcal{P}}f_p\in\mathbb{N}$；那麼所謂算術基本定理，就是主張：「如下這個映射是對射！」

$$f\in\prod_{p\in\mathcal{P}}p^{\mathbb{N}_0}\mapsto\prod_{p\in\mathcal{P}}\pi_p(f)\in\mathbb{N}$$

這個逆映射就是質因數分解：把一個自然數$n\in\mathbb{N}$寫成：

$$n=\prod_{p\in\mathcal{P}}p^{w_p}=\prod_{p\in\mathcal{P}}f_p\ ;f_p:=p^{w_p}$$

此處

$$p\in\mathcal{P}\mapsto w_p\in\mathbb{N}_0$$

就是自然數$n\in\mathbb{N}$的<u>冪權列</u>（簡直都是 0！）（參見 p.204（16.1）式)

$$w=(w_2,w_3,w_5,\cdots)$$

$$\text{而}\ p\in\mathcal{P}\mapsto f_p\in p^{\mathbb{N}_0}$$

就是自然數$n\in\mathbb{N}$的<u>質因冪列</u>（簡直都是 1！）（參見 p.204（16.1）式）

$$f=(f_2,f_3,f_5,\cdots)$$

【乘性的算術函數】

前面我們已經介紹過：所謂的<u>乘性的</u>算術函數$g : n\in\mathbb{N}\mapsto g(n)$，必須有：

$$\text{當}\ a\perp b\ \text{時，}g(a*b)=g(a)*g(b)$$

注意到，當然：

$$g(1)=1$$

現在，對於$p\in\mathcal{P}$，我們把函數g侷限到集合$p^{\mathbb{N}_0}$來：

$$g_p(p^k):=g(p^k)$$

這樣子當然得到函數 g_p，定義在 $p^{\mathbb{N}_0}$ 上；當然這一列函數

$$(g_p : p \in \mathcal{P})$$

就完全決定了乘性的算術函數 g：

對於質因數分解 $n = \Pi_{p \in \mathcal{P}} p^{w_p}$，都有：

$$g(n) = g\left(\prod_{p \in \mathcal{P}} p^{w_p}\right) = \prod_{p \in \mathcal{P}} g_p(p^{w_p})$$

註 這些函數 g_p，定義域簡直互斥（除了共同的 1 之外），因此更好的辦法是令：

$$\hat{g}_p(k) := g(p^k) = g_p(p^k); (k \in \mathbb{N})$$

而定義域都取為 $\mathbb{N}$，那麼：

$$g\left(\prod_p p^w\right) = \prod_{p \in \mathcal{P}} \hat{g}_p(w_p)$$

這些函數 $\hat{g}_p$ 是完全的自由：互不干涉！這一列函數

$$\hat{g} = (\hat{g}_p : p \in \mathcal{P})$$

與乘性函數 g 互相決定！因此我們稱之為乘性函數 g 的質因譜。

若把 $\hat{g}_p$ 看做是 $\mathbb{N}_0$ 上的函數，則必須限制

$$\hat{g}_p(0) = 1$$

【累積的乘性的算術函數】

假設 g 是一個乘性的算術函數，那麼我們可以定義其累積的（乘性的）算術函數 g^{Σ} 為

$$g^{\Sigma}(z) := \sum_{u \prec z} g(z)$$

實際上 g^{Σ} 的質因譜將是

$$\widehat{g_p^{\Sigma}}(k) = 1 + \sum_{j=1}^{k} \hat{g}_p(j)$$

【Möbius 反轉】

如何由累積的（乘性的）算術函數 g^{Σ}，反轉來算出原來的（乘性的）算術函數 g？

利用質因譜，則問題將是：由 $\widehat{g^{\Sigma}}$ 如何求出 $\hat{g}$？由最後的式子，馬上算出（反和分原理！）

$$\hat{g}_p(k) = \widehat{g_p^{\Sigma}}(k) = \widehat{g_p^{\Sigma}}(k-1)$$

例題 由 $g^{\Sigma} = G$，反求 $g(2340)$。

$n = 2340 = 2^2 * 3^2 * 5 * 13$；於是

$$g(n) = g(2^2) * g(3^2) * g(5) * g(13)$$
$$= (G(2^2) - G(2^1)) * (G(3^2) - G(3)) * (G(5) - G(1)) * (G(13) - G(1))$$

展開之後有 $2^4 = 16$ 項，每一項都是

$$G(2^i) * G(3^j) * G(5^k) * G(13^l) = G(2^i * 3^j * 5^k * 13^l)$$

配合上「正負號」！其中當然 $m \prec n$，事實上：

$$1 \le i \le 2 ;\ 1 \le j \le 2 ;\ 0 \le k \le 1 ;\ 0 \le l \le 1$$

所說的「正負號」，是計算

$$(2-i) + (2-j) + (1-k) + (1-l)$$

從而由其奇偶決定負止！注意到：$(2-i)$，$(2-j)$，$(1-k)$，$(1-l)$都不會有 ≥ 2 者，亦即：$\frac{n}{m}$不許有真平方因數！因此只是相異質數的相乘積！由此可得 Möbius 的反轉公式：

$$g(n) = \sum_{d \prec n} \mu\left(\frac{n}{d}\right) * g^{\Sigma}(d)$$

CHAPTER 18

[系統 $\mathbb{N}, \mathbb{Z}, \mathbb{Z}_m$]

18.1 加法半群 $\mathbb{N}$ 的子系

【封閉性】

假設 M 是一個加法半群，而有一個不空子集 $A \subset M$，是否 A 可以繼承 M 的構造，也成為一個加法半群（因而叫做子半群）？

當然，條件就是 A「對於加法有封閉性」，即：

$$\text{當 } x \in A, y \in A \text{ 時，} x+y \text{ 必須也在 } A \text{ 中}$$

例題1

在自然數系 $\mathbb{N}$ 中，$\{4, 5, 6, 7, \cdots\}$ 當然是一個子加法半群。我們記之為 $\mathbb{N}_{[4} = \mathbb{N}_{(3} = 3 + \mathbb{N}$；同理有這些（加法）子半群：

$$\mathbb{N}_{[k} = \mathbb{N}_{(k-1} = \{k, k+1, k+2, \cdots\} = (k-1) + \mathbb{N}$$

例題2 簡單的子系

在 $\mathbb{N}$ 中，並非所有的子半群都是上述的形狀。例如，所有 3 的（正）倍數的集合 $\{3, 6, 9, 12, \cdots\}$ 是個加法半群！實際上這是含有 3 的最小的子加法半群：一個子加法半群 H，只要含有 3，就必然含有 $3+3=2*3=6$；於是必然含有 $3+6=3+2*3=3*3=9$（依此類推）；同理，在任何加法半群 M 中，含有 $d \in M$ 的最小的子加法半群（叫做 $d \in M$ 所生出的加法半群），就是：

$$\mathbb{N}*d \coloneqq \{n*d : n\in\mathbb{N}\} = \{d, 2*d, 3*d, \cdots\}$$
$$n*d \coloneqq d+d+d+\cdots+d \text{（共 } n \text{ 個）}$$

例題3

若 $M=\mathbb{Z}_8, d=[6]_8$，則 $\mathbb{N}*d=\{[0]_8, [2]_8, [4]_8, [6]_8\}$；重新提醒一下：表示集合的紐括號內，不同的 n，也許可以有相同的 $n*d$；因為這裡的『乘法』是 $\mathbb{N}\times M\rightarrowtail M$；在本例，$5*d=9*d=[6]_8$，$d$ 就是加法半群 $A=\mathbb{N}*d\subset M$ 的生成元。在本例，生成元不是唯一的！因為 $[2]_8$ 也是一個生成元；但是：$\mathbb{N}$ 的子加法半群 $\mathbb{N}*3$ 的生成元是唯一的，就是 3。

【問 1】

（可換）乘法半群 M 中，單一元素 a 所生成的乘法半群 A 為何？

【答】

當然是：

$$a^{\mathbb{N}} \coloneqq \{a^n : n\in\mathbb{N}\}$$
$$a^n \coloneqq a*a*a\cdots*a \text{ (共 } n \text{ 個)}$$

註 1 如果我們討論具零加法半群 M，把零元 0_M 看成是構造的一部份，那麼，$d\in M$ 所生的子具零半群，將是：

$$\mathbb{N}_0*d \coloneqq \{n*d : n\in\mathbb{N}_0\} = \{0*d, 1*d, 2*d, 3*d, \cdots\}$$

當然規定：$0*d \coloneqq 0_M$

同理：（可換）乘法具么半群 M 中，單一元素 a 所生的乘法半群為

$$a^{\mathbb{N}} \coloneqq \{a^0, a^1, a^2, a^3, \cdots\}$$

當然規定：$a^0 \coloneqq 1_M$。

【定理 1】

對於任意的加法半群 M，以及任意的 $d\in M$，都有唯一的同態 $f:\mathbb{N}\to M$，使得：$f(1)=d$。事實上：

$$f(n)=n*d$$

註 2 **如果我們討論具零加法半群的同態，定理完全一樣！**

把同態改為從加法半群 $\mathbb{N}$ 到乘法半群 M，則同態 f 的公式變成：

$$f(n) = d^n$$

【定理 2】

對於任何 $d \in \mathbb{N}$，含有 d 的最小的子加法半群，換句話說，d 所生成的加法半群，就是 $d * \mathbb{N}$。這和 $\mathbb{N}$ 本身同構。

註 3 **$d > 1$ 時，集合 $\mathbb{N}$ 和它的「真」子集 $d * \mathbb{N}$ 基數相同！**

註 4 **加法半群 $\mathbb{N}$ 與乘法半群 $\mathbb{N}$ 有一個相異處是：前者不具零，而後者具么！於是，後者的么元 1，生成的「子半群」就是（極其）無聊的「零半群」：**

$$1^{\mathbb{N}} = \{1\}$$

前者沒有「零半群」作為子半群！

例題 4

那麼我們考慮：兩個元素 $a, b \in M$，如何「生成」具零加法半群 $A \subseteq M$？

註 5 **意思是甚麼？a, b 被當作「原料」，而且是「無限制的供應」，我們可以利用這個原料庫，由「加法」去製造，A 就是所有能夠造出的產品（之集）：**

$a+a=2*a, a+a+a=3*a, \cdots, a+b, a+(a+b)=2*a+b, (a+b)+b=a+2*b; \cdots$，

由於可換可締，$a+(a+b)=b+(a+a)=b+2*a$；⋯，所以看出來：

$$A = \{m*a+n*b : m \in \mathbb{N}_0, n \in \mathbb{N}_0\text{，但排除 } m=0=n\}$$

【非負整組合】

一般地說：對於任意的加法半群 M，任意 $k(\in \mathbb{N})$ 個元素 $d_1, d_2, \cdots, d_k$，以及相應的幾個非負整數 $n_1, n_2, \cdots, n_k \in \mathbb{N}_0$；我們就說：$n_1*d_1+n_2*d_2+\cdots+n_k*d_k$ 為：這些元素的非負整組合。

無聊的情形是：$n_1=0=n_2=\cdots$；對於不具零的加群 M，就沒有定義了！因此：這些元素的集合所生的加群就是所有有聊的非負整組合全體。

註6 以乘法半群代替加法半群也可以，但乘法的非負整組合當然是：

$$d_1^{n_1}*d_2^{n_2}*\cdots*d_k^{n_k}\ (n_j\in\mathbb{N}_0)$$

如果我們考慮的是具零加法半群 M，那麼這些元素的集合所生的子具零加法半群，就是：所有的非負整組合全體；於是，照我們規定的記號：

$$\{a,b\}\text{所生的具零加法半群}=a*\mathbb{N}_0+b*\mathbb{N}_0$$

註7 咬文嚼字一下：許多人就說：上式的加法半群 A 是由「兩個『生成元』（generators）a, b』所生的」，其實，要點是：以這個集合 $\{a,b\}$，作為「原料庫」，應該說這單一個集合是 generator，而且不可以加上（「多數形的」）s。

例題5

$a=10, b=70$（於 $M=\mathbb{N}$ 中），生成的加法半群其實只是 $10*\mathbb{N}$，因為：$b=70\in a*\mathbb{N}=10*\mathbb{N}$

例題6 現在考慮 $a=10, b=18$；於是生成的具零加法半群

$$a*\mathbb{N}_0+b*\mathbb{N}_0=\{0, 10, 18, 20, 28, 30, 36, 38, 40, 46, 48, 50, 54, 56, 58, 60, 64, 66, 68, 70, 72, 74, 76,\ (\text{以下的一切偶數})\}$$

理由是：$\mathrm{hcf}(10, 18)=2$

例題7 考慮：$a=5, b=7$，則：生成的加法半群

$$A=\{5, 7, 10, 12, 14, 15, 17, 19, 20, 21, 22, 24, 25,\cdots\}$$

乾脆說：從 24 以下，都屬於 A：

$$A=\mathbb{N}\setminus\{1, 2, 3, 4, 6, 8, 9, 11, 13, 16, 18, 23\}$$

不屬於 $\mathbb{N}\setminus A$ 的最大元素是 23；事實上，出發點是

$$3*5-2*7=1$$

那麼，$25=5*5$；$24=25-1=5*5-(3*5-2*7)=(5-3)*5+2*7$

以下是：$26=5+3*7$；$27=4*5+7$；$28=4*7$

從 24 到 28 這 5 個連續整數都在 A 內，那麼其後的數，只要一再地加 5，

就可以了！

其實我們已經證明了：

【補題】

若 $a \perp\!\!\!\perp b, a \in \mathbb{N}, b \in \mathbb{N}$，則有 $\ell \in \mathbb{N}$，使得：任何一個自然數 $n \geq \ell$ 都是 $n = g*a + h*b$ $(g, h \in \mathbb{N}_0, g+h>0)$ 之形！（都是 a, b 的非負組合！）那麼，若兩數 a, b 有 $\text{hcf}(a, b) = d > 1$，又將如何？

我們令 $a_1 = \dfrac{a}{d}, b_1 = \dfrac{b}{d}$，則 $a_1 \perp\!\!\!\perp b_1$，那麼：任何一個足夠大的自然數 n_1，都可以表示為 $n_1 = g*a_1 + h*b_1$。於是：d 的任何一個足夠大的倍數 n_1*d，都可以表示為 $n_1*d = g*a_1*d + h*b_1*d = g*a + h*b$。

【基本定理】

在 $\mathbb{N}$ 中，簡單的子加法半群，是「單一（元就可以）生成的」！不過，「不簡單的子加法半群」A，也「差不多」是簡單的子加法半群 $d*\mathbb{N}$ $(d = \text{hcf}(A))$，因為

$$d*\mathbb{N} \setminus A \text{ 為數有限}$$

更明確些：一定有 $\ell \in \mathbb{N}$，使得：

$$d*\mathbb{N}_{[\ell} = \{n*d: n \geq \ell\} \subseteq A \subseteq d*\mathbb{N}$$

【證明】

因為 $\emptyset \neq A \subseteq \mathbb{N}$，因此 A 有最小元素 $\min(A) = a_1 = d_1$，於是：

$$a_1*\mathbb{N} \subseteq A$$

如果等號不成立，則可以取

$$a_2 = \min(A \setminus a_1*\mathbb{N})$$

而且我們注意到 $a_2 > a_1$；今令 $d_2 = \text{hcf}(a_1, a_2) < d_1 (= a_1) \in \mathbb{N}$

於是，d_2 的任何一個足夠大的倍數，都可以表示為：$g*a_1 + h*a_2$

今若 $A \subset d_2*N_1$ 則已證畢！

否則，我們取 $a_3 \in A \subset d_2*N$，$d_3 = \text{hcf}(d_2, a_3) < d_2$，於是，$d_3$ 的任何一個足夠大的倍數，都可以表示為：$g*d_2 + h*a_3$ 之形，從而都可以表示為：

$k_1 * a_1 + k_2 * a_2 + h * a_3$ 之形。

今若 $A \subset d_3 * N_1$ 則已證畢！否則，……

因為 $a_1 = d_1 > d_2 > d_3 \cdots \geq 1$，所以這必須停止！

18.2 加法半群 ℕ 的商系

【問題】

我們要考慮「集合」ℕ 的商集 Y，意思就是：對於每個 $x \in \mathbb{N}$，都有子集 $\pi(x) \subset \mathbb{N}$，每個 $\xi \in \pi(x)$，都是 x 的「同類」；當然此時 $x \in \pi(\xi) = \pi(x)$，而 x 也是 ξ 的同類！照我們的規定，任何數 $x \in \mathbb{N}$ 都有同類：x 必定是自己的同類！所以現在先用「同伴」一詞表示「同類，但非自己」。

當說到此加法半群 ℕ 的商系時，當然要假定有這種共容性：

若 x_1 與 x_2 同類，ξ_1 與 ξ_2 同類，則相加之後 $x_1 + \xi_1$ 與 $x_2 + \xi_2$ 還是同類。

【無聊的離散商系】

如果所有的自然數 x 都無伴，那麼商集是前此所說的（無聊的）離散商集 $\pi_0(\mathbb{N}) \equiv \mathbb{N}$。在本節中，我們記：

$$\pi_0(x) :\equiv \{x\}$$

當然，加法與分類有共容性！

其次假定存在有伴元素，令最小的有伴元素為

$$\ell = \min\{x \in \mathbb{N} : \pi(x) \setminus \{x\} \neq \varnothing\} \in \mathbb{N}$$

如果 $\ell = 1$，則令 1 的「同伴」（照我們的約定，$\neq 1$）之最小者為

$$m + 1 \coloneqq \min\{y \in \mathbb{N} : y \in \pi(1)\} > 1 \text{（故 } m \in \mathbb{N}\text{）}$$

【無聊的凝聚商系】

如果 $m = 1$，則：1 與 $2 = 1 + 1$ 同類；

於是：$1 + 1 = 2$ 與 $2 + 1 = 3$ 同類

於是：$2 + 1 = 3$ 與 $3 + 1 = 4$ 同類；……

因此：所有的數都同類！那麼此商集是凝聚的商集

$$\pi_1(x) := \mathbb{N}\ (x \in \mathbb{N})$$

所有的 x 都同類，一共只有一類 $\pi_0(x)=\mathbb{N}$，當然加法與分類有共容性！

【簡單循環商系】

如果 $m>1$，於是：$1, 2, 3, \cdots, m$ 都不同類！但今 1 與 $m+1$ 同類，

於是：$1+1=2$ 與 $(m+1)+1=m+2$ 同類

於是：$2+1=3$ 與 $(m+2)+1=m+3$ 同類；……

結論是：$\pi=\pi_m$；商集

$$\pi_m(\mathbb{N})=\{\pi_m(1), \pi_m(2), \cdots, \pi_m(m)\}$$

$\pi_m(x)$ 就是與 x 對 m 同餘的自然數全體！

$$\pi_m(x) := \{j \in \mathbb{N}: \frac{x-j}{m} \in \mathbb{Z}\}$$

【注意】

因為 $0 \notin \mathbb{N}$，所以不能寫 $\pi(0)$。比較好的寫法是：（r 是 x 被 m 除之餘數）

$$\pi_m(x) := r+m*\mathbb{N}=\{r+m, r+2m, r+3m, \cdots\}; (r=x \bmod m)$$

因為：

$$(m-k)+m*\mathbb{N}+(k+m*\mathbb{N})=0+m*\mathbb{N}$$

可見得：簡單循環商系 $\pi_m(\mathbb{N})$ 是具零的可減的加法半群，所以是群，是個有限循環群。

【不簡單循環商系】

如果 $\ell>1$；那麼：$1, 2, \cdots, \ell-1$ 都無伴！（自成一類！落單！）

則令 ℓ 的同伴（照我們的約定，$>\ell$）之最小者為

$$m+\ell=\min\{y \in \mathbb{N}: y \in \pi(\ell)\}$$

於是 $1, 2, \cdots, \ell, \ell+1, \cdots, \ell+m-1$，都不同類！而 ℓ 與 $\ell+m$ 同類！

如果 $m=1$，則：ℓ 與 $\ell+1$ 同類

於是：$\ell+1$ 與 $(\ell+1)+1=\ell+2$ 同類

於是：$(\ell+1)+1=\ell+2$ 與 $(\ell+2)+1=\ell+3$ 同類；……

那麼，從 ℓ 以下的元素都是同類！而 $1, 2, \cdots, \ell-1, \ell$ 都不同！

這個商系寫成 $\pi_{1,\ell}(\mathbb{N})$，它的元素一共有 ℓ 個：

前面的 $\ell-1$ 個都是單身集，最後一個則把其它的數 $x \geq \ell$ 凝聚為一類！

註 換句話說：$\pi_{1,1}=\pi_1$。

推廣來說：當 $m>1$ 時，我們把商系寫成 $\pi_{m,\ell}(\mathbb{N})$，它一共有 $\ell+m-1$ 類：

前面 $\ell-1$ 個都是單身集！

從 ℓ 以下，就以「對 m 的餘數」來分類！

$$\pi_{m,\ell}(x) \coloneqq \pi_{m,\ell}(x+m)\text{；當 } x \geq \ell$$

總之，商系 $\pi(\mathbb{N})$ 只有這些狀況：

$$\pi=\pi_{m,\ell}\ (m \in \mathbb{N}, \ell \in \mathbb{N}) \text{ 與 } \pi_0\text{（}\pi_{m,1}\text{ 簡寫為 }\pi_m\text{）}$$

18.3 加法群 $\mathbb{Z}$ 的子系

【加法子群的生成】

假設 G 是一個加法群，而 H 是它的一個子系，意思就是：子集 $H \subseteq G$，在加法與減法之下封閉：

$$\text{若 } x \in H\text{，}\xi \in H\text{，則 } x+\xi \in H\text{，}x-\xi \in H$$

註 其實只要「在減法之下封閉」就好了！

事實上，由 $x \in H$，$\xi \in H$，可得：

$$0=x-x \in H\text{，於是 } -\xi=0-\xi \in H\text{，於是 } x+\xi=x-(-\xi) \in H$$

【注意】

當然還有一種說法：$H \subseteq G$ 是一個加法子群，意思就是：子集 H，在「加法」與「取負號」之下封閉！

【母集與群苞】

現在設 $B \subset G$，於是，一定有子加群 $H \supseteq B$，而且，合乎此條件的子群 H 中，恰好有一個是最小的！我們就記之為 $\text{span}_G(B)$，可以讀作 B 的群苞，相對地，B 是此群苞的母集（或生成集）。

【整組合】

如果 $x_1, x_2, \cdots, x_k \in B$，而 $m_1, m_2, \cdots, m_k \in \mathbb{Z}$，那麼：

$$m_1 * x_1 + m_2 * x_2 + \cdots + m_k * x_k \text{ 叫做 } B \text{ 的一個整組合}$$

當然我們寫

$$(-2) * x = 2 * (-x), (-3) * x = 3 * (-x), \cdots;$$

【定理】

群苞就是此母集的一切整組合的全體！

$$\text{span}_G(B) = \{B \text{ 的一切整組合}\}$$

【證】

把右邊暫記為 H，另外，記：

$$-B := \{-x: x \in B\} \subseteq G$$

則由定義立知：

$$H = \{B \text{ 的一切整組合}\} = \{B \cup (-B) \text{ 的一切非負整組合}\}$$

那麼，由上述的注意，$\text{span}_G(B)$ 就是含有 $B \cup (-B)$ 的最小的半群，於是等於如上的 H。

【單一生成的群】

若 $B = \{u\}$ 是獨身集，則稱 u 為 $H = \text{span}_G(B)$ 的母元（或生成元）；而 H 是單一生成的！

【主定理】

$\mathbb{Z}$ 是單一生成的無窮加群；它的子系，除了零群之外，都與它同構，因此也是單一生成的無窮加群；生成元只是正負二者之一！

【證明】

假設 A 是個子加群，而且不是零群；那就含有一元 $a_1 \in A$，$a_1 \neq 0$；

$b_1=|a_1|\in\mathbb{N}$，於是加群 $b_1*\mathbb{Z}$ 是加群 A 的子系；若相等（例如說 $b_1=1$ 時！）則已證明 $A=b_1*\mathbb{Z}$ 有單一生成元 b_1。

若不相等，則可以取 $a_2\in A\setminus b_1*\mathbb{Z}$；於是計算 hcf $(b_1,a_2)=b_2\in\mathbb{N}$，當然 $b_2<b_1$，而且含有「a_1,a_2 的最小加群」就是

$$\{m*a_1+n*a_2;\ m\in\mathbb{Z},n\in\mathbb{Z}\}=\{n*b_2: n\in\mathbb{Z}\}=b_2*\mathbb{Z}\subseteq A$$

於是，加群 $b_2*\mathbb{Z}$ 是加群 A 的子系；若相等（例如說 $b_2=1$ 時！）則已證明 $A=b_2*\mathbb{Z}$ 有單一生成元 b_2。

若不相等 1 則可以取 $a_3\in A\setminus b_2*\mathbb{Z}$；於是計算 hcf $(b_2,a_3)=b_3\in\mathbb{N}$，當然 $b_3<b_2$，如此遞迴下去！不可能沒完沒了！

說穿了：只要取 A 的最高公因數 $d=\text{hcf}(A)$，那麼這個子加群 A 就是

$$A=d*\mathbb{Z}=\{n*d: n\in\mathbb{Z}\}$$

註 我們當然規定：

$$\text{hcf}(\varnothing)=0=\text{hcf}(\{0\})$$

注意到 $\mathbb{Z}$ 的生成元只有±1 兩種！

【定理】

假設 G 是一個加群，而任意取 $d\in G$，那麼就唯一地決定了一個同態 Φ：$\mathbb{Z}\rightarrowtail G$，使得：$d$ 就是生成元 1 的影：$\Phi(1)=d$ 。

這是因為，這個同態性：

$$\Phi(x+y)=\Phi(x)+\Phi(y)$$

就保證：

$$\Phi(n)=n*\Phi(1)=n*d$$

18.4 加法群 $\mathbb{Z}$ 的商系 $\mathbb{Z}_m$

【定理 1】

加法群 $\mathbb{Z}$ 的商系 Y，一定是 $\mathbb{Z}_m$，$m\in\mathbb{N}_0$。

【解釋】

我們要考慮「集合 $\mathbb{Z}$ 的商系 Y，意思就是：對於每個 $x \in \mathbb{Z}$，都有子集 $\pi(x) \subset \mathbb{Z}$，每個 $\xi \in \pi(x)$，都是 x 的『同類』；當然此時 $x \in \pi(\xi) = \pi(x)$，而 x 也是 ξ 的同類！」照我們的規定，任何數 $x \in \mathbb{Z}$ 都有同類：x 必定是自己的同類！當說到此加法群 $\mathbb{Z}$ 的商系時，當然要假定有這種共容性：

如果數 x_1 與 x_2 同類，ξ_1 與 ξ_2 同類，則相減之後 $x_1 - \xi_1$ 與 $x_2 - \xi_2$ 還是同類。

現在考慮 $0 \in \mathbb{Z}$ 的類 $\pi(0) = 0_Y \in Y$，這叫做商群的核。

任意取 0 的兩個元素 $x, \xi \in \pi(0) = 0_Y \in Y$；相減之後，$x - \xi$ 與 $0 - 0 = 0$ 還是同類，即：

$$\text{如果：} x, \xi \in 0_Y\text{，則 } (x - \xi) \in \pi(0) = 0_Y$$

因此，$\pi(0) = 0_Y \subseteq \mathbb{Z}$ 是一個子加群：$m * \mathbb{Z}$。

現在問 $x \in \mathbb{Z}$，$\xi \in \mathbb{Z}$，會同類 $\pi(x) = \pi(\xi)$ 的條件為何？

此時：$(x - \xi)$與 $x - x = 0$ 同類！即：

$$x - \xi \in 0_Y\text{，} x - \xi \in m * \mathbb{Z}\text{，} x = \xi (\bmod m)$$

因此，x 所屬的類，其實就是 x 對於法 m 的同餘類$[x]_m \in \mathbb{Z}_m$；即：$Y = \mathbb{Z}_m$。

註1 所以這裡有一種對偶性：

$\mathbb{Z}$ 的子系　$A = m * \mathbb{Z} = \{m * n: m \in \mathbb{Z}\}$

$\mathbb{Z}$ 的商系　$Y = \mathbb{Z}_m = \{[x]_m: m \in \mathbb{Z}\}$

註2 兩個無聊的極端是：

離散的商系 $Y = \mathbb{Z}_0 = \mathbb{Z}$，而子系 A = 零群；

凝聚的商系 $Y = \mathbb{Z}_1$ = 零群，而子系 $A = \mathbb{Z}$。

除了零群的情形之外，$\mathbb{Z}$ 的子系都是無窮階的單元生成群！除了離散商群的情形之外，$\mathbb{Z}$ 的商系都是有窮階的單元生成群！

【循環群與生成元】

$\mathbb{Z}_1$ 是零群，因此生成集（應該說）是空集$\varnothing$。

其它的 $\mathbb{Z}_m$（$m \in \mathbb{N}_0, m \neq 1$）都是單元生成的（加）群。

其中，$\mathbb{Z}_0 = \mathbb{Z}$ 是「無窮階的」單元生成的群，兩個可能的生成元是 1，-1，所生成的「半群」分別是ℕ，−ℕ，不等於所生成的『群』ℤ。

其它的「有窮階的」單元生成群就是$\mathbb{Z}_m$（$m \in \mathbb{N}, m>1$），任何一個生成元，例如$[1]_m$，「所生的半群」就是「所生的群」：

$$\mathbb{Z}_m = \{n*[1]_m : n \in \mathbb{N}\}$$

註3 **有的人把單元生成的群叫做循環群；但是我們將保留些：只把單元生成的有窮群叫做循環群，因為有循環：**

$$[1]_m, [2]_m, \cdots, [m]_m = [0]_m, [m+1]_m = [1]_m, [m+2]_m = [2]_m, \cdots$$

至於ℤ則是無窮群，沒有循環的感覺！

【問】

$\mathbb{Z}_m$有何生成元？

若$[a]_m$為生成元，則它的所有倍數就集成全群：

$$\mathbb{Z}_m = \{n*[a]_m : n \in \mathbb{Z}\}$$

這必須且只須$a \perp\!\!\!\perp m$。因此這樣子的$[a]_m$共有$\phi(m)$個！（生成元的個數就是互質類數。）

例題1 $\mathbb{Z}_{12}$的生成元？

解 共$4=\phi(12)$個：$[1]_{12}, [5]_{12}, [7]_{12}, [11]_{12}$

註4 **（如果懂得三角與複虛數）我們令**

$$\omega = \omega_m = \cos\left(\frac{2\pi}{m}\right) + \mathbf{i}\sin\left(\frac{2\pi}{m}\right)$$

於是<u>割圓方程式</u>

$$z^m - 1 = 0$$

的m個<u>根</u>，就是

$$\omega^j = \cos\left(\frac{j*2\pi}{m}\right) + \mathbf{i}\sin\left(\frac{j*2\pi}{m}\right)；(j=0, 1, 2, \cdots, m-1)$$

這些根是在Gauss平面上的么圓上內接正m邊形的頂點，也就是說，從點$1=1+0\,\mathbf{i}$出發，把么圓$x^2+y^2=1$等分為m等份，所得到的頂點！（割圓方程由此而得名！）於是可以考慮乘法群

$$\mathbb{T}_m = \{\omega^j : j=0, 1, 2, \cdots, m-1\} = \{\omega^n : n \in \mathbb{N}\}$$

（集合是不計重複的！）顯然加群 $\mathbb{Z}_m$ 與乘法群 $\mathbb{T}_m$ 同構：

我們把 $[j]_m \in \mathbb{Z}_m$ 對應到 $\omega^j \in \mathbb{T}_m$，而有「同態」：

$\mathbb{Z}_m$ 中的（加法）和 $[j]_m + [k]_m$ 對應到 $\mathbb{T}_m$ 中的（乘法）積 $\omega^j * \omega^k = \omega^{j+k}$。

註 5 上述的乘法群 $\mathbb{T}_m$ 中，一共有 $\phi(m)$ 個生成元，即：

ω^j $(a \perp\!\!\!\perp m)$ 它們滿足了方程式：

$$f(x) = 0\text{；} f(x) := \prod (x - \omega^j : j \perp\!\!\!\perp m)$$

這個 $\phi(m)$ 次的實多項式，稱為割圓（cyclotomic）多項式。

註 6 Maple 的句式：（例如 $m = 20$）Maple 就用指令：

cyclotomic(20, x); (答：$x^8 - x^6 + x^4 - x^2 + 1$)

【階數】

加法群 $\mathbb{Z}_m$ 的 m，有何意義？當然我們知道：集合 $\mathbb{Z}_m$ 有 m 個元素（故 m 為加法群 $\mathbb{Z}_m$ 的階數）；另一方面，在任何加群 A 中，對其任何一個元素 $x \in A$，我們就定義其階數 k 為：最先出現的 $k * x = 0$。

$$k = \min\{n \in \mathbb{N} : n * x = 0_A\}$$

照習慣，空集的極小定義為「無窮大」∞。所以 $\mathbb{Z} = \mathbb{Z}_0$ 的非零元素，階數都是 ∞，當然也可以說是 0。（奇怪？）

注意到：前面 13.1 中的指階數 $\text{ord}_m(a)$，就是：乘法群中 $[a]_m \in \mathbb{Z}_m^{\times}$ 的階數！

【定理 2】

對於任何 $x \in A$，若階數為 k，則：

$$n * x = 0 \text{ 等於說 } k \prec n$$

這也是階數的定義！

【補題】

在任何有窮加群 A 中，若 $x \in A$ 滿階，即

$$x \text{ 的階數} = \text{cadr}(A) < \infty$$

那麼 x 是 A 的生成元；因而 A 是個循環群！

例題 2

在 $\mathbb{Z}_{12}$ 中，生成元$[1]_{12}$, $[5]_{12}$, $[7]_{12}$, $[11]_{12}$ 的階數都是 12；但是$[2]_{12}$, $[10]_{12}$ 的階數都是 6；$[3]_{12}$, $[9]_{12}$ 的階數都是 4；$[4]_{12}$, $[8]_{12}$ 的階數都是 3；$[6]_{12}$ 的階數是 2。

例題 3

在 $\mathbb{Z}_{20}$ 中，$[3]_{20}$ 的階數是 20；$[6]_{20}$ 的階數是 10；$[15]_{20}$ 的階數是 4。

【定理 3】

$[x]_m \in \mathbb{Z}_m$ 的階數為 $\frac{m}{d}$，$d=\text{hcf}(x, m)$。

事實上，我們只是計算：

$$x, 2*m, 3*m, 4*m, \cdots$$

除以 m 的餘數，可以有幾種！

例題 4 於 $\mathbb{Z}_{18}$ 中，$[4]_{18}$ 這個元素，生成怎樣的子加群？

因為 $\text{hcf}(4, 18)=2$，所以一共有 $\frac{18}{2}=9$ 個元素：

$\{[20*n]_{18}: n \in \mathbb{Z}\} = \{[2*n]_{18}: n \in \mathbb{Z}\} = \{[0]_{18}, [2]_{18}, [4]_{18}, [6]_{18}, \cdots, [16]_{18}\}$

【$\mathbb{Z}_m$ 的子加群】

如果 $r \prec m$，則令 $d=\frac{m}{r}$；於是

$$A=\{j*[d]_m，j=0, 1, \cdots, r-1\}$$

就是 $\mathbb{Z}_m$ 的子加群，且基數$=r$。

基數$=r$ 的子加群，就恰恰只有這一個！這加群 A 與 $\mathbb{Z}_r$ 同構！

【$\mathbb{Z}_m$ 的商加群】

如果 $r \prec m$，則令 $d=\frac{m}{r}$，$m=r*d$；我們可以把 $\mathbb{Z}$ 依照對於 d 的同餘，分成

d 個同餘類（可以稱之為「大類」），其實每一大類又可以依照對於 m 的同餘，細分為 r 個「小類」；例如 $r=3, d=4, m=12$，則有

$$[3]_4=\{3, 7, 11, 15, 19,\cdots,-1, -5, -9, -13,\cdots\}$$
$$=[3]_{12}\cup[7]_{12}\cup[11]_{12}$$
$$[3]_{12}=\{3, 15, 27,\cdots,-9, -21,\cdots\}$$
$$[7]_{12}=\{7, 19, 31,\cdots,-5, -17,\cdots\}$$
$$[11]_{12}=\{11, 23,\cdots,-1, -13, -25,\cdots\}$$

加法群 $\mathbb{Z}_{12}$ 有 12 個元素；它有一個子群是 $A=\{[0]_{12}, [4]_{12}, [8]_{12}\}\subset\mathbb{Z}_{12}$；於是，我們可以把 $\mathbb{Z}_{12}$ 依照「對於 A 的同餘」，分成四個同餘類，即是

$$B_0=A \qquad =\{[0]_{12}, [4]_{12}, [8]_{12}\}\subset\mathbb{Z}_{12}$$
$$B_1=[1]_{12}+A=\{[1]_{12}, [5]_{12}, [9]_{12}\}\subset\mathbb{Z}_{12}$$
$$B_2=[2]_{12}+A=\{[2]_{12}, [6]_{12}, [10]_{12}\}\subset\mathbb{Z}_{12}$$
$$B_3=[3]_{12}+A=\{[3]_{12}, [7]_{12}, [11]_{12}\}\subset\mathbb{Z}_{12}$$

這四個類的加法，當然是：

$$B_2+B_3=B_1，B_3+B_1=B_0，\cdots$$

也就是說

$$\{B_0, B_1, B_2, B_3\}\equiv\mathbb{Z}_4=\frac{1*\mathbb{Z}}{4*\mathbb{Z}}$$
$$A=\frac{4*\mathbb{Z}}{12*\mathbb{Z}}$$
$$\mathbb{Z}_{12}=\frac{1*\mathbb{Z}}{12*\mathbb{Z}}$$

這樣子我們就得到：$\mathbb{Z}_{12}$ 的商群

$$B=\mathbb{Z}_{12} \quad \text{mod}\, A=\frac{\dfrac{\mathbb{Z}}{12*\mathbb{Z}}}{\dfrac{4*\mathbb{Z}}{12*\mathbb{Z}}}=\{B_0, B_1, B_2, B_3\}\equiv\frac{1*\mathbb{Z}}{4*\mathbb{Z}}$$

【結論】

循環群 $\mathbb{Z}_m$ 的子系 A 與商系 B，都是個循環群，而且有對偶性：

$$\text{card}(A)=r，\text{card}(B)=d，r*d=m$$

A 有個生成元 $[d]_m$

$$A=\{[x*d]_m: x\in\mathbb{Z}\}$$

而 $B=\mathbb{Z}_m \bmod A$ 的元素是 $B_1, B_2,\cdots, B_d=B_0$

$$B_j=\{[j+x*d]_m: x\in\mathbb{Z}\}\subset\mathbb{Z}_m$$

循環群 $\mathbb{Z}_m$ 最重要的特徵就是：對於任何 m 的因數 $r=\frac{m}{d}$，都有一個而且也只有一個子群 A（或商群 B），使得：card $(A)=r$（或 card $(B)=d$），且這個子群 A（或商群 B），也是循環群。

18.5 有限可換群

【可換性】

通常所謂的群，並不要求可換性！

我們的習慣是：用加號就一定有可換性，因此這一節的前半中，我們寧可用乘號！（雖然我們終究是只討論可換的群！）於是我們記其么元為 1_G。

「不（一定）可換」是指：有可能 $x*y=z\neq y*x=u$，所以，由 z, x 得 y，與由 u, x 得 y 是不一樣的除法！但因為，在群中，倒逆 x^{-1} 不但存在，而且是唯一的，因此在上述的（「左」、「右」）兩個除法中：$y=x^{-1}*z; y=u*x^{-1}$。

【指數律】

由於結合律 $(a*b)*c=a*(b*c)$，於是：（在 $a=b=c$ 時）$a^2*a=a*a^2$，更一般地：

$$a^m*a^n=a^{m+n}\ (\forall m, n\in\mathbb{Z})$$

所以在同一個元素 a 的冪方 a^n 之間，就一定有可換性！

【定理】

如果 G 是一個有窮群，$a\in G$，則 a 生成一個循環群！

【證明】

若 $a=1_G$，則生成無聊子群！若 $a\neq 1_G$，則可做出其冪列：

$$a, a^2 = a*a, a^3 = a*a*a, \cdots$$

早晚要重複，因為 card$(G)=p<\infty$，故取最先的重複者：$a^j=a^k, k>j$；由於可消性，$(a^j)^{-1}*a^k=a^{k-j}=1_G$，於是：$a$ 生成循環群$\{a^n: n=0, 1, \cdots, n-1\}$，$(n=k-j)$與 $\mathbb{Z}_n$ 同構！

【Lagrange 定理】

如果 G 是一個有窮群，而 H 是它的一個子群，則兩者的階數 $n=$ card (G), $m=$ card (H)之間，有因數與倍數的關係！

【證明】

先注意到群的乘法具有「可消去性」：

由 $x*a=y*a$（或者 $a*x=a*y$），就可以得到 $x=y$。

現在先（以么元開始）排列 H 的元素：$H=\{1_G, x_2, \cdots, x_m\}$

如果 $m<n$，當然 G 中還有別的元素，隨意取一個，u_2，做「左旁集」，（排在對應元素的下面）：（但 $u_1=1_G=x_1$）

$$u_1*H=\{1_G, x_2, \cdots, x_m\}$$
$$u_2*H=\{u_2*x_1, u_2*x_2, \cdots, u_2*x_m\}$$

於是由可消律，這一列的元素都不同，因為：

$$u_2*x_i=u_2*x_j \Rightarrow x_i=x_j$$

這兩列的元素也不同：因為，若：$u_2*x_i=x_j$，則 $u_2=x_j*x_i^{-1}\in H$。

如果，在這兩排之外還有別的元素，隨意取一個，u_3，做『左旁集』，（排在對應元素的下面）：

$$u_3*H=\{u_3*x_1, u_3*x_2, \cdots, u_3*x_m\}$$

依此類推，終究窮盡 G 的一切！

(1_G)：	x_1,	x_2,	$\cdots$,	x_m
(u_2)：	u_2*x_1,	u_2*x_2,	$\cdots$,	u_2*x_m
(u_3)：	u_3*x_1,	u_3*x_2,	$\cdots$,	u_3*x_m
(u_l)：	u_l*x_1,	u_l*x_2,	$\cdots$,	u_l*x_m

於是由可消律，每一列的元素都不同，因為：

$$u_k * x_i = u_k * x_j \Rightarrow x_i = x_j$$

不同列的元素也不同！因為：若 $u_a * x_i = u_b * x_j$ $(a < b)$，則 $x_i * x_j^{-1} = x_k \in H$。

$$u_b = u_a * x_i * x_j^{-1} = u_a * (x_k)$$

於是：$n = m * k$。

【推論】

如果群 G 是「質階」：card $(G) = p \in \mathcal{P}$，則 G 沒有有聊的子群！於是 G 與 $\mathbb{Z}_p$ 同構！當然 G 是循環群！

【複習：群的直積直和】

如果有兩個群 G 與 H，做為集合，我們可以做出它們的集合積

$$G \times H = \{(x, y): x \in G, y \in H\}$$

假設(x_1, y_1), (x_2, y_2)是 $G \times H$ 的兩個元素，意思是：x_1, x_2 是 G 的兩個元素，y_1, y_2 是 H 的兩個元素，於是，可以做出 $x_1, x_2 \in G, y_1, y_2 \in H$，因而

$$(x_1 * x_2, y_1 * y_2) \in G \times H$$

這樣子我們在集合積 $G \times H$ 之上，就可以定義群的運算，於是這個群就叫做群 G, H 的直積，記成 $G \otimes H$。

如果，可換群的運算寫成加法，我們就改稱為直和，記成 $G \oplus H$。

以下，在本節中我們改用加號！

【補題】

若 card $(H) = m$, card $(K) = n$, $l = 1\text{cm}\,(m, n)$，則：

$$\text{對一切 } z = (x, y) \in (H \oplus K)\text{，} l * z = (l * x, l * y) = 0$$

例題 1 $\mathbb{Z}_5 \oplus \mathbb{Z}_8 \equiv \mathbb{Z}_{40}$

對於$([a]_5, [b]_8) \in \mathbb{Z}_5 \oplus \mathbb{Z}_8$，我們可以找到 $c \in \mathbb{N}$，使得 $c = a \bmod 5$, $c = b \bmod 8$，於是我們將它對應到$[c]_{40}$，顯然這是對射，而且是同態！這是因為：若 $c = a \bmod 5$, $c = b \bmod 8$, $c' = a' \bmod 5$, $c' = b' \bmod 8$，則 $c + c' = (a + a') \bmod 5$, $c + c' = (b + b') \bmod 8$

因此「孫子定理」就等於說：

【循環群的構造定理】

當 $m, n, \cdots, k$ 兩兩互質時，

$$\mathbb{Z}_{m*n*\cdots k} = \mathbb{Z}_m \oplus \mathbb{Z}_n \cdots \oplus \mathbb{Z}_k$$

例題2 把上例說得更完整些：

$[0]_5 \equiv$	0	25	10	35	20	5	30	15
$[1]_5 \equiv$	16	1	26	11	36	21	6	31
$[2]_5 \equiv$	32	17	2	27	12	37	22	7
$[3]_5 \equiv$	8	33	18	3	28	13	38	23
$[4]_5 \equiv$	24	9	34	19	4	29	14	39
	$[0]_8$	$[1]_8$	$[2]_8$	$[3]_8$	$[4]_8$	$[5]_8$	$[6]_8$	$[7]_8$

加群 $\mathbb{Z}_{40}$ 有兩個子加群：

$$H = \{[0]_{40}, [25]_{40}, [10]_{40}, [35]_{40}, [20]_{40}, [5]_{40}, [30]_{40}, [15]_{40}\} \equiv \mathbb{Z}_8$$

$$K = \{[0]_{40}, [16]_{40}, [32]_{40}, [8]_{40}, [24]_{40}\} \equiv \mathbb{Z}_5$$

（其中元素的順序要小心！）而 $\mathbb{Z}_{40}$ 的任何一個元素 $[z]_{40}$，都可以唯一地（！）寫成：$h+k$，$h \in H, k \in K$；實際上，在上面的表中會出現 z 處，那麼：

它的那行上邊給出 $x, h=[x]_{40}$。

它的那列左邊給出 $y, k=[y]_{40}$。

那麼 $G=\mathbb{Z}_{40}=H+K$，$H \cap K=\{[0]_{40}\}$，G 是 H 與 K 的直和。

而 $H \equiv \mathbb{Z}_8$；$K \equiv \mathbb{Z}_5$；這就是 $\mathbb{Z}_{40} \equiv \mathbb{Z}_8 \oplus \mathbb{Z}_5$ 的意義！

例題3 $\mathbb{Z}_2 \oplus \mathbb{Z}_2 \neq \mathbb{Z}_4$

事實上，在 $\mathbb{Z}_2 \oplus \mathbb{Z}_2$（這就是所謂 Klein 群）中，么元之外的三個元素 $[1]_2 \oplus [0]_2, [0]_2 \oplus [1]_2, [1]_2 \oplus [1]_2$，都是 2 階的！

（但是 $\mathbb{Z}_4$ 的元，$[1]_4, [3]_4$ 是 4 階的，$[2]_4$ 是 2 階的。）

【質階群】

若群 G 的子群都是無聊的，則為質階群：此時 $G \equiv \mathbb{Z}_p$，p 為質數。

【證明】

任取一非么元素 $a \neq 1_G$，如果 a 是無窮階，則其所生的子群，與 $\mathbb{Z}$ 同構，從而 G 含有有聊的子群（$3*\mathbb{Z}$）$*a$；矛盾了！

因此階數 $m<\infty$；而 $G \equiv \mathbb{Z}_m$，因為 $a \neq 1_G$，故 $m>1$。

若 $m=k*j \notin \mathcal{P}$，$j>1, k>1$，則 G 有有聊子群 $\{j*a, 2*j*a, \cdots, j*k*a\}$，矛盾了！

【既拆可換群＝質冪階循環群】

一般的質冪階循環群 $G=\mathbb{Z}_{p^m}$，在 $m>1$ 時，並非質階群！因為它有子群

$$\{[x*p]_{p^m}: x=1, 2, \cdots, p^{m-1}\}$$

可是它不可拆！不能寫成 $G \equiv (H \oplus K)$，除非無聊！

因為，計算 card $(G)=$ card $(H)*$card $(K)=p^m$，若有聊，則 card $(H)=p^{m-k}$, card $(K)=p^k, 1 \leq k<m$，那麼 G 中不能有階數 p^m 的元素了！

【有窮可換群的基本定理】

如果 G 是一個有窮的可換加群，那麼一定可以拆解成幾個質冪階循環子群的直和！

$$G \equiv H_1 \oplus H_2 \cdots \oplus H_k；H_z \equiv \mathbb{Z}_{p^{m_j}}$$

這裡的這一堆 (p_j, m_j)（$j=1, 2, \cdots k$），純粹由 G 決定！

【有窮生成的可換群的基本定理】

如果 H 是無窮的可換加群，既拆性（＝不可拆解性）就是與 $\mathbb{Z}$ 同構！那麼，「既拆可換加群」意思就是與某個 $\mathbb{Z}_{p^m} (p \in \mathcal{P}, m \in \mathbb{N})$ 同構，或者與 $\mathbb{Z}$ 同構。

於是，若 G 是個有窮生成的可換加群，那麼 G 一定可以拆解成幾個既拆子群的直和！

$$G \equiv H_1 \oplus H_2 \cdots \oplus H_k \ (H_j \equiv \mathbb{Z}_{p_j^{m_j}} \text{ 或 } \mathbb{Z}=\mathbb{Z}_0)$$

這裡有一堆$H_j \equiv \mathbb{Z} = \mathbb{Z}_0$，其個數稱為$G$的秩；另外有一堆$(p_j, m_j)$，稱為循環部；秩與循環部，純粹由$G$決定！

18.6 環$\mathbb{Z}_m$

【商集$\mathbb{Z}_m$】

固定$m \in \mathbb{N}, m > 1$。則集合$\mathbb{Z}_m$的元素$[a]_m$本身是$\mathbb{Z}$的子集，「同餘類」，即整數x，而$x - a$可被m整除者的x全體。

我們已經把前此的對於整數集合之間的加法

$$[k]_m + [k']_m = [k + k' \bmod m]_m$$

適用到$\mathbb{Z}_m$，於是得到加群$\mathbb{Z}_m$；這表示：「同餘類」的分割與加法共容，因此加群$\mathbb{Z}_m$是加群$\mathbb{Z}$的商系！而且我們也證明了：加群$\mathbb{Z}$的商系（除了無聊的$\mathbb{Z}_0$與$\mathbb{Z}_1$之外），就一定是這種形式！

我們也可以把整數集合之間的乘法，適用到$\mathbb{Z}_m$，

$$[k]_m * [k']_m = [k * k' \bmod m]_m$$

這表示：「同餘類」的分割與乘法也共容，於是$\mathbb{Z}_m$就是「可換具么環」$\mathbb{Z}$的商系！所謂『可換具么環」，就是一個不空集合，擁有兩（三）個運算：「加」（「減」）和「乘」，而且運算都滿足了應有的性質：

- 交換律（對稱律）：$a + b = b + a; a * b = b * a$
- 具么律：$0 + a = a + 0 = a; a * 1 = 1 * a = a$
- 可締律：$(a + b) + c = a + (b + c); (a * b) * c = a * (b * c)$
- 可負律：$(-a) + a = a + (-a) = 0$
- 分配律：$(a + b) * c = a * c + b * c; a * (b + c) = a * b + a * c$

例題1 $[3]_5 * [4]_5 = [12]_5 = [2]; [7]_9 * [8]_9 = [2]_9, [6]_9 * [6]_9 = [0]_9!$

注意到：把$[8]_9 * [8]_9 = [1]_9$，寫成$[-1]_9 * [-1]_9 = [1]_9$，比較自然！方便！

註1 **對於任何加法群A，任何$x \in A$，以及任何整數$n \in \mathbb{Z}$，我們都定義：**

$$n * x \in A\text{，例如 } 3 * x = x + x + x; (-2) * x = (-x) + (-x)$$

在 $A=\mathbb{Z}_m$ 的情形，恰好

$$n*[u]_m=[n*u]_m=[n]_m*[u]_m$$

但是 $n*[u]_m$ 的意思是：用「系外的」$n\in\mathbb{Z}$ 去乘「系內的」$[u]_m\in\mathbb{Z}_m$；而 $[n]_m*[u]_m$ 的意思是：用兩個「系內的」$[n]_m\in\mathbb{Z}_m$與 $[u]_m\in\mathbb{Z}_m$ 相乘；意思不同！

【可逆元，可消元】

我們對照：在環 $\mathbb{Z}$ 與在環 $\mathbb{Z}_m$ 中的乘除。

在環 $\mathbb{Z}$ 中，唯二的可逆元就是±1。對於可逆元 b，就允許除法 $a\div b=a*b^{-1}$。（這在任何具么環都成立！）

在環 $\mathbb{Z}$ 中，非零元 b，若非可逆元，就「不一定允許除法 $a\div b$」：

「不一定有 $c\in\mathbb{Z}$，使得：$a=b*c$」

不一定有，但是，如果有，「那就只有一個」！

這是因為一切非零元 b 都是「可消元」：

由 $b*c_1=b*c_2$，可得 $c_1=c_2$

在環 $\mathbb{Z}_m$ 中，$[b]_m$ 是可逆元的條件是：$b \perp\!\!\!\perp m$。

$[b]_m$ 若非可逆元，就「不一定允許除法$[a]_m\div[b]_m$」，亦即：

「不一定有$[c]_m$，使得：$[a]_m=[b]_m*[c]_m$」

而且，如果有，「那就一定不只一個」！

這是因為一切非可逆元$[b]_m$，一定是（如下所述的）「零因子」。

【零因子】

在一個環 $\mathcal{R}$ 中，如果 $u\neq 0_R$, $b*u=0_R$，我們就說 $b\in\mathcal{R}$ 是一個零因子。零因子就一定不是「可消元」，「可消元」就一定不是零因子！在任何環 $\mathcal{R}$中，零都是無聊的零因子；零因子的任何倍數也一定是零因子；所以有以下定理。

【定理 1】

可消元的相乘積也一定是可消元！因此：可消元的全體形成「半群」；

在任何具么（可換）環 $\mathcal{R}$中的可逆元全體 $\mathcal{R}^{\times}$，形成一個（可換的）乘法群：乘法滿足了：具么律、可締律、交換律，以及可逆律！

例題 1

在 $\mathbb{Z}$ 中，零因子一定是無聊的！（這樣子的可換環 $\mathcal{R}$ 叫做整域。）因此，非零整數的全體 $\mathbb{Z}\setminus\{0\}$ 是個半群！但是可逆元只有兩個：± 1；可逆元群是個兩元素群 $\equiv \mathbb{Z}_2$。

在 $\mathbb{Z}_m$ 中，可消元（＝非零因子），就一定是可逆元，因此：可消元半群＝可逆元群！

註2 有窮的乘法半群 G，如果可消律成立，就一定：具么，且可逆；因此就是個群！

要點是：G 是有窮集！

$$G=\{g_1, g_2, \cdots, g_n\}$$

以 g_i 乘之，得：

$$g_i * G := \{g_i * g_1, g_i * g_2, \cdots, g_i * g_m\} \subseteq G$$

因為可消，所以上列的元素個個不同！這就保證：任取 $g_k \in G$，必有一個（而且只有一個），$g_z \in G$，使得 $g_i * g_j = g_k$（除法就行得通！）

若取 $g_k = g_i$，則知有 $e_i \in G$，使得：$g_i * e_i = g_i$，但這個 e_i 是么元？它隨著 g_i 而唯一地確定！暫時叫它是「g_i 的么」；可是：再乘以任意的 g_k，則得：

$$g_k * g_i * e_i = g_k * g_i$$

由此可知 e_i 也是「$g_k * g_i$ 的么」；由此可知：「g_i 的么」$e_i = e$ 其實就是「所有人的么」！

【定理】

兩個可換具么環的直積的可逆元群，就是它們可逆元群的直積。兩個可換具么環的直積的可消元半群，就是它們可消元半群的直積。

【證明】

在 $\mathcal{R} \otimes \mathcal{S}$ 中，

$$(x, y) * (u, v) = 1_{\mathcal{R} \otimes \mathcal{S}}$$

的意思就是

$$x * u = 1_{\mathcal{R}} \text{ 且 } y * v = 1_{\mathcal{S}}$$

例題2 $\mathbb{Z}_{10} \otimes \mathbb{Z}$ 的可消元半群，就是

$$\mathbb{Z}_{10}^{\times} \otimes \{n \in \mathbb{Z}: n \neq 0\} \text{；而 } \mathbb{Z}_{10}^{\times} = \{[1]_{10}, [3]_{10}, [7]_{10}, [9]_{10}\}$$

而可逆元群，就是 $\mathbb{Z}_{10}^{\times} \otimes \{-1, +1\}$；因此 $\equiv \mathbb{Z}_4 \oplus \mathbb{Z}_2$。

【Fermat 定理】

對於質數 $p \in \mathcal{P}$，與 $a \perp p$，恆有

$$a^{p-1} = 1(\bmod p)$$

【證明】

因為此時，群

$$G = \mathbb{Z}_p^{\times} = \{[j]_m: j = 1, 2, \cdots, p-1\}$$

其基數為 card $(G) = \phi(p) = p-1$，因此對於任何元素$[a]_p \in \mathbb{Z}_p^{\times}$，都有：

$$[a]_m^{p-1} = [1]_p \text{；即} a^{p-1} = 1(\bmod p)$$

【Euler 定理】

對於任何數 $m \in \mathbb{N}$，與 $a \perp m$，恆有

$$a^{\phi(m)} = 1(\bmod m)$$

【證明】

因為此時，群 $G = \mathbb{Z}_m^{\times}$ 的基數是 card $(G) = \phi(m)$，而對於$[a]_m \in G, [a]_m^{\phi(m)} = [1]_m$（$G$的么元）。

【定理】

Euler 的「法可逆元數函數」ϕ，是個乘性的算術函數，換句話說：

當 $a \perp b$ 時，

$$\phi(a*b)=\phi(a)*\phi(b)$$

【證明】

記$c=a*b$。於是，因為$a \perp b$，環

$$\mathbb{Z}_c \equiv \mathbb{Z}_a \otimes \mathbb{Z}_b$$

所以

$$\mathbb{Z}_c^\times \equiv \mathbb{Z}_a^\times \otimes \mathbb{Z}_b^\times$$

【Wilson 定理】對於質數$p \in \mathcal{P}$，

$$(p-1)! = -1(\bmod p)$$

【證明】

若$p=2$，當然成立；若$p>2$，$\phi(p)=p-1$ 將是偶數，這是乘法群$\mathbb{Z}_p^\times$的元素個數。

對有窮群，其全部元素的相乘積只是其中自逆元的相乘積：其它都是互逆成對！

18.7 法可逆群$\mathbb{Z}_m^\times$與原始根

【階】

對於$[a]_m \in \mathbb{Z}_m^\times$，我們定義其階為

$$\text{ord}_m(a)=\min\{k \in \mathbb{N}: a^k=1 \bmod (m)\}$$

註1 由 Lagrange 定理，$\text{ord}_m(a)$一定是$\phi(m)$的因數；

事實上，$k=\text{ord}_m(a)$意思就是$[a]_m \in \mathbb{Z}_m^\times$（所生的循環群）的階數；因此：$a^n=1(\bmod m)$的條件就是$k \prec n$，或者說：$a^i=a^j(\bmod m)$的條件就是$k \prec (i-j)$。

注意到$\text{ord}_m(a^j)$一定是$\text{ord}_m(a)$的因數！事實上，若$d=\text{hcf}(j, \text{ord}_m(a))$，則$\text{ord}_m(a^j)=\frac{1}{d}\text{ord}_m(a)$。

例題 1

$ord_8(1)=1$, $ord_8(3)=2$, $ord_8(5)=2$, $ord_8(7)=2$，因此 $\mathbb{Z}_8^\times$ 是 Klein 四元群 $\equiv \mathbb{Z}_2 \oplus \mathbb{Z}_2$；絕非循環群 $\mathbb{Z}_4$。

【原始根】

若 $\mathbb{Z}_m^\times$ 是一個循環群，而 $ord_m(a)=\phi(m)$，則 a 稱為「對 m 的一個原始根」。

例題 2 $ord_7(2)=3$，因為 $2^3=8=1 \pmod 7$。

$ord_{13}(2)=12$，事實上，它必須是 12 的因數，因此試試：$2^2=4, 2^3=8, 4^2=2^4=3(\bmod 13), 2^6=64=-1(\bmod 13)$；如此證明了：$ord_{13}(2)=12$；因此 2 就是對於 13 的原始根（primitive root）。

【Gauss 定理】

若 p 為質數，則有原始根。

【補題】

若 $d \prec (p-1)$，則 $ord_p(x)=d$ 的元素 $x \in \mathbb{Z}_p$，其個數或者是 $\phi(d)$，或者是 0。

【證明】

若沒有這種 x，就罷了！否則，考慮這 d 個元素：

$$x^0=1, x^1=x, x^2, \cdots, x^{d-1}$$

它們都不同！而且都是如下方程式的根：

$$y^d=1(\bmod p)$$

因此這個方程式的所有的根，恰恰就是上列！那麼 $ord_p(y)=d$ 的 $y(=x^j)$，就相當於 $hcf(d,j)=1, 1 \le j \le d$，的 j 之個數，即一共有 $\phi(d)$ 個！

【定理的證明】

考慮將群 $\mathbb{Z}_p^\times$ 依照其階數來分割：

$$\mathbb{Z}_p^{\times} = \sqcup_{d \prec (p-1)} B_d\text{；} B_d := \{x \in \mathbb{Z}_p^{\times} : \mathrm{ord}_p(x) = d\}$$

由補題，$\mathrm{card}(B_d) = \alpha_d * \phi(d)$，其中 $\alpha_d = 0$，或者 1。

那麼

$$p-1 = \mathrm{card}(\mathbb{Z}_p^{\times}) = \sum_{d \prec (p-1)} \mathrm{card}(B_d) = \sum_{d \prec (p-1)} \alpha_d \phi(d)$$

但因為 $p-1 = \Sigma_{d \prec (p-1)} \phi(d)$；因此一切 $\alpha_d = 1$；而 $\mathrm{card}(B_d) = \phi(d)$；於是原始根恰恰有 $\phi(p-1)$ 個。

【定理】

若 $m>2, n>2, m \perp n$，則對 $m*n$ 沒有原始根！

【證明】

今 $m>2, n>2$，此時，$\phi(m), \phi(n)$ 有公因子 2！所以

$$k := \mathrm{1cm}(\phi(m), \phi(n)) < \phi(m*n) = \phi(m)*\phi(n)$$

但是代數地說：$\mathbb{Z}_{m*n}^{\times} \equiv \mathbb{Z}_m^{\times} \otimes \mathbb{Z}_n^{\times}$，是乘法群的直積；而在右側的任何一元

$([a]_m, [b]_n) \in \mathbb{Z}_m^{\times} \otimes \mathbb{Z}_n^{\times}$，都有 $k*([a]_m, [b]_n) = ([0]_m, [0]_n)$

即階數 $\le k < \phi(m*n) = \mathrm{card}(\mathbb{Z}_{m*n}^{\times})$。

因此，群 $\mathbb{Z}_{m*n}^{\times}$ 不可能是循環群！

【推論】

具有原始根的模數 m，只可能是質數冪或者質數冪乘以 2！

【$m = p^2$（質數平方）】

若 $p=2, p^2=4$，則 $\mathbb{Z}_4^{\times} = \{[1]_4, [3]_4\}$，當然有原始根 3。

對於奇質數 $p, m=p^2$，首先取一個對於 p 的原始根 r，亦即：$r^k = 1(\bmod p)$，的條件是 $k = 0(\bmod (p-1))$；於是，有兩擇：

或者 $r^{p-1} \ne 1(\bmod p^2)$，即 $p*(p-1) = \phi(p^2)$；此時，r 就是對 p^2 的原始根！

或者 $r^{p-1} = 1(\bmod p^2)$，即 $\mathrm{ord}_{p^2}(r) = (p-1)$，在此情形下（$r$ 不是對 p^2 的原始根！），我們就用 $s = r+p$ 代替 r，馬上算出，s 雖是對 p 的原始根，$\mathrm{ord}_p(s) =$

$p-1$，但 $s^{p-1} \neq 1(\bmod p^2)$；於是 s 即所求對 p^2 的原始根！

註 我用 Maple 計算了一下，r 都取最小的原始根（$p<100$），發現都合乎 $r^{p-1} \neq 1(\bmod p^2)$；我不禁有點懷疑，是否任取一個原始根 r，也會如此？我發現：對於 $p=29$，$r=14$ 是一個原始根：seq(mod p(14^n, 29), $n=1,\cdots,28$) $=14, 22, 18, 20, 19, 5, 12, 23, 3, 13, 8, 25, 2, 28, 15, 7, 11, 9, 10, 24, 17, 6, 26, 16, 21, 4, 27, 1$

但是

$$14^{28}=1234766956912479358262297818562 56=1(\bmod 29^2)$$

因此 $\mathrm{ord}_{29^2}(14)=28<\phi(29^2)$，而 14 不是對於 29^2 的原始根。

【奇質數冪 $m=p^h$ $(h>2)$】

此時，$\mathbb{Z}_m^{\times}=G$ 一定是循環群，即：原始根存在！

【證明】

假設 $r \perp p$，而 $n=\mathrm{ord}_m(r)$，則依照 Lagrange 定理，$r^{\phi(m)}=1(\bmod m)$，因此

$$n=p^{\ell} * s,\ \ell \leq (h-1), s*t=p-1; t \in \mathbb{N}$$

我們要找 r 使得：ℓ 盡量大！亦即 $\ell=h-1$（這是第一步！）

而且要使得：s 盡量大！亦即 $s=p-1$（這是第二步！）

我們先從 $r^n=1(\bmod m)$ 得到 $(r^n)^t=1(\bmod m)$，亦即

$$\alpha^{p^{\ell}}=1(\bmod p^h)\text{；但 } \alpha:=r^{p-1}=1(\bmod p)$$

我們需要一種「剝殼定理」：

$$\text{若 } \alpha^{p^u}=1(\bmod p^v)\ (u<v)\text{，則 } \alpha^{p^{u-1}}=1(\bmod p^{v-1})$$

利用這種剝殼定理，就得到：

$$\alpha=1(\bmod p^{h-\ell})$$

所以，如果我們選取 r 為對 p 的原始根，而且 $\alpha=r^{p-1} \neq 1(\bmod p^2)$，就保證 $\ell=h-1$。

於是對於 $r^{p^{h-1}*s}=1(\bmod p^h)$，再度使用剝殼定理，就得到：

$$r^s=1(\bmod p)$$

但由原始根的定義，就知道 $s=p-1$。

【p 進鄰接度】

對於質數$p \in \mathcal{P}$，我們規定：兩個整數$a, b \in \mathbb{Z}$的p 進鄰接度為：

$$\mathrm{adj}_p(a, b) \coloneqq \max(u \in \mathbb{N}_0 : p^u \prec (a-b))$$

註 不妨規定 $\mathrm{adj}_p(a, a) = \infty$（無限鄰接！）

【補題】

以下的鄰接度都是相對於一個奇質數p來說的！

對於與p互質的兩個數$a \perp\!\!\!\perp p, b \perp\!\!\!\perp p$，若其等之$p$進鄰接度為正，則：取$p$次冪之後，其等之$p$進鄰接度將最少增加1！

換句話說：若$a = b(\bmod p^k)(k \in \mathbb{N})$，則$a^p = b^p(\bmod p^{k+1})$。

若其等之p進鄰接度為零，則：取p次冪之後，其等之p進鄰接度還是零！

【證明】

今$a = b + c * p^k, c \perp\!\!\!\perp p$，故用上二項式定理：

$$a^p - b^p = \sum_{j=1}^{p} \binom{p}{j} b^{p-j} * c^j * p^{j*k}$$

右側的每一項，都有因數p^{k+1}，這是因為：除了最末項外，二項係數有一個因子p；最末項的二項係數$=1$，但是它有因子p^{p*k}。

【剝殼定理（上之逆！）】

對於一個奇質數p，若兩個數$a \perp\!\!\!\perp p$, $b \perp\!\!\!\perp p$，取p次冪之後之p進鄰接度$=(k+1) \geq 2$，則：其等之p進鄰接度為$k \geq 1$。

【證明】

（其實上式可以原封不動的利用而反轉！）

今令$a = b + c * p^\ell, c \perp\!\!\!\perp p,\ \ell \geq 0$，故用上二項式定理：

$$a^p - b^p = \sum_{j=1}^{p} \binom{p}{j} b^{p-j} * c^j * p^{j*\ell}$$

由於$a^p = b^p(\bmod p^{k+1})$，只考慮末項，可知 $\ell > 0$（否則$a^p \neq b^p(\bmod p)$

了！）於是：

$$\sum_{j=1}^{p}\binom{p}{j}b^{p-j}*c^j*p^{j*\ell}=0(\bmod p^{k+1})$$

左側可以括出因子 $p^{\ell+1}$，剩下的因子，因為首項的緣故，與 p 互質！於是 $\ell \geq k \geq 1$。

註 $p=2$ **的困擾：如果** $p=2$，$a=b+c*2^{\ell}$，a, b, c **都是奇數，則：**

$$a^2-b^2=b*c*2^{\ell+1}+c^2*2^{2\ell}$$

這就看出來：當 $\ell=\mathrm{adj}_2(a, b)>1$ **時，**

$$\mathrm{adj}_2(a^2, b^2)=\iota+1$$

在 $\ell=1$ **時，很麻煩：** $\ell+1=2*\ell$**，那麼** $a^2-b^2=4c*(b+c)=0(\bmod 2^3)$; $\mathrm{adj}_2(a^2, b^2)\geq 3=\mathrm{adj}_2(a, b)+2$。**例如，**$3^2-1^2=2^3$; $5^2-3^2=16=2^4$。

【$p=2$ 的剝殼定理】

若取 $a=b(\bmod 4)$ $(\mathrm{adj}_2(a, b)>1)$，$a \perp\!\!\!\perp 2$，則由 $a^2=b^2(\bmod 2^j)$ $(j\geq 3)$，可得：

$$a=b(\bmod 2^{j-1})$$

【$m=2^h$ $(h>2)$的準原始根】

先複習 $m=2, m=4$ 的情形！

對於 $p=2$，法可逆群 $\mathbb{Z}_2^{\times}\equiv\mathbb{Z}_1=\{[0]_1\}$是零群，根本無聊！（其實並無生成元！）

因此，對於 $m=2^2=4$，法可逆群 $\mathbb{Z}_4^{\times}=\{[1]_4, [3]_4\}$有唯一生成元 $r=[3]_4$；但這並非 $m=$奇質數平方時的狀況！

到了 $m=8$，則對於一切奇數 n，$n^2=1(\bmod 8)$, $\mathrm{ord}_8(n)=2<\phi(8)=4$，可知 $\mathbb{Z}_8^{\times}$ 並非循環群，只能是Klein的四元群 $\equiv\mathbb{Z}_2\oplus\mathbb{Z}_2$。因此 $\mathbb{Z}_8^{\times}$ 沒有單一生成元！於是 $8=2^3$ 沒有原始根！

於是 $m=2^h$ $(h>3)$也沒有原始根！因為任何一元$[r]_m$所生的循環群，投影到$\mathbb{Z}_8$，只有兩元！而 $\mathbb{Z}_8^{\times}$ 有四個元素！所以：

$\mathbb{Z}_m^{\times}$ 中，極大的循環子群只是 $\frac{m}{2}=2^{h-2}$ 階而已！

例題3

可換乘法群 $G=\mathbb{Z}_{16}^{\times}$ 是 8 元群；它不是循環群 $\mathbb{Z}_8$，因此只能是 $\mathbb{Z}_2\oplus\mathbb{Z}_4$，或者：$\mathbb{Z}_2\oplus\mathbb{Z}_2\oplus\mathbb{Z}_2$，在後者的情形下，將無「階數 $=4$」的元素。

事實上：

$$\text{ord}_{16}(a)=1：a=1$$
$$\text{ord}_{16}(a)=2：a=15, 7, 9$$
$$\text{ord}_{16}(a)=4：a=3, 5, 11, 13$$

所以 $G=\mathbb{Z}_{16}^{\times}\equiv\mathbb{Z}_4\oplus\mathbb{Z}_2$；前面 4 個構成子群

$$\{[1]_{16}, [7]_{16}, [9]_{16}, [15]_{16}\}\equiv\mathbb{Z}_2\oplus\mathbb{Z}_2$$

我們任取一個四階元，例如$[5]_{16}$，就生成（乘法）循環子群

$$H=\{[1]_{16}, [5]_{16}, [9]_{16}, [13]_{16}\}\equiv\mathbb{Z}_4$$

再取一個二階元，不要 9，例如 7，就生成（乘法）循環子群

$$K=\{[1]_{16}, [7]_{16}\}=\mathbb{Z}_2$$

於是：$G=H\otimes K$。

我們想證明：$[5]_m$ 可以生成極大的循環子群！（從而 5 是對於 m 的準原始根！）亦即：

$$\text{ord}_m(5)=2^{h-2}=\frac{m}{4}$$

事實上，此證明與 $p\neq 2$ 的情形是一樣的！

我們已知：$\text{adj}_2(5, 1)=2>1$，於是 $\text{adj}_2(5^{2^j}, 1)=2+j$；因此：

$$\text{adj}_2(5^{2^{h-2}}, 1)=h；5^{2^{h-2}}=1(\bmod 2^h)$$

若 $\text{ord}_m(5)=2^{\ell}, \ell<h-2$，則

$$5^{2^{\ell}}=1(\bmod 2^h)=1$$

於是，由剝殼定理將得：

$$5=1(\bmod 2^{h-\ell})=1(\bmod 2^3)$$

附錄 一些數學者

【Fermat】

（1601-1665 年）公認為「業餘數學家之王」，他的本行是法律。（很有趣：有人寫了一本書，偉大業餘家的數學，但是拒絕把 Fermat 列進去，因為「第一流的專業數學家」也就是如此！）

他發明了座標幾何。（與Descartes相獨立！時間上也差不多！）他在微積分學是 Newton-Leibnitz 的先驅；他與 Pascal 共同開始思考機率論。

但是他的最愛，大概還是整數論！他的聖經就是Diophantus的算術（Arithmetica）；原書一共有 13 冊，只有 6 冊殘存，希臘文與拉丁文譯本在 1620 年出現。

（大約 1637 年）Fermat 在閱讀第 2 冊關於 Pythagoras 數組的時候，靈光一閃，寫下這個千古絕現的定理！（他通常在書的留白處，寫下心得、註解。）他還加上一句：「我有一個真正神妙的證明，可惜此地的留白，寫不下！」很幸運的是：（死後 5 年）1670 年，他的長子整理印行了 Diophantus 的算術的 Fermat 箋注本，一共有 48 則的 Fermat 箋注。

【Euler】

（1707-1783 年）他（做牧師的）父親希望他讀神學榮耀上帝，幸虧他的朋友 Daniel 與 Nikolaus Bernoulli 向他的父親懇求，才得以研讀數學！（瑞士同胞的 Bernoulli 一家之於數理科學，就等於 Bach 家之於音樂！）

他在 1727 年（20 歲！）就跟著 D. Bernoulli 到俄國 Catherine 一世女帝（Peter 大帝遺孀）的聖 Petersburg 學術院，1741 年去普魯士（=德國）的 Berlin 學術院，然後 1766 年又回去聖 Petersburg 到死。

他是全才而多產的（Cyclops 獨眼）巨人！例如說：他把他的「微分方程差分格式解」，寄給英國海軍部，英國海軍部感謝萬分，回報了 300 英鎊！

1735 年 Paris 學術院為一個天文觀測的問題懸賞徵答，當時的數學界要求把期間延長半年，Euler 認為不必，他不眠不休的工作了三天，（又因太努力觀察太陽？），竟然失去右眼視力，而在 1766 年又失去左眼而全盲！即使如此，他繼續工作到死，只是用口述而由兒子書寫，事實上他可以在腦中寫複雜的算式。

他對於天體力學、流體力學、光學，都有開創性的貢獻；對於數學他可以說是微積分析的顛峰；當然還有著名的 Könisberg 七橋問題，是他解決的，第一個的位相幾何問題。

當然他也認真追究數論！很小心的閱讀Fermat的箋注，例如說，他指出：「Fermat質數」的第 5 個，就不是質數！（可見Fermat錯了！）但是Fermat的兩平方定理，據說 Euler 用功 7 年，（於 1749 年）才解決！

對於 Fermat 最後定理，Euler 確認出 Fermat 有了$n=4$的美妙證明，於是在 1753 年，解決了$n=3$。（這是百多年來跨出的第一步！）

【Lagrange】

（1736-1813 年）他約初中時讀到 Halley 的一篇文章，從此矢志研究，18 歲就擔任教授，1766 年他接替了 Euler 的 Berlin 學術院職務，1787 年應亡國皇帝路易十六之邀，到 Paris 學術院。他與 Euler 類似，在物理與數學都有非凡的貢獻。

【Gauss】

（1777-1855 年）公認是有史以來最偉大的三大數學家之一；當時就被稱為「數學王子」。他曾說：「數學為科學之后，而數論又是數學之后」。他的才華是多方面的：微分幾何、非歐幾何、電磁學、天文、測地、⋯。（但顯然數論是他的最愛！）

【Germain, Sophie】

（前面 p.107，已經提過）她出生於一個極成功的生意人家庭。她小時看到一本數學史，其中有Archimedes的故事，她想：「一個人可以因為著迷於一個數學問題而完全忘記其周遭，因而丟掉了性命，可見得數學一定是世界上最有意思的東西了！」所以她立志研究數學。

她自習數論與微積分，苦讀到深夜；父母親起先用種種方法來禁止，但無效，於是反過來支持她！（非常偉大的父母！）

1794 年，（當時）世界第一的學府，法國工藝學院（Ecole Polytechnique）開張，（當然沒有女生的份！）竟被 Sophie Germain 想到一個妙招：她找到一個離校學生的名字 LeBlanc，她就冒用這個名字，寫下住址，於是按時收到講義習題，（應該也有學費帳單吧，）也按時交習題。

一直到幾月後有一天，偉大的 Lagrange 教授，怎樣也想不通：「這位 LeBlanc 的解答是如此出色！但，從前，他的習題是那麼差，判若兩人！」，因此寫條子召見。當然 Lagrange 非常驚奇也非常高興，成為她的導師！

Germain 對數學有非常重要的兩個貢獻，一個是在數論，一個在微分幾何。前者是：對於 Fermat 問題，她想到一個方法可以對 Germain 質數下手，於是她和 Gauss 通信，還是用假名 LeBlanc；Gauss 很難得地贊許「他」的想法！

1806 年 Napoleon 皇帝的大軍侵入德意志，推枯摧朽，Sophie Germain 忽然想到 Archimedes 的遭遇，於是寫信給她的朋友，入侵軍的指揮官 Pernety 將軍，務必保護 Gauss 教授；Pernety 將軍見到 Gauss 教授時當然說到：「Germain 小姐拜託我要照顧你」，可是 Gauss 並不認得法國的 Germain 小姐！等到謎題揭曉，Gauss 是又驚訝又敬佩！

Gauss 說服了 Göttingen 大學授給她學位，可是尚未領取，就已經乳癌病逝！

INDEX

索引

【特別的數】

【數學軟體 Maple 一些指令】

註 載入程庫：Maple 中要使用數論的函數時，須先「載入程式庫」，即是用如下指令，才可以使用種種指令：with (numtheory)：

註 如下指令比較不同！須要載入程式庫 combinat，然後使用：fibonacci(p.69)

【記號索引】

【歐文索引】

註 除了有♠註記的特別字詞以外，只限於人名、地名而已！

【漢詞索引（照華語注音符號序）】

國家圖書館出版品預行編目(CIP)資料

楊維哲教授的數學講堂：簡單整數論／楊維哲
　作.--二版.--臺北市：五南圖書出版股份有
　限公司, 2023.08
　面；　公分

ISBN 978-626-366-342-8(平裝)

1.CST: 數學教育 2.CST: 數論
3.CST: 中等教育

524.32　　　112011515

ZD23

楊維哲教授的數學講堂
——簡單整數論

作　　者 — 楊維哲(313.5)

發 行 人 — 楊榮川

總 經 理 — 楊士清

總 編 輯 — 楊秀麗

副總編輯 — 王正華

責任編輯 — 張維文

封面設計 — 陳亭瑋

出 版 者 — 五南圖書出版股份有限公司

地　　址：106台北市大安區和平東路二段339號4樓

電　　話：(02)2705-5066　　傳　　真：(02)2706-6100

網　　址：https://www.wunan.com.tw

電子郵件：wunan@wunan.com.tw

劃撥帳號：01068953

戶　　名：五南圖書出版股份有限公司

法律顧問　林勝安律師

出版日期　2008年2月初版一刷

　　　　　2014年3月初版三刷

　　　　　2023年8月二版一刷

定　　價　新臺幣350元

※版權所有．欲利用本書內容，必須徵求本公司同意※

全新官方臉書

五南讀書趣

WUNAN

since1966

Books

Facebook 按讚

1 秒變文青

★ 專業實用有趣
★ 搶先書籍開箱
★ 獨家優惠好康

不定期舉辦抽獎
贈書活動喔！！！

經典永恆·名著常在

五十週年的獻禮——經典名著文庫

五南，五十年了，半個世紀，人生旅程的一大半，走過來了。
思索著，邁向百年的未來歷程，能為知識界、文化學術界作些什麼？
在速食文化的生態下，有什麼值得讓人雋永品味的？

歷代經典·當今名著，經過時間的洗禮，千錘百鍊，流傳至今，光芒耀人；
不僅使我們能領悟前人的智慧，同時也增深加廣我們思考的深度與視野。
我們決心投入巨資，有計畫的系統梳選，成立「經典名著文庫」，
希望收入古今中外思想性的、充滿睿智與獨見的經典、名著。
這是一項理想性的、永續性的巨大出版工程。
不在意讀者的眾寡，只考慮它的學術價值，力求完整展現先哲思想的軌跡；
為知識界開啟一片智慧之窗，營造一座百花綻放的世界文明公園，
任君遨遊、取菁吸蜜、嘉惠學子！